学芸みらい社
GAKUGEI
MIRAISHA

報道されない「学校有事」

〈真の教育〉を求める現場の奮闘記

向山行雄

敬愛大学教育学部特任教授
全国連合小学校長会顧問

プロローグ

　学校は本来、〈牧歌的〉な場である。校庭の樹木、子供たちの歓声。音楽室から聞こえるピアノの調べ。給食室からただようカレーの香り。裏庭を掃く用務主事。事務室に搬入する文具商。そして、授業で真剣勝負の教師たち。学校を構成するヒト・モノ・カネ・コト。その根本は時代を超えても普遍である。

　「筆箱」「下駄箱」「黒板」「自習」「保護者会」などのレトロな言葉も未だに使用される。「登校」「下校」というような、江戸時代の「登城」「下城」に連なる言葉もどっこい現役だ。教育という営みは、幾世代を超えて流れる大河だ。

　学校や教師は、かつて〈聖性〉のシンボルであった。地域社会のよりどころとしての学校は「母校」とし卒業生の瞳に宿る。時を経ても続く師弟関係は「恩師」として心に刻まれる。人は、その人生の途上で時として、望郷の念にかられる。そのときに、鉄路の向こうの駅舎や、鬱蒼の大樹に囲まれた校舎が、セピア色の場面として思い描かれる。

　いつの時代も、社会は変化してきた。紛争による殺戮や自然災害、重篤な感染症の流行はどの時代にもあった。学校も、それぞれの時代相の影響を受けてきた。先の大戦の被害、ベビーブーム世代の就学、加熱する受験戦争、そして急速な少子化や情報化。

　21世紀の今、急激な社会変化に戸惑いつつも、学校も教師も懸命に生きている。全国に3万校近くもある義務教育の学校。山間僻地や島嶼地区、都会の繁華街、様々な地域に学校が所在する。多少の学力差はあるにせよ、わが国の公教育の機会均等は担保されている。

　教育への投資額が十全ではない日本にあって、世界に冠たる義務教育の成果を生み出しているのは、ひとえに日本の教師たちの献身と指導力の高さによるものだ。そして、それを応援する行政や地域社会の尽力が有ればこそである。コロナ禍で、国民は改めて「日本の学校のチカラ」を実感した。

私は、20歳から70代まで教師として50年を生きてきた。この間、多くの教師の実践やひたむきな努力に触れてきた。教師としての喜びや悩みをともに語り合ってきた。

　そのなかで、近年、学校や教師の「疲弊」を感じるようになってきた。教師としての生きづらさを抱く人の存在が目につくようになった。それは、管理職とそうでない教師、学校現場と教育委員会、いずれにおいても見聞するようになった。

　私は、日々学校現場で発生する「学校の有事」をドキュメント風に描き、学校の日常を考えてみようと思った。

　その際、「鈴木五郎」という架空の新米校長の奮戦ぶりを取り上げた。「鈴木五郎」校長の部下には、役不足の教頭、頼りがいのあるミドルリーダー、新人類の初任者、ひとくせのある周囲の人々を配置した。そして、「鈴木五郎」校長が「おやじさん」と慕う、かつての上司も登場させた。ぜひ、「五郎さん」がぶちあたる「学校有事」を、「五郎さん」とともに考え、解決策を見出していただきたい。

　本書の後半には、私の近年の研究テーマである「変化する社会と教職の専門性」に関する論文のうちから2本を掲載した。「大川小学校津波訴訟事件」「小学校における教科担任制の導入」である。それぞれのテーマについて、各種報道や文科省等の動き、私の論説等についてまとめている。

　さらに、第4部には、私の敬愛する明石要一先生との対談を掲載している。私の論述について、明石先生から貴重な提言を頂いた。

　全国の教育現場で、今日も懸命の努力を続けている方々に、心よりエールを送る。本書が、少しでもお役に立てば幸いである。

向山　行雄

目　　次

第2部　学校は「有事」の連続
―3年目・鈴木五郎校長活躍編― ················· 103

第3部　変化する社会と学校の苦悩

第4部　〈真の教育〉を深掘りする
―令和時代の学校づくり―
明石要一 × 向山行雄 ···················· 237

学校は今日も「有事」だ

―新米・鈴木五郎校長奮闘編―

第1部・第2部／主な登場人物

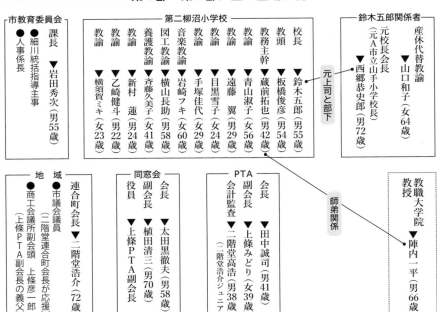

市教育委員会
- 課長 ▶岩田秀次（男55歳）
- ●細川統括指導主事
- ●人事係長

第二柳沼小学校
- 教諭 ▶横須賀ミキ（女23歳）
- 教諭 ▶乙崎健斗（男22歳）
- 教諭 ▶新村 蓮（男24歳）
- 養護教諭 ▶斉藤久美子（女41歳）
- 図工教諭 ▶横山長助（男58歳）
- 音楽教諭 ▶岩崎フキ（女60歳）
- 教諭 ▶手塚佳代（女29歳）
- 教諭 ▶目黒雪子（女24歳）
- 教諭 ▶遠藤 翼（男29歳）
- 教諭 ▶青山淑子（女56歳）
- 教務主幹 ▶蔵前拓也（男42歳）
- 教頭 ▶板橋俊彦（男54歳）
- 校長 ▶鈴木五郎（男55歳）

鈴木五郎関係者
- 産休代替教諭 ▶山口和子（女64歳）
- 元校長会長（元A市立山手小学校長）▶西郷恭史郎（男72歳）

元上司と部下

地域
- 連合町会長 ▶二階堂浩介（72歳）
- ●市議会議員（二階堂連合町会長が応援）
- ●商工会議所副会長（上條PTA副会長の義父）上條彦一郎

同窓会
- 会長 ▶太田黒徹夫（男58歳）
- 副会長 ▶植田清三（男70歳）
- 役員 ▶上條PTA副会長

PTA
- 会長 ▶田中誠司（男41歳）
- 副会長 ▶上條みどり（女39歳）
- 会計監査 ▶二階堂高浩（男38歳）（二階堂浩介ジュニア）

教職大学院
- 教授 ▶陣内一平（男66歳）

師弟関係

第二柳沼小学校:
大都市近郊にある児童数360名の小学校
12学級＋特別支援学級

鈴木五郎:
校長としての初任校が第二柳沼小　専門は体育
かつてはバレーボール部のエース　実行力がある

西郷恭史郎:
鈴木校長の元上司　市内の名門小学校で退職　叙勲

遠藤 翼:
体育主任　児童に人気があるが学級経営に不安
通知表改正委員長に抜擢される

板橋俊彦:
教頭通算8年目　第二柳沼小4年目
事なかれ主義で頼りにならない

岩田秀次:
市教育委員会の指導課長　就任3年目　他市で校長1校経験

植田清三:
同窓会副会長　元書店経営　人権擁護委員

太田黒徹夫:
同窓会会長　会社経営者　市議選に当選

二階堂浩介:
連合町会長　第二柳沼小の元PTA会長　学校評議員
太田黒同窓会会長の市議選出馬に反対
※PTA会計監査二階堂高浩は長男

上條みどり:
実務上PTAのトップの副会長　同窓会役員　第二柳沼小出身
※義父は商工会議所副会頭

蔵前拓也:
教職大学院で陣内教授に師事　教務主幹として鈴木校長
からの信頼が厚い

青山淑子:
第二柳沼小8年目　ベテラン教諭としてこの3月まで5年学年
主任を務める

岩崎フキ:
第二柳沼小11年目　再任用教員
※同小の元校長は岩崎教諭が尊敬する人物

手塚佳代:
教師としての力量あり　第2子の出産で産休中

山口和子:
産休代替教諭　鈴木校長の元同僚のベテラン教員

目黒雪子:
3年目教諭　遠藤教諭と結婚　教育センターへ異動　秋に出産

田中誠司:
PTA会長　会社員　第二柳沼小の地域にはあまり馴染みがない

陣内一平:
教職大学院教授　他市で元校長　蔵前教務主幹の大学院派遣
時代の恩師

横山長助:
中学校から転任の図工教諭　自由主義的な美術指導

斉藤久美子:
力量のある養護教諭　市の養護教諭部会で活躍

新村 蓮:
新卒3年目　若いが指導力あり　次年度は全盲児童の担任

乙崎健斗:
初任教諭　ロックバンド活動　茶髪で校長面接に来た

横須賀ミキ:
ニューヨーク育ちの初任教諭　ミニスカで出勤

1.「担任を代えてくれ！」保護者から苦情

孤独な校長

　全国の義務教育の学校は約3万校。校長も同数いる。

　校長になれば、常に10ほどの課題をかかえている。教職員、子供、保護者、地域、関係機関等との関係、施設改修、危機管理、学校統廃合など、悩みの種は尽きない。

　私は教育委員会の課長を2年、校長を11年務めた。管理職生活13年間は、緊張の連続で、夜中に目覚める日もあった。時には悶々として、寝つかれぬ夜もあった。

　管理職は孤独である。悩みがあっても、相談する相手は限られている。近くにいるのは同僚の校長仲間、教育委員会の教育長や課長、副校長や配偶者くらいであろう。孤独だから、それに耐えられるように校長室がある。相談できぬから校長室で沈思黙考する。

　一方、校長の中には、かつての上司、つまり自分がかつて仕えた元校長に相談する人もいる。そのような相談相手がいて、的確なアドバイスをもらえる人は果報者である。しかし、そういう果報者は多くない。

　ここでは、現実に困っている校長の悩みを取り上げ、その悩みを読者とともに考えようという企画である。しかし、「現実の悩み」をリアルに描こうとすると、機密保持の原則に抵触する。関係者が特定されれば、少なからぬ人が迷惑を被る。

　従って、ここでは全国の学校で起きている事例をオブラートに包みながら、その解決策を物語風に述べていくことにする。

　私は、これまで最近の30年間で約8000の教室を訪問した。大学教師時代の今でも年間40〜50回ほどは研修会や学校に出かける。そこで、いろいろな校長から悩みを聞く。それらの情報や私のこれまでの経験などをふまえつつ、「学校経営」を論じていく。

学級担任を代えてくれ

　第二柳沼小学校の新任鈴木五郎校長。長く地区研究会の体育部のリーダーで活躍してきた。地区のバレーボール対抗戦では、高い打点からのスパイクで、チームを勝利に導いてきた。自身も女子バレー部の監督を務め、指導者としても実績を積んできた。

　鈴木校長は、管理職になる気持ちはなかった。長く学級担任を務め、地区の体育部で若手教員を育てつつ、得意な女子バレー部の指導者として実績を上げることを人生設計として描いていた。

　担任としての鈴木教諭は、40代初めに西郷恭史郎校長と出会った。西郷校長は、これまで鈴木教諭が見たことのない校長だった。懐が深く感化力がある西郷校長の勧めで管理職になった。周りに比べて遅咲きの管理職だったが、50代半ばで校長となり第二柳沼小学校に赴任した。

　第二柳沼小学校は地区内でも課題の多い学校であり、ここの校長はいつも新任が赴任する。鈴木校長もその一人である。

　4月に着任して、学校内の巡視に心がけた。自分が仕えた西郷校長は、時間さえあれば校内をぶらぶらしていた。西郷校長は巡視というより、穏やかな顔で校舎内や校庭を散歩するイメージだった。

　自分はまだそのような心境には立てない。しかし、校内巡視だけはまめに行なっていた。そんな中で、校舎3階の4年2組の若手男性遠藤翼教諭の教室が気になっていた。

　遠藤翼教諭は、同じ地区内の体育部のホープであった。バレーボールの対抗戦で試合をしたことがある。まさに体育会系男子で、挨拶もはきはきしていて、好印象を抱いていた教諭である。

　秋の日、校内巡視をしていると、廊下の窓越しに紙ヒコーキが舞う風景が目に入った。教室後ろの戸を空けた。鈴木校長の目に入ったのは、教室内の後ろで騒いでいる3〜4名の男子である。

　遠藤教諭は窓際の教卓で、子供の計算ドリルに丸つけをしている。それを待つ子供の列は伸び、十数名が押すな押すなと騒いでいる。その数名が紙ヒコーキを飛ばしたのである。丸つけを一人終えても二人が並び、列は一向に短縮されない。列が伸びれば、その分だけ待ち時間が伸びる。

　鈴木校長は忸怩たる思いであった。紙ヒコーキを飛ばしている数名の男子に注意して教室を出た。校舎内を巡視しながら鈴木校長は考えた。何か手を打たないと、遠藤教諭の学級は危ない。

　校長室に戻り、板橋俊彦教頭に遠藤教諭に関する情報を尋ねた。板橋教頭は言う。

　「遠藤先生はいい先生ですよ。近頃の若手教師にしては珍しく礼儀正しいし、朝も早くから出勤します。私の次には来ますよ」

　「学級の様子はどうかな？」

「遠藤先生はスポーツマンだし、休み時間もよく遊んでいて、子供にも人気がありますよ」

「授業はどうかな？」

「この地域の子供は勉強をあまりしませんし、遠藤先生みたいに思い切り遊ぶ先生が、親からも人気があります」

それが2ヵ月前、11月のことであった。

1月中旬、ある保護者から興奮した口調の電話があった。「これから4年2組の保護者数名で、校長先生に相談したいことがあります」

「どんなご用件でしょうか？」

「電話では言いにくいのですが……。遠藤先生をなるべく早く担任から交代させて頂きたいというお願いです」

鈴木校長は受話器を持ちながら「きた！」と思った。これから鈴木校長のつらい試練の日が始まる。

【column】

全国連合小学校長会（以下「全連小」と表記）の2012年（平成24年）度調査で、「学級がある程度機能しない状態の学級があるか？」の質問に、7.3％が「ある」と回答した。

いわゆる「学級崩壊」という語が注目されるようになった2000年頃から、全連小では全国の2万余の小学校から500校程度を抽出し、「学級崩壊」の調査を実施した。結果は、以下の通り。

2002年度	14.6％	2003年度	10.0％
2004年度	11.0％	2005年度	11.1％
2006年度	11.7％	2007年度	13.4％
2008年度	10.4％	2009年度	14.9％
2010年度	11.8％	2011年度	9.7％

こうして11年間の推移を見ると、約10％程度の学校で、「学級崩壊」が発生してきたことがわかる。この数値から類推すると、約2万の小学校のうち、1500校程度で、「学級崩壊」が生じていたと推察できる。

同調査では、「学級崩壊」防止の方策として次の回答があった。

1	わかる授業の推進を図った	405校
2	教職員の連携、協力体制の確立を図った	288校
3	定期的に校内巡視や授業観察を実施した	268校

（2013年8月　467校を対象　複数回答）

2.「経験則で学校経営」と指摘される

保護者からの苦情

　第二柳沼小学校の鈴木校長は1月中旬に、4年2組の保護者4名と面談した。保護者は訴える。

　「4年2組担任の遠藤先生の授業は一体何をしているのかわからないとうちの子が言う」

　「進学教室に通わせたら、第二柳沼小学校の学力が低いことがわかった」

　「学級で数名の男子が我が物顔に振る舞い、おとなしい子供がいじめを受けている」

　「遠藤先生は、運動と遊びばかりしかない」

　「ぜひ、校長先生のお力で担任を交代させてほしい」

　鈴木校長は、4名の保護者の訴えを一通り聞いてから、担任交代は簡単にできないこと、遠藤教諭はスポーツマンで学級の子供にも人気があることを説明した。

　保護者は、校長の説明を一応聞いた。それからしばらく押し問答が続き、保護者は1時間ほどで校長室を出て行った。

　出張から戻った板橋教頭に、保護者との面談内容を伝え意見を求めた。板橋教頭は次のように言う。

　「あと2ヵ月で年度末です。遠藤先生にハッパをかけて、このまま何とか乗り切りましょうよ。この辺の親は、名門校と違ってそんなに気難しくないですから、そのうち収まりますよ」

　「そういうものだろうか……。確かに遠藤先生は、いつも子供と遊んでいるしな……。あまり神経質にならないほうがいいかもな」

　それから1週間が過ぎた。4年2組の保護者から、その後の苦情はなかった。新任の鈴木校長はようやく枕を高くして眠れるようになった。

教育委員会での事情聴取

　そんなある日の午後。A市教育委員会の細川統括指導主事から電話があった。

　「第二柳沼小学校の保護者4名が来て、4年2組の遠藤教諭を担任から外してほしいという学級の大部分の方の署名を置いていきました。3日後に回答がほしいとのことでした」

「先日、私にも担任交代の要望がありました。丁寧にお話をして、ご理解を頂いたと思っていました」

「保護者は校長先生が話を聞いてくれないから署名を集めたと言っています。今後の相談をさせて頂きたいので今夜6時に、教育委員会にお越し頂けますか？」

鈴木校長はその日の夜に、第二柳沼小学校の同窓会の会合があった。しかし、事は急ぐ。細川統括指導主事の声も、いつもより厳しい口調に感じた。鈴木校長は、後を板橋教頭に任せて、教育委員会庁舎に向かった。

教育委員会の岩田秀次指導課長が言う。

「あと2ヵ月で今年度も終わりますが、現担任の遠藤教諭のままで何とか乗り切れそうですか？」

鈴木校長は言う。

「正直のところ、私にも判断がつきかねます。本校の板橋教頭は、うちの保護者はそんなに気難しくないということでしたが……」

岩田指導課長は言う。

「それが3年前からいる板橋教頭の判断ですか？　校長先生はその判断でいいと思いますか？　私は、保護者はかなり切迫した思いを持っているように感じたのですが。最終的には校長先生の判断ですが、何か保護者の申し出を緩和する方策はとれませんか？」

細川統括指導主事は言う。

「担任の遠藤先生、体育主任として活躍しているのはよく知っています。しかし、教育委員会訪問で参観したときの遠藤先生の授業。教師主導の講義形式で、子供たちが意欲を無くしていた光景を記憶しています」

校長は言う。

「遠藤教諭は子供とよく遊ぶし人気も高いので、授業が多少下手でもカバーできるのではないかと思いました」

課長は和やかな顔で言う。

「鈴木校長先生。今は時代が違うのではないでしょうか？　鈴木校長先生、新任校長で、いい機会なのでこの際申し上げます。鈴木校長先生は長く体育部の重鎮として活躍なさってきた。それは誰しも認めるところです」

ここから課長の笑顔が消えた。

「鈴木校長先生はとかく、過去の成功体験を基にして経験則で学校経営をしていることはありませんか？　釈迦に説法ですが、近年の子供や保護者の価値観の

15

変容はめざましいものがあります。今の保護者はいわゆる団塊ジュニア世代が主流です。団塊世代を父母に持ち、いい意味でもそうでない意味でも父母世代の生き方に一定程度、影響を受けている」

鈴木校長が尋ねる。

「つまり、学生運動をしていた団塊世代の影響で、権力に反抗するということですか？」

「そう簡単に決めつけることはできません。しかし、何か理不尽なことがあれば、堂々と主張するという行動様式は前世代より強いかもしれません。一世代前のいわゆる『モンスターペアレント』世代とは、やや異なる行動様式とも言えます……」

酒場で一人ため息をつく

鈴木校長は、重い足取りで庁舎を後にした。空にはオリオン座が煌々とまたたく。これから、第二柳沼小学校に戻っても、同窓会との会合は終了の時刻だろう。同窓会も気になるがこのまま直帰しよう。

私鉄沿線の自宅の最寄り駅で降りる。これから帰れば、妻が遅い夕食を用意してくれる。しかし、今夜は我が家の夕食はのどを通りそうもない。自宅までの道をとぼとぼ歩く。横丁を見ると、漆黒の闇に赤提灯がほのかな灯りをともしている。するりとのれんをくぐる。

カウンターで一人、苦い酒を流し込む。

「保護者は私が話を聞いていないだと？　ふざけるな。忙しい中、1時間も聞いてやったじゃないか」

「岩田課長のやつ、俺のことを経験則だと抜かしたな」

鈴木校長の酒が進む。そういえば、昔、古い酒場で西郷校長とよく酒を飲んだな。西郷校長のことを「おやじさん」と呼び、ずいぶんとわがままを言ったものだ。おやじさんなら、こういうとき、どうするのだろう。

帰宅してから西郷元校長に電話をした。

「もしもし、夜分にすみません。第二柳沼小学校の鈴木五郎です。ご無沙汰して申し訳ありません。急で申し訳ありませんが明日の夜、お時間を取って頂けませんでしょうか……」

3. かつての上司にヒントを得て解決

西郷元校長に相談

　第二柳沼小学校の鈴木校長は、かつての上司である西郷恭史郎元校長の自宅を訪ねた。土産に、西郷校長の好きな福島の酒を持参した。

　西郷元校長は、地区の校長会長を務めた後に学校を退職。その後、教育委員会の相談員を経て、今は退職校長会の世話役をしている。72歳の今も、背筋が伸び矍鑠としている。

　西郷校長に会うのは市内のホテルで開催された「叙勲の祝」以来である。鈴木校長もかつての部下として、会場係の下働きをした。

　西郷元校長が言う。

　「その節はお世話になったね。天下の校長先生に会場係などをさせて申し訳なかったね。それでどうだい校長職の仕事は……」

　鈴木校長が言う。

　「はいおかげさまで、元気に仕事をしています。まもなく1年が過ぎますが、ようやく校長先生と呼ばれるのも慣れてきました」

　「そりゃあよかった。どうしているかなと心配していたんだ。しかし、今日こうして私のような年寄りを訪ねてきたのは……。何か、訳ありのようだね……」

　そこに奥様が、ぬる燗を運んでくる。

　「ご立派になって。私は昔から、鈴木先生は校長先生になる方だと思っていましたよ」

　「奥様にも、ご無沙汰ばかりで申し訳ありません。うちの二人の娘たちもおかげさまで嫁ぎまして、今は家内と二人暮らしです」

　「そりゃよかった。その話は、後にして、先ずは五郎さんの話を聞かせてもらおうじゃないか。母さんは席をはずしておくれ」

西郷元校長の話から解決策をさぐる

　鈴木校長は、それからこの間のいきさつを縷々話し出した。西郷元校長は、じっと耳を傾けた。

　一通り話を聞いたところで西郷元校長が言う。

　「今の教育委員会の課長は、岩田さんだったね」とつぶやいて、遠くを見る目

17

になった。

「経験則で学校経営をしているとな……。なるほどうまいことを言うもんだな」

鈴木校長は、やや不満そうに尋ねる。

「私は経験則で学校経営をしているつもりはありません……。教頭に相談したり、西郷校長先生を見習い、校内巡視を励行したりしています」

「なるほどな。五郎さんとしては、可能な限りの努力をして、決して経験則ではないと言いたいのだな。その気持ちはよくわかる」

「課長は滅多に学校に来ません。だいたい教育委員会にいて、校長の学校経営の様子などわかるものでしょうか」

「あの岩田課長は、あれでなかなか人を見る目がある男だと思うな。若い頃、駆け出しの指導主事の頃から、ひと味違っていた」

「西郷先生がそう言うのなら、そうかもしれませんが……」

西郷元校長は言う。

「ところでお前さん。近頃は何か面白い本を読んだかい。年寄りはいくらでも時間があるので、何かあったら教えてくれるか」

「校長は忙しくて、本を読む時間もありません。読みたいとは思っているのですが、新聞を読んで、役所から来る膨大な資料などを読むと時間が足りません」

「まあ、そうだろうな。私らの頃と比べても忙しいから無理もないわな。ところで、今、話題になっているプログラミング思考とやらだけど……。俺もよくわからないが、今そこにある課題は何かをとらえる、その解決のために何ができるか、その際、どんな手段を使えるか……ということらしいな」

「プログラミングについて文科省や教育委員会からの資料で研修をしています」

「それは結構なことだ。今回の件も、プログラミング思考で対応するといいのじゃないか。板橋教頭からの情報収集も、校内巡視も『大いなる経験則』の枠を出ていない。もっと課題に正対したいところだな」

それを聞いて、鈴木校長はどきんとした。確かに、自分がしていたことは数十年前の西郷元校長のマネばかりだ。

「さっき、団塊ジュニア世代と言ったね。先年、女流作家の桐野夏生が『ロンリネス』という本を出した。女性誌に連載されていたものを単行本にしたもの。そこには団塊ジュニア世代の子育て中の母親の姿がよく描かれている。私の娘世代たちが主人公だがよく描けている」

二人の会話で夜が更けていく。昨夜見たオリオン座が今日も煌々としている。

しかし、昨夜に比べて足取りは軽い。

　やはりおやじさんはすごい。俺のことを攻めないながらも、もっと校長としての識見を深めなさいと言いたかったのだ。

解決策の実際

　翌日、鈴木校長は4年2組の現状と課題をA4判1枚のメモにまとめた。

○このままの状態では保護者の苦情に対応できない　→　何らかの方策を講じる

○遠藤教諭の授業力の向上を図る　→　中期の目標と短期目標を区分する

○遠藤教諭には休み時間の遊びよりも、授業準備に重点をかけるように助言する

○遠藤教諭の週案には、これまで以上に丹念に朱書を入れる　→　授業の内容を点検する

○校内の協力が不足している　→　もっと校長、教頭が教室で支援をする

○4年1組の学年主任の力を借りる　→　合同体育や、合同での総合的な学習を展開する

○非常勤職員を活用する　→　理科の実験助手や算数の特別指導、給食指導や清掃当番の補佐などの手立てを講じる

○学力が身に付いていない　→　校長、教頭が担当して4年2組土曜講座を8回開催。国語と算数の補習を実施する

○遠藤教諭対象に授業力向上のミニ研修を実施する　→　放課後などの勤務時間外に実施する

○教頭の情報が不正確である　→　教頭こそ、経験則でものを見ている。もっと足で稼いで情報を得るように助言する

○遠藤教諭には、次年度4年担任にはしないことを伝える

○これらの方策を文書にまとめ、教育委員会の課長に報告する。また、近日中に臨時保護者会を開催し、担任、学年主任とともに方策を説明して理解を求める

○こうした方策を講じ、落ち着いた頃に西郷元校長と、自宅外で会食し改めてお礼をする

4.「仰げば尊し」をめぐる騒動

市議会議員選挙に同窓会会長が立候補

　3月になった。第二柳沼小学校の新任の鈴木校長も初めての卒業式を控え、卒業証書の氏名記入に着手しようと考えていた。卒業生78名の氏名記入には、まる1日か2日かかるだろう。こんどの日曜日、かつての体育部の仲間からゴルフに誘われているが、校長室にこもって仕上げてしまおう。

　そんなことを思いながら、音楽室から流れてくる卒業式歌を聴いていた。

　　白い光の中に　山なみは萌えて
　　遥かな空の果てまでも　君は飛び立つ

　『旅立ちの日に』か。自分たちの若い頃にはこの歌はなかったな。

　そこに同窓会の植田清三副会長が訪ねてきた。今日の3時間目に、卒業生に対して同窓会の活動の説明をする日だったな。

　鈴木校長が言う。

　「植田副会長さん、お忙しいところありがとうございます。本日はよろしくお願いします」

　「私は、この通り、年寄りでヒマにしていますから、忙しくもありませんよ。本来なら太田黒徹夫会長が来る予定でしたが、急な用事ができて、代わりに私がやってきました」

　「会長さんは、会社経営をなさりながら、地域の様々なお役をされていますからね……」

　「校長先生、ちょっとお耳に入れておきたいのですが。こんどの市議会議員選挙に太田黒会長が立候補する予定なんです……。ご承知のように、校区には、長年連合町会長を務めている二階堂浩介会長さんがいます」

　鈴木校長が言う。

　「二階堂会長さんには、第二柳沼小学校も大変お世話になっています。第二柳沼小学校の元PTA会長ですし、学校評議員として、貴重なアドバイスを頂いています」

　「実は、太田黒会長の市議選立候補に、二階堂会長が反対しているようなのです。この地区には、長年市議会議員を務めている方がいます。二階堂会長として

は、あと1期か2期続けさせてから、太田黒会長へバトンタッチさせたいようなのです」

鈴木校長は、他人事としても、難しいものだと思いながら聞いていた。

同窓会会長からの要望

まもなく、3時間目が始まろうとしている。6年生も、体育館に移動が完了した。

植田副会長が、思い出したように言う。

「そうそう、あの件どうなりましたか？」

「あの件と言いますと？」

体育館までの道すがら植田副会長が続ける。

「1月の同窓会役員会の集まりの時にお願いした『仰げば尊し』の件ですよ。板橋教頭によろしくとお願いしたら、学校で検討しますとのお返事でした。1ヵ月過ぎてもお返事がないので、太田黒会長から催促してくるようにと依頼されてきました」

「仰げば尊し」の件とは、一体何の事だろうと反芻していた。1月の同窓会の会議に自分が出られないので、板橋教頭を出席させた。さて、板橋教頭から特段難しい報告は受けていなかったと思うが……。

「なるべく早めにお返事します。太田黒会長さんによろしくお伝え下さい」

植田同窓会副会長を見送った後に、鈴木校長は板橋教頭を校長室に呼んだ。

「教頭先生、1月の同窓会の会議で、学校に何か要望があったの？　特に報告は受けていなかったようだけど……」

板橋教頭が言う。

「要望なんてあったかなあ……。そう言えば、卒業式の『仰げば尊し』を1番から3番まで全部歌ったらどうかというような意見が太田黒会長から出されました」

「それで、教頭先生はどう答えたのかな？」

「卒業式は時間の制約もあるので例年通り、1番と3番でいきたいが、一応校長先生には伝えておきますと言っておきました」

鈴木校長は言う。

「あのとき、教頭先生は、私にどんな報告をしてくれたんでしたっけ？」

「校長先生は、4年2組の遠藤教諭の件で、教育委員会に呼び出されたりして忙しそうだったので……。同窓会で卒業式の歌の質問がありましたが、例年通りで行ないますと答えたと報告しました。校長先生はそれで結構ですと言われました」

「確かそうだったね。その卒業式の歌というのが、『仰げば尊し』の歌のことなんだね。それで回答はどんなふうにしたのかな……」

「PTAの上條みどり副会長が、同窓会の役員も兼ねているので、太田黒会長に伝言するように依頼しました」

鈴木校長は、心の中で思った。

「上條副会長から太田黒同窓会長への連絡が滞っていたのか……」

「仰げば尊し」の2番の歌詞

鈴木校長は、板橋教頭との協議を終えてから、ため息を漏らした。同窓会の会議の内容を、なぜ、もっと丁寧に報告してくれなかったのか。なぜ、太田黒同窓会会長への連絡を他人任せにしたのか。

鈴木校長は、ここで初めて第二柳沼小学校の卒業式の次第を調べることにした。

1990年代は、「国歌斉唱」という文字はなく、「君が代斉唱」となっていた。2000年代になって、「君が代斉唱」から「国歌斉唱」になった。2010年代になって「仰げば尊し」と「蛍の光」を斉唱。ただし、「仰げば尊し」は1番と3番だけを歌い、2番を抜かす。第二柳沼小学校の「仰げば尊し」の斉唱の復活は10年足らずの歴史。

鈴木校長は、インターネットで「仰げば尊し」の歌詞を検索する。2番の歌詞。

　　互いにむつみし　日頃の恩
　　別るる後にも　やよ忘るな
　　身を立て名をあげ　やよ励めよ
　　今こそ別れめ　いざさらば

自分の小学生の頃には、この歌詞を歌ったような思い出がある。自分には違和感はない。しかし、一部の人には「身を立て名をあげ」という一節が立身出世主義の尊重という印象を与えるのかもしれない。

翌週の「6年生を祝う会」に出席した太田黒同窓会会長の挨拶。

「皆さんがそれぞれの道で身を立て、名をあげられるように同窓会も全力で応援します」

帰りがけに太田黒同窓会会長が言う。

「あさっての市議会予算特別委員会。私の友人の議員が、なぜ『仰げば尊し』の2番を歌ってはいけないのか」という質問を教育長にぶつける予定です」

5. 同窓会が内紛

企画会の了解

　初めての卒業式を控えた新任の鈴木校長。自分としては、『仰げば尊し』の歌詞を1番から3番まで歌わせたい。

　思い切って、始業前の企画会で、幹部教員に自分の意向を伝えることにした。第二柳沼小学校の年齢構成は若く、6名の企画会メンバーを除けば、後は20代から30代の若手教員。企画会が了承すれば、だいたいの事案は、原案通りに進む。というよりも、事案に対して反対意見を堂々と主張する教員は皆無である。鈴木校長にとっては、若手教員の覇気が感じられないのが歯がゆい。

　太田黒同窓会会長からの要望を伏せつつ、鈴木校長は述べる。

　「儀式の式歌はすべて歌詞通りにすべて歌うことで、その歌の持つメッセージが伝わる。『蛍の光』や『旅立ちの日に』も同様である。すべて、歌っても、1分足らずの超過だから、式の進行にそんなに影響はないだろう」

　鈴木校長は尋ねる。

　「企画会の先生方はどう考えますか？」

　教務主幹の蔵前拓也教諭。

　「賛成です。自分の前任校でも歌詞をすべて歌っていました。なんで、第二柳沼小学校は1番と3番だけなんだろうと思っていました」

　鈴木校長は尋ねる。

　「6年担任の青山先生。どうだろう、今からでも間に合いますか？」

　「それは大丈夫ですけど。1番と3番を練習していますし。でもこれで決定ですか？」

　鈴木校長は続ける。

　「企画会の了承ということで、明日、先生方には私から説明して了解を得ます」

　6年学年主任のベテランの青山淑子教諭は、何か付け足したかったようだが、短時間の打ち合せなので、話は打ち切りになった。

　鈴木校長は安堵した。「やれやれこれで太田黒同窓会会長の顔を立てることができた」

音楽専科の岩崎フキ教諭の申し出

　一件落着して、清々しい顔で登校した鈴木校長のもとへ、音楽専科の岩崎教諭

23

が訪ねてきた。岩崎教諭はまもなく定年を迎えようとしているベテランである。第二柳沼小学校の勤務経験も一番長い。

岩崎教諭が言う。

「校長先生、『仰げば尊し』の2番を歌うというのは本当ですか？」

「今日の放課後、私から説明しようと思っているのですが、誰かに聞いたのですか？」

「板橋教頭先生に、昨日言われました。『仰げば尊し』の2番も歌うようになったからよろしく。これは太田黒同窓会長からの要望でもあるので断れないんだよ、という話でした」

「同窓会長からの要望があったからではなく、本来卒業式の式歌はすべて歌詞通り歌うのが本来の姿であろうという、私の判断から皆さんにお話をしようと思っていました」

岩崎教諭は興奮して言う。

「校長先生は、第二柳沼小学校で『仰げば尊し』を歌うようになった経緯をご存じですか？」

「詳しくは知りませんが、確か10年近く前から復活して歌うようになったのですね」

「第二柳沼小学校もかつては組合の力が強い学校で国旗・国歌や紅白幕も無し、フロア形式の卒業式でした。ちょうど私が、赴任してきた頃です」

「あの頃はＡ市内でも、いくつかそういう学校がありましたからね」

「当時赴任してきた校長先生はとても立派な方でした。校長先生が言われるので、今の卒業式の方法になりました。私は『仰げば尊し』の指導はしたくなかったんです」

「岩崎先生のＡ市音楽部での立場もあるしね」

「でも、校長先生が2番は指導しなくていいからということで、引き受けたのです。Ａ市音楽部のメンバーにもそう伝えました」

「なるほど、そういう経緯があったのですか。その約束は文書にしてあるのですか？」

「そんなものありませんよ。もし、疑うのなら聞いて頂けますか？　校長先生、私はまもなく定年です。私が退職をしてからにして頂けませんか」

「いや、企画会で決めたことですし……」

「もし、強行するのなら、私は卒業式の式歌の指導はしません。残っている年休をとって、明日から年度末まで休むかもしれません」

同窓会の危機

　せっかく、順調にきたと思っていたが落とし穴があった。そんな約束が当時の校長と岩崎教諭の間にかわされていたとは。前任校長から、そのような引き継ぎは聞いていない。

　そういえば、昨日の企画会で、6年主任の青山教諭が何か言いたそうだった。きっとこのことだったに違いない。ベテランの青山教諭は、そのいきさつを思って、音楽専科の岩崎教諭の立場はどうなるのかと案じたに違いない。

　それにしても、板橋教頭の軽薄さには困ったものだ。とりあえず、今日の職員会議で、この件に触れるのはよそう。

　昼頃になって、同窓会の植田清三副会長が尋ねてきた。

　「先日の市議会予算特別委員会、私も図書館の市民放送で視聴しました。あの質問は見る人が見れば、第二柳沼小学校のことだとわかりますね」

　「それで教育長は何と答弁を？」

　「教育課程は各学校が編成・実施するものであり、卒業式の内容も校長の判断で行なうことになっている。ご質問の『仰げば尊し』の2番を歌うかどうかは当該校長の判断に委ねられていると答えました。メモを取ったのでよく覚えています」

　「つまり学校の自主性を尊重して頂いたのですね」

　「しかし、事はそれで収まりません。太田黒同窓会長たちは市議会に風を起こすということで、事なかれ主義の教育委員会を正常化するという看板を掲げるようです」

　「同窓会はどうなるでしょう」

　「そこが心配なのです。現PTA副会長の上條さんは、太田黒会長のこうした動きに反対なのです。上條さんのお舅さんはA市の商工会議所の重鎮ですから。どうなるか……」

　鈴木校長は思った。

　「PTAの上條副会長と太田黒同窓会長とは溝があったのか。だから過日の学校からの伝言が伝わらなかったのか……」

　「同窓会はこのままでは分裂します。校長先生、何とかお力添えを下さい……」

　翌日、音楽の岩崎教諭は休暇を取った。板橋教頭は「風邪を引いたとのことのようです」とのんびりした顔で伝えた。鈴木校長は板橋教頭と一緒に給食を食べるのを避けた。

6. 産休育休教師の対応に追われる

鈴木五郎校長2年目の課題

　第二柳沼小学校の鈴木校長は休暇で休んでいる音楽専科の岩崎フキ教諭を家庭訪問し、手土産を差し出し、三顧の礼で「仰げば尊し」2番の指導をお願いした。鈴木校長の苦境に同情した岩崎教諭は、しぶしぶ引き受けた。

　嵐のような3学期を終えて、第二柳沼小学校は2年目を迎えた。春休み中に鈴木校長は、本年度の第二柳沼小学校の課題を書き留めた。

〇報連相の少ない板橋教頭の指導、校長選考合格

〇蔵前教務主幹の教頭選考合格、後継者の確保

〇指導力不足の遠藤教諭の指導と新学級の支援

〇ベテラン女性青山教諭の癌治療と後補充

〇音楽専科岩崎教諭の再任用に伴う金管クラブ指導者の確保

〇同窓会役員の不和の影響とその対応

〇教育委員会岩田課長からの信頼回復

〇PTA上條副会長への女性役員からの反発

　メモをすればいくらでも出てくる。

　入学式を終えて、ほっと一息ついたとき、2年担任の手塚佳代教諭が校長室を訪ねてきた。

　一昨年、長子を出産し、この4月1日から復帰したばかりだ。遠藤教諭と同じ大学で同年齢の29歳、遠藤教諭よりはるかに指導力がある。子供が成長すれば、高学年担任を任せられる。第二柳沼小学校にとっても貴重な存在。鈴木校長はお茶を入れながら尋ねる。

　「どうです。久しぶりの学校は？　持ち上がりの2年生で落ち着いた学級ですから、少しずつ勘を取り戻していって下さい」

　手塚教諭は何か言いたそうにもじもじしている。

　「何の相談でしょう？　確か、保育所は、学校に来る途中に入所できたのですよね」

　「校長先生、実は二人目の子供を妊娠してしまったのです。春休み中も、ずいぶん悩んだのですが、主人と相談して産むことに決めました」

　「それはおめでとう。ところで、予定日はいつ頃なの？」

「昨日、産婦人科の先生から9月30日が予定日だと言われました。復帰したばかりで、ご迷惑をかけて申し訳ありません」

「おめでたいことですから、そんな謝ることはありません。すると、産休は7月7日頃になりますかね。早速、体育の軽減講師を見つけなければいけませんね」

「7月7日からが産休ですが、通知表も新しくなることですから、何とか通知表を完成するまでは頑張ろうと思います」

「無理をすることはないが、そうしてもらえると後任者も助かりますね。先ずは体を大事にして下さい」

講師を見つける管理職の苦労

笑顔で手塚教諭を見送った後、鈴木校長はこれからの対応を思い、憮然となった。いやいやそんなことではいけない、安心して産めるように早めに対応しなければ……。

隣の地区で教師をしている長女は、体育軽減講師の手当てが遅れて、あやうく切迫流産しかけたではないか。鈴木校長は、早速、板橋教頭を呼んで事情を説明した。

板橋教頭は怒り顔で言う。

「まだ復帰したばかりで二人目ですか。よくやりますよね。3月中にわかっていたのなら、なんでもう少し早めに連絡してくれなかったんですかね。近隣の教育系大学の出身者も皆講師の口が決まっていますよ」

「ともかく教育委員会の係長に連絡して、体育軽減講師を見つけて下さい。私も探しますが7月8日からの産休代替教員の確保もお願いします。何とか見つけましょう」

「まあ、やってはみますがね……。この時期に見つからないと思いますよ……」

新学期早々、大量の事務処理を抱えている教頭は、教育委員会から受領した名簿を手に遅くまで電話をかけた。午後9時、退勤する鈴木校長は板橋教頭に声をかけた。

「今、何人目ですか？」「ちょうど80人にかけたところです。いずれもダメです」

「今日はもう遅いし、相手にも悪いから、この辺で終わりにしましょうか……」

翌日も板橋教頭は電話をかけ続けた。鈴木校長も四方八方手を尽くしたが見つからない。

小学校の教員採用倍率は関東地方では軒並み3倍を切っている。教員採用選考

不合格者で、学校の講師をする人材が圧倒的に少ない。しかも、この10年、若手教員の大量配置が続き、産休育休取得者が増加している。免許を更新しない元教員もいる。

　どこの自治体も、どこの学校も、講師を見つけるのに四苦八苦しているのだ。しかも、新学期早々で時期が悪い。板橋教頭が嘆くように3月中の申し出なら、まだ何とかなった。

かつての同僚を見つけてくる

　弱った。今年度、最初のピンチである。来週から体育の授業も始まる。先ずは、板橋教頭に体育授業を担当してもらうしかない。年度初めの事務が滞るがそれも仕方ない。

　眠れぬ夜が続く。そんな時、ふと1枚の年賀状の文面が頭をよぎった。かつて同僚だった山口和子先生。「今はすべて退職して、孫の世話とボランティアをしています……」

　山口先生は確か、64〜65歳。昔、バレーボールを一緒にするほど活動的だ。そうだ、山口先生にお願いしてみよう。

　断り続けた山口先生だが、最後は「鈴木校長を助けると思って引き受けるわ」と承諾してくれた。7月8日からの産休代替教師も引き受けてくれるということだった。

　鈴木校長は、一段落したところで、今後産休を取りそうな教師を思い浮かべてみた。第二柳沼小学校は若い教師が多いので、3名ほどを候補者にあげた。あらかじめ、産休を取りそうな教師を予測しておくことで、後補充を円滑にできると考えたからである。

　そういえば、20年ほど前、地区内のある独身の女性校長は、誰にも産休育休を取らせなかった。その校長が退職した後に、当該の学校では産休に入る教員が続出した。その女性校長の晩年、誰も寄りつかず寂しいものだった。

　とりあえず、手塚教諭関係の対応を終えて鈴木校長は安堵した。そんな日の放課後、3年担任の遠藤教諭が新卒2年目の目黒雪子教諭を連れて校長室に訪ねてきた。
　「目黒先生と結婚することになりました」
　「おめでとう。それで挙式はいつ頃？」
　「実は目黒さん、今が妊娠4ヵ月で、9月に出産予定なんです、だから、この連休中に式を挙げることにしました。校長先生、出席をお願いします」

7. 同学年担任同士の「デキ婚」

赤ちゃんができたので結婚

　鈴木校長の2年目のスタート。4月中旬、29歳の3年1組遠藤教諭が同学年の新卒2年目の目黒教諭と校長室に来た。

　この連休中に挙式をする。目黒教諭は妊娠4ヵ月、いわゆる「できちゃった婚」だ。鈴木校長は、祝いの言葉を述べてから尋ねた。

　「二人の結婚のことは、もうどなたかにお話をしたのかな？」

　遠藤教諭は、体育会らしく明朗に答える。

　「いや、あまりおおっぴらにするのはどうかと思いまして、校長先生に初めてお話しします。明日にでも、校長先生から、先生方にお話をして頂ければと思います」

　「もちろん。赤ちゃんができたことも、誰にも話をしていないのだね」

　「そうです。今が一番大切な時なので、3年の体育は、僕が合同体育でやろうと思っていますが……」

　鈴木校長は、努めて冷静に諭す。

　「なにぶん、突然の話で驚いているところで……。少し時間を取って、今後のことを、また一緒に相談しましょう。それまでは、ここだけの話にしてください。とにかく、目黒さんは体を大事して下さい」

　鈴木校長は、直ぐに板橋教頭を呼んで事情を説明した。

　「遠藤さんは何をしているんだ。今年また学級崩壊を起こすかもしれないというのに……。校長先生、言いにくいのですが、子供はあきらめてもらって、結婚を来年まで延期してもらうということで、校長先生から本人たちを説得できないでしょうかね……」

　「確かに、僻地校ならともかく、うちの地区の学校で、遠藤さんと目黒さんを夫婦で勤務させることは難しいだろうな」

　「まして、同一学年ですしね。保護者がきっと騒ぎ出すと思いますよ」

　「しかし、本人たちがこの連休中に結婚したいと言っているし、秋には出産したいそうだ」

　「だったら、目黒さんに退職をしてもらったらどうですか。子供が大きくなってから、復職するという方法もありますし」

「遠藤さん一人の給料でやっていけるのかな？」

「校長先生や私たちの若い頃は、一馬力でやっていく人もいっぱいいましたけどね」

教育委員会と対応を協議

鈴木校長は、板橋教頭と相談しても名案が浮かばなかった。先ず、教育委員会に報告をして、対応策を考えることにした。

鈴木校長は、その日の午後のPTA役員会を板橋教頭に任せて、早速教育委員会に出かけた。あいにく、岩田課長は会議中で、ベテランの人事係長が面談した。細川統括指導主事も同席した。

係長は、途中でいくつか確認と質問を入れながら、最後まで話に耳を傾けてくれた。

「お話の件は承知しました。あいにく、岩田課長は、明日の夕刻まで区議会文教委員会の行政視察で、管外の小中一貫校に出かけていまして、明日の夕方まで体が空きません。明日の夕刻から、鈴木校長先生と打ち合わせの時間を取るようにいたします」

翌日の夕方、鈴木校長は校内の歓送迎会が予定されていた。しかし、緊急事態なので、再度教育委員会事務局へ出かけた。

会議室では、いつもながら岩田課長が穏やかな顔で迎えてくれた。

「校長先生、昨日は留守にしていて失礼しました。今夜、突然来て頂いて申し訳ありません。きっとご予定があったのではないですか？」

「いや、ちょっと、校内の歓送迎会があっただけですから……」

「それでは、会の後半だけでも出席できるように簡潔にお話をしましょう」

岩田指導課長はそう言って次の内容を述べた。

〇結婚は当事者の意思に基づくものであり、職務上の上司といえども、それを阻害することはできない

〇出産についても当事者の意思によるものであり、これを拒むことはできない

〇それが、いわゆる「できちゃった婚」でも、地方公務員法の信用失墜行為に抵触するものとは考え難い

〇本地区においては、長く人事慣行上、同一学校に同一戸籍の者を配置していない

〇遠藤教諭と目黒教諭が本年度内に婚姻すれば、その人事慣行に反することになる

〇もし、それを特例で認めれば、本地区でこれまでその人事慣行を遵守してきた

　教員の中から不満が生じる懸念がある
○学校内での教員組織作成は、校長の専権事項であるから、両教諭のどちらかを
　同一学年から外すことは校長の裁量内で可能である
○これまで、本地区内で例外的に、年度途中で人事異動を行なった事例はある
○この時期に退職した場合、後任に正規教員を配置することは相当困難である

鈴木校長のとった措置

　岩田課長の配慮で、鈴木校長は遅れて歓送迎会に参加した。第二柳沼小学校の
ために尽力してくれた教職員に、酒を注いで慰労を伝えた。今日の歓送迎会の幹
事は遠藤教諭、明朗さだけは彼の取り柄だ。

　今、第二柳沼小学校がどういう事態になっているのか、今日の歓送迎会になぜ
校長が遅れて参加したのかをわかろうはずもない。鈴木校長は、若い頃の自分も
きっとそうだったのだろうと一人ごちた。

　岩田課長、人事係長と協議して、鈴木校長は次の対応策を実行した。
○二人の結婚と出産を学校として支援する
○地区の人事慣行にならい、目黒教諭を5月16日付けで転出させる
○転出先は市の教育センター資料室を第一候補として関係者と調整する
○婚姻届は、5月16日以降に提出する
○目黒教諭の後任には、算数少人数担当の蔵前教務主幹を充てる
○算数少人数担当には、かつて教育実習生として来ていた男子学生に依頼する
○4月末の保護者会で、この対応策を説明し保護者の理解を求める
○目黒教諭の本校の最終勤務日は5月15日とする。目黒教諭の転出が5月16日に
　実施できない場合は、それ以降は同教諭に有給休暇を取得させ、板橋教頭が代
　理を務める

　この方策で鈴木校長は難局を乗り切った。
　その頃、PTAではかすかなマグマが噴出しようとしていた。鈴木校長はそれ
を知らない。

8. A市議選をめぐる不穏な動き

市議会議員選挙の後遺症

　第二柳沼小学校地区でのA市議会議員選挙。第二柳沼小学校の太田黒徹夫同窓会会長が中位当選を果たした。その影響で、第二柳沼小学校地元の4期目の市議は、下位でかろうじて議席を拾った。

　連休明けの日差しの強い日、植田同窓会副会長が尋ねてきた。植田副会長は、長年第二柳沼小学校近くで書店を経営してきた人で、5年前に店を閉じた。今は人権擁護委員を務めている。

　「いや校長先生、市議選、大変でしたよ」

　「選挙のお手伝いをされたのですか？」

　「いやあ私は、地元の議員さんにも義理があるし、太田黒同窓会長もよく知っているので、〈様子見〉を決め込んで、選挙期間中は閉じこもっていましたよ」

　「それで小学校の地元は、分かれてしまったのですか」

　「同窓会は、二つの派に分かれてしまいました。いずれは、中立的な人を会長に立てなければいけないと個人的には思っています。それより第二柳沼小学校にとって大変なのはPTAのことです」

　「えっ、PTAですか？　何かありましたか？」

　「PTAの上條副会長のお義父様が、商工会議所の副会頭なのはご存じですよね」

　鈴木校長は、地区の有力者の相関図を頭に浮かべた。確か温厚そうな紳士だった。

　「上條副会長は、お義父さまが、地元市議の後援者である関係で、かなり積極的に選挙運動をしたそうです」

　「選挙運動と言いますと……」

　「表面的には、選挙事務所などでの支援ですが、陰では上條副会長が中心になり、現PTA役員数名がメールで第二柳沼小学校のPTA会員に投票を依頼したそうです」

　鈴木校長は今の保護者たちがメールで学校情報をやりとりしている姿を思い出した。

　「そのやり方が、職権乱用だということで、上條副会長への風当たりが強くなりそうです」

同窓会とPTAが内部分裂か？

　植田同窓会副会長を見送った後、板橋教頭を呼びPTAに関する情報を尋ねた。
「特段変わった動きはないですけどね。上條副会長はあの通り美人ではきはき
した人ですから、前から一部の母親たちは敬遠していましたけど……」
　「私が欠席をしたPTAの役員会はどうだったのですか？　何か変わったこと
は？」
　「別に変わったことはないし、淡々と議事が進行していましたけど。そう言え
ば役員の欠席者が5名ほどいて、会長さんが今日は欠席が目立ちますねと言って
ました。でも、上條副会長が年度始めは皆様忙しくて、例年こんな出席状況だと
言ってました」
　「欠席が多かった？　その日に欠席した役員の氏名はわかりますか？」
　「毎回の出席簿がありますから、PTA室に行けばわかりますけど」
　「申し訳ありませんが、その出席簿を借りて3年分の状況をコピーして下さい」
　板橋教頭は早速コピーを持参した。欠席者は、①副会長、②書記、③会計、④
会計監査、⑤理事の5名。ちなみに昨年の同期の役員会の欠席者は1名、一昨年
も1名のみ。やはり、今年は例年より欠席者が多かったのだ。
　なぜ上條副課長は例年通りなどと言ったのだろう。この日の役員会から市議選
をめぐる動きがあったのではないか？
　鈴木校長は思いをめぐらせているうちに⑤の会計監査の二階堂高浩という名が
気になった。二階堂は地元に多い名前で、連合町会長の二階堂浩介さんも同じ氏
名だ。「待てよ」と思い、鈴木校長は児童名簿で⑤の二階堂高浩会計監査の住所
を調べた。すると、二階堂浩介連合町会長宅の隣りだった。板橋教頭に尋ねると、
⑤の会計監査は二階堂浩介連合町会長の長男であることがわかった。確か、二階
堂浩介連合町会長は長く地元市議の後援者。太田黒同窓会会長の出馬を苦々しく
思っていた。
　だから二階堂ジュニアは、上條副会長に対抗してPTA役員会を欠席したので
はないか。すると、今後は上條副会長と二階堂ジュニア会計監査を軸にPTAが
二分する懸念がある。

"敵"の望みは何か

　ここから、鈴木校長は思いをめぐらした。当面のPTA行事の運営に支障を来

すことはないだろう。そう思いながら、「そうだ、来年秋には開校70周年の記念行事がある」。そこに向けてどうなるかを構想した。

　次年度のPTA会長と役員の人事、次年度の同窓会会長と役員の人事、祝賀行事の会長と実行委員長、幹事長などの人事、地元区議会議員との関係づくり、地元連合町会長、地区の有力者等との関係等、様々な課題が見えてきた。

　今はまだマグマの状態だ、しかし、10年に一度の周年行事の開催をめぐっては地元の権力争いに第二柳沼小学校が巻き込まれてしまうかもしれない。これは教育委員会に相談する事案でもない。「そうだ、おやじさんに相談しよう」

　鈴木校長の元上司は校長会長も務めた人。地区内の名門小学校を最後に退職し、今は晴耕雨読の毎日だ。

　地区内の料理店の個室での再会。

　「校長2年目となると外の仕事もだんだん増えてきて、学校を空ける日も多くなるね」

　「体育部の仕事や校長会の仕事、充て職の健全育成の仕事なども増えました」

　「次第に校長がいなくても学校が回るようにしなくては。そのためには、教頭さんの役割が大きいね。どうだい板橋教頭さんは？」

　「それが頼りにならなくて……。教頭になったのは板橋教頭が先輩だから、私にも遠慮があるのかもしれませんね」

　「五郎さんも1年目は仕方がなかったかもしれないが、2年目からは校長と教頭という立場をわきまえて、言うべきは言わなければいけないよ」

　ここで鈴木校長はこれまでの市議選をめぐる動きを説明し、来年の周年行事の懸念を話した。西郷元校長会長はコハダをつまみ、ぬる燗をなめながらじっと話を聞いていた。

　「五郎さん。孫子の『敵を知り己を知れば百戦危うからず』という話をしたことがあったかい？　何事によらず、困難を乗り越えるための最大のポイントは"敵"、つまり、相手を知ることさ。お前さんの周りの相手は一体何を望んでいるのだろうね……」

　鈴木校長はそう問われて、返答に窮した。間をおいて、西郷元校長会長が話を続けた。

9. 校長には "地域理解" が必要だ

学校は誰のためにある？

　料理店の個室で、鈴木五郎校長の元上司の西郷元校長会長がぬる燗を勧める。

　「五郎さん、まあひとつ……。ここの初鰹はうまいね。酒はやはりぬる燗。冷たい酒は、帰り際になってきいてくるから危なくてしょうがねえ。近頃のはやりだが、冷や酒を飲みすぎて失敗する校長さんはいないのかい？」

　「私の周りでは聞きませんが、他の地区ではあったようです」

　「くれぐれも酒の飲み過ぎには気をつけたほうがいいぜ。まあ、年寄りのおせっかいだが……。さて、孫子の兵法の続きだが、敵を知り己を知れば百戦危うからずだ。ちなみに、第二柳沼小学校の校区には何人住んでいるの？」

　「えっ知りませんが」

　「そうかい、確か学区はB町の一丁目から五丁目までだったね。各町会1500名としてざっと7500名というところかな。おそらく団塊世代が一番多くて、そのジュニア世代が次に多いんじゃないかな」

　鈴木校長は、西郷元校長会長の分析に耳を傾ける。

　「この前の市議会選挙は投票率が30％。つまり、1500名ほどしか投票所の第二柳沼小学校に行かなかった。その中で太田黒徹夫候補の獲得票は約500票。この得票は新人候補としてはたいしたものだ。しかし、第二柳沼小学校区の住民のわずか7％にすぎない。大多数は沈黙だ」

　「おやじさん、何でそんなに詳しいんですか？」

　「いや役所から選挙の仕事を頼まれて、ちょっと手伝っているだけさ。五郎さん、俺の言いたいことがわかるかい？　声の大きい人のほうだけ向いていると、本質が見えなくなることもあるってことだよ」

　「本質と言いますと？」

　「学校は誰のためにあるのかってことだよ」

　「子供……でしょうか」

　「古今東西、そうだよ。いつも、子供のためにどうするかを考えればいいんだよ」

　「"子供ファースト"ですか」

　「そのファーストとかっていうのはどうかな。カタカナのはやり言葉を使うのも結構だが、すぐに鮮度が落ちてしまうぜ」

鈴木校長は自分の軽さを反省した。

「なあに案ずるより生むが易しだ。地元の二つの陣営も、次の選挙までは休戦協定を結ぶことになるさ。それが大人の了見ってもんだ」

「地域概念図」を作って一安心

鈴木校長は、西郷元校長会長との会食で元気を取り戻した。この夏の周年行事の実行委員会が立ち上がるまで静観しよう。待つのも戦略のうちだ。また一つ学んだ。

鈴木校長は、西郷元校長会長との懇談で、自分がいかに「敵を知り己を知り」という努力が弱かったか気付かされた。そして、すぐに地域理解の行動を始めた。鈴木校長の教養はイマイチだが、フットワークは軽い。

日曜日、図書館の地域情報室にこもった。さらに暇を見つけて学区域を歩き、地元出身の用務主事などから取材した。そして、2週間かけて次の地域資料をまとめた。

○学区域5町会の5歳ごとの年齢別グラフ

○特に98歳以上5名の氏名

○学区域の商業・工業統計と生産額

○学区域の5年間の交通事故発生場所

○ガードレールや路側帯のない道路

○学区域の火災発生場所の分布図

○各町会の防災倉庫と神輿庫の概要

○各町会の掲示板の様子

○各党の国会議員のポスター掲示状況

○緊急連絡協力家庭の分布

○昭和20年代の地主の分布

○関係5町会の役員名と主な活動計画

○学区域の2社3寺の由緒

○学区域の2幼稚園3保育所の概要

○学区域の進学教室・学習塾の概要

○英語、そろばん、習字塾等の概要

○学童保育、民間の放課後教室の概要

○学区域の医院、歯科医院の分布

○学区域の老舗和洋菓子店の概要

○出前可能な食堂の概要

○第二柳沼小学校児童360名の分布図

○通学路の危険箇所

○最寄り駅の時間帯別乗降客数

○近い将来のマンション等の建設計画

○スーパーのゲームコーナーの様子

○学区域内4軒のコンビニの商品構成

　次にこれらの資料を「地域概念図」としてわかりやすく、A3判のカラーで図式化した。

　鈴木校長は、この地域資料をまとめて、以前より不安感が減ったように感じた。自分は、地域のことを何もわからずに、他人からの情報を鵜呑みにしていた。それで一喜一憂していたんだと自戒した。

　これも、おやじさん（西郷元校長会長）の助言のおかげだ。いい上司を持ったなと、改めて実感した。

通知表の改訂に出遅れる

　5月も中旬になった。今年度の活動も本格的に動き始めている。

　懸案だった3年1組の遠藤教諭の学級も今のところ何とか収まっている。2年の手塚教諭の学級の体育軽減講師も見つかった。まもなく教育センターに異動する目黒教諭の後に据える蔵前教務主幹も新学級の準備が万端だ。大変だった年度初めだが、第二柳沼小学校の教育活動が回り始めている。

　そんな朝、蔵前教務主幹が校長室を訪ねてきた。蔵前主幹の朝は早い。いつも午前7時。板橋教頭の次には出勤する。

　「校長先生、早朝からすみません。ちょっと報告と相談があります」

　「何でしょう？　目黒学級のことですか？」

　「いや、そのことは、遠藤さんと相談しながらうまくやりますから任せてください。実は、昨日第1回目の教務主任会がありました」

　「そうでしたね。学級担任をしながらで申し訳ありませんが、よろしくお願いします」

　「市教委の岩田課長から次年度の新学習指導要領全面実施に向けて、各学校で

遺漏ないように準備してくださいという挨拶がありました。その後、細川統括指導主事から、いくつかの連絡事項がありました」

「どのような連絡事項でしたか？」

「A4の用紙にまとめましたので、後ほどご覧ください。通知表の作成は各学校の裁量に任されているわけですが、今回は学習評価が大きく変わるので、夏休み明けにたたき台を見せてもらいたいとのことでした」

「うちの学校は、まだ通知表の改訂委員会を立ち上げていませんよね？」

「そうなんです。しかし、うちのブロックの他の4校は、もう活動を開始しているとのことでした。うかつでしたが、第二柳沼小学校だけが取り残されていることがわかりました」

【column】

2017年（平成29年）3月告示の学習指導要領は、初めて「総則」の「前文」を明示した。そこでは、次のように記す。

「教育課程を通して、これからの時代に求められる教育を実現していくためには、よりよい学校教育を通してよりよい社会を創るという理念を学校と社会とが共有し、それぞれの学校において、必要な学習内容をどのように学び、どのような資質・能力を身に付けられるようにするのかを教育課程において明確にしながら、社会との連携及び協働によりその実現を図っていくという、社会に開かれた教育課程の実現が重要となる」

「社会に開かれた教育課程」は今次学習指導要領の大きなメダマである。しかし、小学校での学級指導要領全面実施の時に、コロナ禍に見舞われた。地域での活動が制限され、地域関係者の招聘や学校応援団の来校も、一時中断せざるを得なかった。

コロナ禍が落ち着いた今、各学校では、次第に地域との連携を深めつつある。地域連携で、重要なのは、地域資源の発掘と教材化である。

地域には、地形、交通、産業、暮らし、寺社、歴史的建造物、商店、名所、公共施設、伝承、行事、習慣、ボランティア活動、雰囲気など様々な地域資源がある。これらを理解し、各学年の学習内容と関連させて教材化することが大切である。

そのために、地域のフィールドワーク等の研修会を実施して、教職員で学び合う機会を設定することも大切である。

鈴木五郎校長が、地域を回り、様々な情報を集めてくる。体育部出身の五郎さんのフットワークのよさを描いてみた。

10. 苦手な教務事務への挑戦

人任せにしていられない

　鈴木校長にとって、新学習指導要領の準備を管理職として実施するのは初めての経験だ。10年前、45歳になって生活指導主任に就任した。学校の幹部教員ではあったが、バレーボールの練習と体育部の活動が中心で、新学習指導要領等にはあまり関心がなかった。

　いくつかの研修会もあったが、いつも眠気が襲ってきた。教頭時代、そして校長になってからも中教審答申や新学習指導要領を読むようにしてきた。キーワードのいくつかはわかった。教職員にはもちろん、学校だよりや保護者会でも、いくつかのキーワードを使って話もしてきた。

　しかし、反応はイマイチだった。自分が十分に内容を理解していないのだから、教職員や保護者が十分に理解できないのは仕方がないとも思う。

　「それにしても、ブロックの他校の校長は冷たいよなあ。通知表の準備にとりかかっているのなら言ってくれればいいのに」

　鈴木校長は、夕方、板橋教頭を呼んで協議することにした。板橋教頭は、現在、算数少人数指導の講師の代行をしているので、3時過ぎまで体が空かない。6校時を終えてからようやく教頭事務に取りかかるのだが、5時過ぎになって一段落したようだ。

　「教頭先生、ちょっといいですか。実は通知表の件ですが、ブロックの教頭会で話題になっていますか？」

　「先日の教頭会で、細川統括指導主事から通知表のたたき台を9月に見せてほしいという話がありました。それでみんなどうする？　と聞いたら、各学校とも今、改訂委員会で検討しているとのことでした」

　「教頭先生もその情報を知っていたんだね。どうして早く報告をしてくれなかったの？」

　「他校の教頭先生には、検討している原案ができたら見せて、と頼んでおきました。みんな私の後輩だから大丈夫ですよ」

　「うちの通知表はどうなりますか？」

　「教務主幹の蔵前さんにやらせれば大丈夫ですよ。彼は、こういう関係に強いですから」

強力な相談相手が見つかる

　板橋教頭の人事評価にD評価をつけてやろうと思いながら、鈴木校長は校長室で瞑想にふけった。こうした緊急事態にもだいぶ慣れた。教頭時代にはなかったことだ。

　それにしてもあの板橋教頭ときたら……。いや、ここで自分が対策を講じれば、板橋教頭も勉強になる。何とか踏ん張らないと。

　さてさて、自分も教務関係は苦手だ。教頭昇進前に1年間教務主任をやっただけだしな、誰かに相談できないかな、と考えながら一人の顔を思い出した。3年前の管理職研修会で講師を務めていた大学教授の陣内一平先生。いつも研修会といえば退屈なのに、陣内先生の話だけはよく覚えている。

　「陣内先生に教えを請うことはできないかな。しかし伝手がない。いきなり電話するのも失礼だしなあ……」

　そんなことを思いながら、蔵前教務主幹と今後の相談を始めた。話が雑談になったときに、蔵前主幹が教職大学院派遣時代、陣内教授の指導が役に立ったという話をした。

　「何？　蔵前さんは陣内先生を知っているの？」

　「はい、大変お世話になりました。今でもたまにお会いしますよ」

　「ぜひ陣内先生に、第二柳沼小学校の通知表改訂についてご助言を頂きたいのだが」

　こうして、鈴木校長と蔵前教務主幹は、陣内教授が好きな山形の銘酒を持って大学の研究室を訪ねることになった。陣内教授は教育行政の後、校長を長く務め、教職大学院の教授になった人である。

　陣内教授は、鈴木校長から第二柳沼小学校の現状を聞いた。そして、二人に向かって話を始めた。

　「確かに準備が遅れていますね。蔵前さんもちょっと油断でしたね。しかし、今からでも間に合いますよ。教頭先生が頼りないこと、若手教員が多いこと、産休や育休の教員が多いこと、教務主幹に多大な負担がかかっていること、日々の対応で新学習指導要領の準備まで手が回らないこと。これは、多かれ少なかれ、各学校でも見られることです。大切なのは、自分の学校の戦力を見極めて、現実的な工程表を作成し、着実に実行していくことです。決して無理をしてはいけません」

新学習指導要領の準備案

　陣内教授との話を終えてから、鈴木校長は自宅で深夜まで工程表を作成した。以下が鈴木校長がまとめた新学習指導要領の準備構想である。

○学習指導要領の「総則」の解説書を全員分購入する
○中教審答申と新学習指導要領を職員室のパソコンのデスクトップにアップする
○これから4回の職員会議の冒頭に新学習指導要領のミニ研修会を行なう
○ミニ研修会で各教科主任が3分間で主な規定ポイントを説明する
○総則は板橋教頭が解説する
○教員全員に「新教育課程ファイル」を配付し、背表紙印刷などは事務主任が行なう
○職員室に「社会に開かれた教育課程」「主体的・対話的で深い学び」「カリキュラム・マネジメント」「学習評価」「特別の教科　道徳」「英語」などのボックスを備える
○新教育課程関係の3委員会を設置し、今後1年間の活動日を行事予定に明記する
○教員が新学習指導要領を勉強するために「自己啓発14の覚え書き」を作成し、ファイルの裏表紙に貼らせる
○事務主任と校長で3ヵ年の新教育課程関連の予算素案を作成する
○秋の保護者会で、次年度から通知表を改訂することを予告する
○夏季休業中に陣内教授を招聘して学習評価についての研修会を実施することとし、ブロック内の学校にも案内を出す
○通知表作成の原案は本年度末までに完成させ、来年5月には業者に発注し、6月中旬には納品できるようにする
○次年度の通知表作成は十二分に留意し、所見の下書きや評定一覧表も厳重に点検する

　こうして、遅ればせながら第二柳沼小学校でも、新学習指導要領への準備が始まった。

　1週間後に特別参観日を控えた日、5年学年主任の担任の青山淑子教諭が校長室に来た。昨年は6年の学年主任として学校を支えてくれた。目立たないが責任感の強いベテラン女性教師だ。「校長先生、私はいいのですが、若い先生たちが忙しすぎて限界まできています。産休明けの手塚先生も、保育所のお迎えをお姑さんに頼んでいて、肩身が狭いと悩んでいるんです」

11. 無駄な時間をどう減らす？

集まらないバレー練習

　まもなく夏至。放課後も遅くまで明るいからか、職員室では皆黙々とパソコンに向かっている。市のバレーボール大会が近づいているが、鈴木校長が声をかけないかぎり誰もコートに集まらない。

　板橋教頭が言う。

　「みんな今週土曜日の特別参観が気になっているんですよ。特に遠藤さんは、去年親から苦情があったので、ぴりぴりしています」

　確かに父親たちも来校する特別参観日は緊張するだろうな。バレーボールのキャプテンは体育主任の遠藤さん。彼が来ないと士気が高まらないのに……と鈴木校長は嘆く。

　鈴木校長が若い頃は、毎日のようにバレーや野球の練習をした。練習後に職員室で酒を酌み交わしたものだ。それに比べると、今はほとんど酒を飲むこともない。職場旅行も5年前に廃止されたままだ。

　バレーや野球の強い学校は、不思議と教育研究も盛んだった。おやじさん（西郷元校長会長）が校長をしていた山手小学校は、スポーツが強いだけでなく、A市の研究指定校でもあった。おやじさんはいつも若い人を連れて居酒屋に出入りしていた。スポーツをして、研究もして、よくもまあ居酒屋に行く時間があったものだ。そこにおやじさんの学校経営の秘訣があるのだろうな……。

　たった4名のバレー練習を終えて、鈴木校長は校長室に戻った。青山学年主任が言うように、みんな忙しすぎて限界なのだろうか。先日の青山主任の訴えが気になってきた。

　自分としては、この1年間、特段過大な注文はしてこなかったはずだ。研究指定校も引き受けていないし、周年行事も来年度だ。ただ、新学習指導要領の準備を始めたことは負担になっているかもしれない。しかし、これは全国のどの学校でも同じ事情だ。第二柳沼小学校と同じブロックの他校と比べて、特別の実践をしているわけでもない。

大胆な人事を提案され

　そんなことを考えていると、蔵前教務主幹が訪ねてきた。

「校長先生、まもなく発足する通知表改訂委員会の委員長の件ですが……」

「確か5年学年主任の青山先生にお願いしようということだったね。青山先生は、前任校でも通知表改訂委員長をしていたし」「そうなんですが、この際、体育主任の遠藤さんを抜擢してはどうかと思ったのです。もちろん遠藤さんは学級経営の心配もあるし、新婚でこの秋には子供も生まれます」

「遠藤さんはようやく30歳になったばかりだね。体育主任の仕事もあるし、ちょっときついのではないかな」

「その点ですが、学習指導要領の改訂は10年に一度しかありません。今回彼に委員長を経験をさせることが将来につながるのではないでしょうか」

「彼の将来のためということかい？」

「彼はこのまま体育専門でマイホームパパになり、狭い世界に生きることになるのではないかと思うのです」

鈴木校長は、何か自分のことを言われたようで内心ぎくりとした。確かに自分も体育ばかりやってきて、遅咲きの校長になってから何かと苦労をしている。

「蔵前さんの言うことはわかるが、組織というものは適材適所主義だ」

「おっしゃる通り青山先生が委員長を務めたほうが安定感はあります。しかし、生意気を言うようですが、"適所適材主義"という考え方もあるのではないでしょうか？」

「テキショテキザイシュギ？」

「そうです。適所において適材を育てるという考え方です。実はこれは、教職大学院時代の陣内教授の受け売りなのですが……。現在の学校の活性化には、適所適材主義への発想の転換が必要だという考え方です」

「なるほど、それは一理あるな」

「遠藤さんを通知表改訂委員長にする場合には、青山先生を副委員長にする。そして私が教務主幹として側面から援助する体制でどうでしょうか？」

時間のコスト意識を持て

同じ日の夜。市内の料理店の個室で、鈴木校長は西郷元校長会長と差し向かいで座っている。日が暮れても蒸し暑く、西郷元校長会長も珍しく生ビールにする。

「いつもお時間を取って頂いて申し訳ありません。また、おやじさんのご指導をちょうだいしたく思いまして」

走りの稚鮎を口にしながら口を開く。

「ご指導ってほどの話はできないが、まっ世間話でもしようじゃないか」

「おやじさんが校長時代、山手小学校は研究が盛んで、スポーツや飲み会も活発でした。でも、みんな忙しいとは言わなかった。どこに学校経営の秘訣があるんでしょう？」

「秘訣ねえ。そんなものはないがね。でも周りからは、山手小学校に転勤すると、さぼりがちな教員でも心を入れ替えて、それなりに努力するようになるとは言われたな」

「それは一体なぜでしょうか？」

「そうさなあ、理屈を言えばきっといろいろとあるんだろうが、一言で言えば "空気" かな」

「空気ですか？」

「そうさ、空気だよ。ところで五郎さんの学校の教員は時給いくらだい？」

「時給ですか？　年収なら見当がつきますが、時給はわかりません」

「算数をやるぞ。1人当たりの人件費が年間800万円とする。それを200日の勤務日数、7時間45分間の勤務時間で割ると時給は51000円ちょっとになる。そうすると、20名の1時間の会議経費が10万円もかかることになるだろう？　五郎さんのところは、会議に遅れて来る者はいないか？」

「何人かいます」

「もし誰かのために会議開始が6分間遅れたら、損失額は1万円。遅刻者は全員に500円のラーメンを奢らなくてはいけない。準備不足で会議を12分間空転させたら損失額は2万円。1000円のチャーシュー麺を奢る義務を負う。これくらい時間のコスト意識は大切なものなんだ」

鈴木校長は目からウロコが落ちる心地がした。「学校というところは時間が無尽蔵にあると錯覚しがちだ。時間のコスト意識を身に付けるだけで無駄な時間は省略できる。だから会議が早く終わる。その一方で、不必要な手続きを簡略化することだ。これで会議の回数が減る」

鈴木校長はもう一つ、若手教員の抜擢人事のことを質問した。

「おやじさんは、適所適材主義という言葉をご存じですか？」

12. 昔ながらの指導に拒否反応

意識変革の芽生え

　市内の料理店の2階。鈴木校長の問いに西郷元校長会長がうなずく。

　「"適所適材"主義か。適所において適材を育てるという人材育成法だな。確か、陣内教授の本で読んだことがあったな……」

　「陣内教授をご存じなのですか？」

　「いや、面識はないが、何冊か著書を読んだことがある。陣内教授は、現役の指導主事や校長時代にも何冊か本を出しておられるね」

　「私も陣内先生の主張どおりに適所適材主義でやってみようと思うのですが」

　「いいことだね。ただし、当然それなりのリスクが生じるかもしれない。それを覚悟をしておく必要がある」

　鈴木校長は、西郷元校長会長の後押しもあって、蔵前教務主幹の提案どおり、29歳の遠藤教諭を通知表改訂委員長に充てることにした。

　また、校内に時間のコスト意識を醸成するため、会議の定刻開始・定刻終了を徹底することにした。さらに、月曜日の校長講話や会議での話も精査して、時間短縮に努めるようにした。いつも朝の企画会に遅れがちな板橋教頭も、次第に定刻に出席するようになった。他の教師たちもそれを見習うようになった。こうして遅ればせながら、第二柳沼小学校でも通知表改訂など、新学習指導要領に向けての準備が始まった。

給食指導が厳しすぎる？

　こうしたなか、3年2組担任の手塚教諭が第2子を産むための産休に入った。後任として、鈴木校長の元同僚である64歳の山口和子教諭が着任した。嫌がる本人を三顧の礼で迎えることができて、鈴木校長は安堵した。

　7月のある日。PTA役員会を終えた後、二階堂浩介連合町会長の息子である二階堂高浩ジュニアが校長室に立ち寄った。二階堂ジュニアはPTA会計監査を務めている。上條副会長とは、春の市議会議員選挙で争った間柄である。

　「校長先生、実は、手塚先生の後任で来られた山口先生のことでご相談があるのですが……」

　「二階堂さんの息子さんは確か3年2組でしたよね。どうしましたか？」

「うちの息子が、この2〜3日、学校に行きたくないと言って泣くんですよ。ワケを聞いてみると、山口先生が給食を無理矢理食べさせるそうなんです」

「無理矢理ですか？」

「前の手塚先生のときは、嫌いなものは残してもよかった。ところが、山口先生は配られたものは必ずすべて食べなくてはいけない。給食時間が終わっても、教室に残って食べなくてはいけないそうなんです。それがいやで学校を休むと言って毎朝泣き叫ぶので、親としても困り果てまして校長先生に相談する次第です」

「確かに栄養を摂るため、なるべく好き嫌いはなくそうという指導はしていますが」

「このままでは不登校になりそうなので、校長先生のお力でよろしくお願いします」

その日の放課後、鈴木校長は山口教諭を呼んで事情を聞いた。山口教諭は嘆く。

「鈴木先生、ここの児童は給食指導がなっていませんね。私も初めの3日間ほどは黙って見ていました。前任の手塚先生の指導方針もありますから。しかし、放っておくと、子供たちは給食をかなり残してしまう。特に二階堂さんの息子さんなんて、牛乳もおかずも残してパンを少しかじる程度です。成長期の子供がこれでは栄養失調になります」

「それはわかります。しかし、二階堂君は、学校に行きたくないと言って泣いています。山口先生が無理矢理食べさせると言って」

「子供は多少無理に食べさせないと食べませんよ。なあに、子供はそのうちに慣れます。昔、鈴木先生と同じ学校に勤務していたときだって、私の学級はいつも給食の残菜はゼロでしたでしょ？　私に任せてください」

鈴木校長は、山口教諭の自信満々の言葉に、それ以上の説得はできなかった。もうすぐ夏休みになるし、しばらくは様子を見ようかなと思った。

ところが翌々日、二階堂ジュニア以外の山口学級の保護者3名が校長室にやって来た。

「山口先生が厳しすぎて、子供たちはみんな学校がいやだと言っています」

「手塚先生のやり方が甘かったから、自分はびしびしやります、校長先生もよく承知しています、と言っているそうです」

「特に給食が厳しくて、一言もしゃべってはいけない、好き嫌いを認めず必ずすべてを呑み込まなくてはいけないということで、涙を浮かべながら食べている子供もいるそうです」

　鈴木校長は保護者の訴えを聞きながら、山口教諭の指導方法は、今の時代には通じないのかなと思った。

「私、辞めます」

　その日の夕方。本年度初の学校評議員の連絡会があった。その席上、学校評議員の二階堂連合町会長が山口教諭の件を持ち出した。

　「うちの孫が担任の先生に強制的に給食を食べさせられるので、登校を渋っています。今の飽食の時代に、学校給食を無理矢理食べさせるという指導はどういうもんでしょう？」

　他の学校評議員が発言する。

　「私らの頃は脱脂粉乳でしたな。あれがまずくて、鼻をつまんで飲んだものでしたよ」

　「私は小学生時代に食が細くてね。年配の先生に、女の子は好き嫌いが多いと立派な赤ちゃんを産めないわよと、言われました。嫌いな人参を無理矢理食べさせられ、それがトラウマになって、今でも人参が苦手。だから我が家のカレーには人参を入れないの」

　皆が大笑いしたところで、二階堂会長が改めて発言する。

　「孫の担任はベテランの先生のようですが、指導方法が今の時代に合わないのではないでしょうかね。どうですか、校長先生？」

　鈴木校長が弁解する。

　「たとえどんなに子供にとってよかれと思う指導でも、子供が学校を嫌がるようでは、どこかに問題があります。善処します」

　翌日、鈴木校長は山口教諭と話し合った。下を向いたまま校長の話を聞いていた山口教諭は、ぽつんと言った。

　「私のような指導法は、第二柳沼小学校では古くてダメということなんですね？」

　「いや、山口先生の信念も大切にしながら、もう少し加減してくださいということです」

　「わかりました。どうせ高齢の私などの出る幕ではなかったのです。もうすぐ夏休み。私は7月いっぱいで辞めることにします」

13. 見えてきた給食の問題点

味が悪い、工夫がない

　鈴木校長の元同僚、産休代替山口教諭が言う。

　「わかりました。どうせ高齢の私などの出る幕ではなかったのです。もうすぐ夏休み。私は7月いっぱいで辞めることにします」

　鈴木校長が驚いてなだめる。

　「今、山口先生に辞められたら困ります。後任も見つかりませんし……」

　「鈴木先生を困らせるのも可哀そうですね。どうしましょう。少し様子を見ましょうか。この際ですので、第二柳沼小学校の給食について申し上げたいのですが、よろしいですか？」

　「どうぞ何なりと言ってください」

　「それではいい機会ですので話します。先生もご存じのように、私は長く給食主任を務めてきました。その私から見ると、第二柳沼小学校の給食には課題が多いように思います」

　山口教諭は第二柳沼小学校の給食の問題点を次のように挙げた。

○給食がおいしくない（おそらく出汁の取り方などの下ごしらえに手抜きがある）

○給食がおいしくないから、子供たちは大量に残す

○使用する皿数が足りないので、果物などをお盆の上にゴロンとのせる

○献立の工夫がなく、決まったパターンのメニューが目立つ

○栄養士と調理員との意思の疎通が見られない（栄養士が給食室に足を向けない）

○納品される野菜の質がイマイチ

○全校的に給食指導の統一がとれていない

○子供たちが1階の給食室まで食器を下げに行くのは危険である

○家庭配付の「給食だより」が献立表の掲載のみで、情報に工夫がない

栄養士の進言もまるで無視

　山口教諭の指摘を確かめるために、鈴木校長は栄養士を呼んだ。第二柳沼小学校の栄養士は非常勤職員で、毎日6時間の勤務。午後2時15分には退勤してしまう。鈴木校長は栄養士が非常勤職員ということもあって、これまで時間を作って面談したことがなかった。

　栄養士は遠慮して、言葉少なめだった。しばらくして思い詰めたように話し始めた。

　「私は非常勤職員ですし、まだ駆け出しです。それに対して調理員の皆さんは、市の正規職員で、ベテランの方ばかりです。しかも男性調理員は組合の執行委員をなさっていて、市の調理員のリーダーも務めておられます」

　「そのことが本校の給食と何か関係がありますか？」

　「山口先生が言われるように、本校の給食がおいしくないことは私も感じています。昨年第二柳沼小学校に赴任した当初には、給食室に入って出汁の取り方を細かくアドバイスしました。しかし、皆さん聞いているようで、実行してくれないのです」

　「本来は、栄養士のアドバイスを聞かなければいけないですよね」

　「皆さんベテランですので、自分たちが長年やってきた方法でやるというのです。給食をおいしくするために、出汁だけは丁寧に取りましょう、と訴えたのですが。そのうち私を仲間外れにして、いじめをするようになったんです」

　「そんなことがあったんですか……」

　「結局、調理員の皆さんは、さっさと給食を作ってしまい、あとは奥の休憩室でお茶を飲みながらおしゃべりしているのです」

　「正規の休憩時間にも休むんですか？」

　「給食室や休憩室は、誰にも見られませんし、楽をしようと思えばいくらでもできます。それをいいことに第二柳沼小学校の給食調理員は手抜きをしています。だから、ここの給食の残飯量は、市内でもトップクラスです。役所の関係者は皆知っていますよ」

　「えっ、私はそういう評価があるのを知らなかったけど……。関係者ってどういう人？」

　「確か2年前から、各学校の残飯の一覧表を定例教育委員会や市議会文教委員会で報告するようになったそうです。栄養士会で学務課の給食係長が言ってました」

　「今の給食の話をこれまでに教頭先生には伝えてあるの？」

　「もちろんです。教頭先生には、毎週月曜日の調理員との定期打ち合わせもありますし」

現状に慣れ切った人たち

　鈴木校長は栄養士の話を聞いて愕然となった。自分だけが知らなかったのだ。だいたい給食などノーマークだった。アレルギーの対応については口やかましく言われので、そこだけは気を付けていたのだが。

　鈴木校長は、算数の少人数指導を終えた板橋教頭を呼んだ。

　「教頭先生、毎週月曜日の給食調理員との打ち合わせは、どんなふうに実施しているのですか？」

　「打ち合わせですか？　時間も短いですし、その週に休暇を取るかどうかの確認が多くなりますね。あと、食材の納品業者の搬入時刻の変更などです」

　「教頭先生から見て、うちの給食スタッフの動きはどうですか？」

　「皆仲よく楽しそうにやっていますよ。特に問題はないんじゃないですか。他校では給食室内部でいじめもあると聞いていますが、その点、わが校の雰囲気はいいですよ」

　「野菜の質が良くないことはないですか？」

　「野菜は近所にある『八尾辰』から40年以上買い続けています。おやじさんも80歳近く。歳を取りましたよね。確かに最近はスーパーに押されて、一時ほどの勢いはなくなりましたが、地元の業者を大事するのが役所の方針ですから」

　「食器を1階の給食室まで返しに行くのは、子供たちには大変ではないですか？」

　「調理員は、子供たちとコミュニケーションを取る機会だと言うのです」

　「しかし、コミュニケーションを取っているようには見えないけどなあ」

　「男性調理員が言うことには、だいぶ前に市役所と調理員組合との交渉で、片付けは子供が行なうという協定ができたそうです」

　「そんな協定が今でも生きている？」

　「それはどうでしょうかね。各学校でも違うようですが……。調理員組合は、現市長の有力な支援団体で、毎年、調理員の新年会には市長も顔を出すそうですよ」

　「確かにわが校の調理員も皆、地元のA市民だしなあ。市長にとっては後援者か……」

　翌日届いた「市議会だより」には、偶然、給食に関する記事が掲載されていた。今年市議会議員に当選した太田黒同窓会会長が、文教委員会で「学校給食を民営化して、もっとおいしくすべきだ」と主張していた。

14. 誰も知らない給食の値段

市給食調理員雇用の系譜

　夏休みになった。鈴木校長もようやくほっとする。夏休み中は給食がないので、調理員たちは、給食室の掃除や研修などの勤務しかない。できればその余力を校庭の草取りなど、用務主事の応援に生かしたいところだ。しかし、A市の慣行で、本来の業務以外の仕事はやらせることができない。

　近年は、周りの市でも次第に給食を民間に委託化する動きがある。しかし、第二柳沼小学校の地区では、市の正規職員である調理員による給食が続けられている。

　もともと昭和の時代に母子家庭の母親の職を確保するねらいもあって、市では女性を積極的に雇用してきた。しかし、時代の変化とともに、市役所でも学童擁護員や警備員の非常勤職化に取り組み始めている。

　先の市長選挙では、給食調理員の職が保障される代わりに、保守系無所属の現市長を市の職組が応援するというねじれが生じていた。その点で第二柳沼小学校における給食の問題は、単に1校だけの課題ではないのである。

　夏休みの校長室で鈴木校長は思案した。太田黒市議会議員（第二柳沼小学校同窓会会長）が主張したように、そして山口教諭も言うように、もっとおいしい給食を食べさせてやりたい。

　しかし、給食の改革など、どこから手を付けていいかわからない。さすがのおやじさん（鈴木校長の元上司である西郷元校長会長）も、給食までは頭に入っていないだろう。

給食は本当に安い？

　そんなことを考えているうちに、教職大学院の陣内一平教授を迎える研修会の日になった。

　鈴木校長は、事前に読んだ陣内教授の著作に、かつて教授自身が校長として給食改革に取り組んだ文章を発見した。研修会後の懇親会で、その実践の様子を尋ねた。第二柳沼小学校の教員たちも聞いている。

　「皆さん、給食って1食当たりいくらかかっているんでしょうね？」

　3年1組担任、若手男性の遠藤教諭が答える。

　「毎月給食費を5000円ほど集めて20回食べるから、1食250円くらいですかね。

素晴らしいですよ。あんなにうまい給食が牛丼屋の定食より安く食べられるのですから」

山口教諭が驚く。

「えっ、遠藤先生は、第二柳沼小学校の給食がおいしいと思っているんですか?」

「山口先生は来たばかりですけど、第二柳沼小学校の給食は、カレーやいろんなシチュー類がたくさん出て、他の学校よりいいですよ。僕の苦手な魚類はあまり出ないし……」

ザワザワが静まるのを待って、陣内教授が言う。

「7年ほど前、私の校長時代までは、1食800円程度でしたよ」

今度は遠藤教諭が驚く。酒の席でも明朗なのが取り柄だ。

「えっ800円? ファミレスの日替わり定食を食べられますね」

「そこが給食問題の鍵なんです。250円という値段は、保護者が負担する最低限のまかない費用です。給食の牛乳は多額の補助金が出ていて、ものすごく安い」

5年学年主任の青山教諭がうなずく。

「確かにコンビニでは、牛乳は140円くらいしますよね」

「給食調理員の給料、光熱水費、食器や調理器具のメンテナンス、施設使用料なども無料。すべて税金です。それにムダを出さないで単品の大量調理。店の宣伝費用もいらない」

「そういう費用をも入れたら、800円くらいにはなるのですね?」

「保護者は、1食250円という安い値段で、毎日温かい給食を食べさせてもらえることに感謝する。多大な税金の補助で給食が運営されていることに気が付かないのです」

青山学年主任があいづちを打つ。

「保護者は、早く夏休みが終わって給食が始まってほしいと言いますよね。幼稚園と違って、学校は給食があるからいい。しかも、とても安いって」

陣内教授は続ける。

「250円だと思うから、まずくても我慢する。もし、800円もかけていることを知ったら、ファミレスのランチと比べて、第二柳沼小学校の給食メニューに満足しますか?」

陣内教授の給食改革体験

　陣内教授の話は刺激的だった。

　鈴木校長がここで質問する。

　「子供たちが食器の上げ下ろしをすることについて、陣内先生は校長時代に、調理員が行なうように改めたそうですが、どのようにしてその改革を進めたんですか？」

　「簡単ですよ、ある朝、調理員全員を呼んで、子供たちの安全確保のために、明日から皆さんで食器の上げ下ろしをしてくださいとお願いしただけです」

　「調理員たちは納得したんですか？」

　「『えっ明日からですか？』と４名の調理員が言うから、『今日からでは大変でしょ？』と言い返しました」

　「それで決着しましたか？」

　「１週間後に学校教育部長と幹部が二人して青い顔で訪ねてきましたね。元通りにしてほしいと言うのです」

　「何とご返答を？」

　「給食調理員は私の所属職員です。本来の業務である食器の上げ下ろしについて、私が業務を依頼するのは、私の裁量範囲内の権限であります。それとも食器の上げ下ろしで子供がけがをしたら、学校教育部長が責任をとりますか？――こう言いました」

　板橋教頭が言う。

　「今の武勇伝はいつ頃の話ですか？」

　「武勇伝でもなんでもないです。当たり前のことを当たり前にしただけですよ。私がＢ市の指導課長から初めて校長になって２ヵ月目、49歳のときでした」

　鈴木校長は次の陣内教授の発言に耳を傾ける。

　「しかし、給食の改革では大変苦労した経験があります。市内でただ１校、給食の民間委託を引き受けることになったのですが、給食の団体が最寄りの駅で宣伝活動と署名運動を始めましてね。私の学区域の全家庭に『民間給食は利潤追求で安全性に問題がある』というビラを配ったんです」

　「それでどうなりましたか？」

　「保護者の一部が不安を感じ始めました。私もその市に着任してまだ10ヵ月目。まさに北風ビュービューの状態でしたね」

15. いよいよ給食改革に挑戦！

民間委託給食の依頼

　お盆休み、鈴木校長は体育部の仲間たちとゴルフをして過ごした。好きなゴルフを楽しみながら、各学校の様子を聞き、たまに悩みも語り合う。至福の時間だ。暑さも気にならない。ひとしきり汗をかき、クラブハウスでくつろいでいると、鈴木校長は給食について耳寄りな話を聞いた。

　「何でも近いうちにＡ市は、給食の民間委託化を始めるそうだよ。それで先ずは市内の中規模校で、栄養士がいない学校か、栄養士が非常勤の学校に絞るそうだ。選んだ学校にはベテランの栄養士を配置して、一気に民間委託を進めるそうだ」

　「鈴木さんのところは、12学級だっけ？　それに確か栄養士も非常勤だよね？」

　鈴木校長が控えめに応じる。

　「何も私のような新米校長のところでなくても、ベテラン校長さんがほかにたくさんいらっしゃるじゃないですか」

　「いや、ベテラン校長は先が短いので、しばらくの間、責任を持てる人がいいそうだ。第二柳沼小学校に白羽の矢が立つんじゃないか」

　鈴木校長は冷えたビールを飲み干しながら、「確かにうちの学校は条件に当てはまるな」と思った。

　果たせるかな、お盆明け、市の学務課長と給食係長が第二柳沼小学校を訪ねて来た。

　学務課長が切り出す。

　「鈴木先生もうすうす聞いておられるでしょうが、このたび、本市でも給食の民間委託を試行することになりました」

　「でも市長さんは、給食調理員の雇用は確保すると言っていましたよね？」

　「確かに雇用は確保します。ですから定年退職者の後を補充しないで、段階的に民間委託を進める計画です。この方針には市長の与党会派も賛成です。特に第二柳沼小学校の同窓会会長、太田黒市議会議員がこの問題に熱心なんですよ」

　給食係長が補足する。

　「確かこの地区の二階堂浩介連合町会長のお孫さんは第二柳沼小学校に在籍していますよね。先日、市長との市政懇談会で、二階堂会長が『給食がおいしくないので、孫が学校を嫌がっている』というお話をされたのです。そのご発言に他の町会長さんたちも賛同しました。市長としては、『善処します』と返答せざる

を得なかったわけです」

学務課長が続ける。

「それで市長としては行財政改革を進めるためにも、給食の民間委託化に踏み切ることを決断したのです。ただし、市職組との約束もあるので、あくまで試行という形で、1校だけの実施ということになりました」

鈴木校長は、いかにも政治的な決着だと思いながら聞いていた。

「そこでご相談なんですが、民間委託の試行を第二柳沼小学校にお引き受け頂けないでしょうか」

「それは、この問題に熱心な太田黒市議会議員の地元だからですか？　それとも、二階堂連合町会長の意向だからですか？」

学務課長が即座に否定する。

「いや、そうした理由ではありません」

「もしかして市長の意向ということはありませんか？」

「いや、市長はこういう個別の問題で指示することはありません。それに学校教育のことは教育委員会で計画して実行しなさいという考えです。第二柳沼小学校の給食数が標準規模であることや新規の栄養士を配置しやすいこともありますが、私たちとしては、何より校長ご就任2年目で、これから活躍される鈴木校長先生にお願いしたかったのです。この案には市教委の岩田課長も賛成です」

「岩田課長もですか……。少し考えてみたいので、返答を2〜3日待って頂けないでしょうか？」

給食に "ぬた" を出す？

鈴木校長は先日陣内教職大学院教授から聞いた給食改革の苦労話を思い浮かべた。自分は果たして、あのようなハードルを乗り越えられるだろうか。そうだ、夏休みだし、久しぶりにおやじさんに相談してみよう。

西郷元校長会長といつもの料理店の2階。走りのだだちゃ豆をつまみに生ビールを飲み、釧路産サンマの刺身を待つ。

「話はわかった。それで俺の答えを聞きたいというのだね。五郎さん自身は役所からのご指名をどう思うんだい？」

「私にできるかどうか迷っているんです」

「迷っているなら、引き受けてしまうことだな。五郎さんが校長になったとき、『何とかなる』と書いた紙を贈ったよね。世の中のことはたいてい何とかなるものだ」

「おやじさんからそう言って頂いて、私も民間委託を引き受ける気持ちになりました。明日、学務課長に返答します」

「そうかい、よかった。また少し忙しくなるけど、第二柳沼小学校や五郎さんの将来のためにもなるはずだよ」

西郷元校長会長は、アオヤギの"ぬた"を口に入れて、ぬる燗をちびりとなめた。

「そういえば、山手小学校時代、栄養士と相談して和食メニューを開発したっけな。アサリの味噌汁を出すために、朝一番に船橋漁港に行く。水揚げされたばかりのアサリを500人分買い付けて、高速道路で運ぶんだ。道路が渋滞したら給食に出せない。それから、"ぬた"にも挑戦したな」

「えっ給食に"ぬた"ですか？」

「うん、挑戦すべき和食と考えたのさ。しかし1回目は失敗。大量の残菜が出た。そもそも児童の親たちが、"ぬた"を知らないんだからな」

「それでどうなりました？」

「そこから和食のよさを指導した。翌年、2回目の"ぬた"に挑戦して完食になった。子供たちはうまいと言って食べた。第二柳沼小学校の給食も、"ぬた"がうまいと子供たちが言うようになったら本物だ」

鈴木校長はいつもながら、ひどく元気づけられた。

判で押したような反対行動

夏休みが終わり、新学期が始まった。第二柳沼小学校が市内で唯一の給食民間委託になることは、9月初旬の市議会文教委員会で決定し、定例校長会でも説明があった。

市職組給食調理員支部は、10月初旬に臨時大会を開催し、正式に民間委託の反対を決議した。組合は各学校にビラを配布し、市役所庁舎前で反対集会を開催した。

給食調理員の組合も事前に了解しているはずなのに、どうして反対行動に出るのか、鈴木校長には理解できなかった。学務課長に尋ねると、「彼らにも立場がありますから」と言うだけだった。そのあとも調理員組合の反対行動は続いた。そうして、まるで陣内教職大学院教授の体験談をなぞるような事態が起こった。

「校長先生、『第二柳沼小学校で始まる民間委託給食は利潤追求で安全性に問題がある』というビラが自宅のポストに入っていました。朝から会員の方からの質問や不安のメールが私に届いています」

PTAの上條みどり副会長からの電話だった。

16. 構想は緻密に、行動は大胆に

鈴木校長の給食改善案

　給食調理員が配布した民間委託給食への不信感を煽るビラに保護者は不安を持ち始めた――。この事態をPTAの上條副会長の電話で知り、早速鈴木校長はA市の給食係長と協議した。さらに教職大学院の陣内教授からアドバイスを受け、次のような方策を立てた。

○早期に臨時のPTA役員会を開き、給食の問題について学務課長とともに説明する
○他の地区での民間委託給食の現状について情報をまとめ、提供する
○10月初旬に予定している1・2年生の遠足の日、食器が2学年分空くので、臨時の給食試食会を開催し、校長と栄養士で第二柳沼小学校の給食の現状と課題を説明する
○10月1日から、食器の上げ下ろしを給食調理員が行なうようにする
○3月初旬に民間委託業者が決定したら、早めに給食運営についてPTA役員会で説明する
○今後の第二柳沼小学校の給食について協議する機関を設置する。メンバーは、市役所職員、保護者代表、学校代表で構成する
○新年度の4月4日に、民間委託の給食をPTA役員で試食する会を実施する
○新年度の早い時期に全保護者対象の給食試食会を実施する
○新年度からの「給食だより」には、献立表以外の情報も掲載し、日常の給食の方針を保護者に知らせる
○給食の内容を充実させるため、今後の献立の可能性について検討を開始する。例えば、お弁当給食、バイキング給食、世界の味巡りなど、第二柳沼小学校の現状の施設・設備で実践できる給食を検討する
○民間委託実施後しばらくして、地区の校長会、栄養士会等を対象に給食試食会を開催し、外部の評価を得る
○民間委託試行1年後に、実施報告書を作成し、保護者や教育委員会等に説明する
○将来的にはランチルームの改修、給食食器の拡充なども検討する

給食の"ぬた"は私（筆者）の体験談

　鈴木校長の迅速な対応と、きめ細かい実施計画を第二柳沼小学校の保護者は好

意的に受け止めた。こうして第二柳沼小学校の民間委託給食は円滑に進むように
なった。あれだけ不安を煽っていた給食調理員組合も、次第に反対の声を上げな
くなった。

　第二柳沼小学校の給食残菜量は激減し、地区内でもっとも残菜の少ない学校と
して知られるようになった。そして西郷元校長会長との約束、"ぬた"にも挑戦
したのである。

　読者は、給食に"ぬた"を出すことに違和感を持たれたかもしれない。実はこ
のエピソードは、私の体験に基づいている。

　十数年前、私は地区内でただ1校の民間委託給食に取り組んでいた。最寄り駅
での反対署名や演説活動、地区内でのビラ配布もそのときの実話である。

　私はベテラン栄養士とともにメニュー開発に取り組んだ。世界の味巡り、お江
戸の味比べなども実践した。その中で究極の和食とも言える"ぬた"に挑戦した
のだ。

　青ネギと海鮮を酢味噌で味付けした"ぬた"を、教員も若いPTA役員もほと
んど口にしたことがなかった。子供たちも、見た目、味、食感から敬遠すること
は充分に予想されたが、あえてそれに挑戦したのである。カレーライスとスパゲ
ティ、唐揚げなどを繰り返し出しておけば残菜は減る。だが、"ぬた"でさえ
喜々として食べる、そんな究極の給食を私たちは目指した。

　案の定、試行1年目は大量の残菜が出た。その年の最大残菜量だった。もちろ
ん、"ぬた"が残るのは覚悟していたが、その予想以上の量に栄養士とともに肩
を落とした。民間給食会社の女性チーフも同様だった。

　地元は下町地区。庶民的な昭和レトロの居酒屋も繁盛している。このような地
区でさえ伝統的な食文化は廃れ気味であった。

　それでも私たちは、和食のよさを説き、"ぬた"を給食に出し続けた。すると、
ほとんどの学級で"ぬた"の残菜がゼロになった。私は栄養士や調理場のチーフ
と喜んだ。そんな私のささやかな思い出を、この第二柳沼小学校の物語に盛り込
んだのである。

新学習指導要領が見えてきた

　第二柳沼小学校も新学期を迎えた。始業式後に鈴木校長は各学級を見て回った。
山口教諭の学級では、PTA会計監査二階堂ジュニアの息子も元気よく登校して
いる。先ずは一安心。

　新学期早々の職員会議では、新学習指導要領のミニ解説。5年学年主任で、社会科主任でもある青山教諭が、社会科の改訂箇所を3分間でわかりやすく説明する。

　「6年生は政治単元を初めに学習して、その後に歴史単元になります。したがって学習時期に合わせると、国会見学は4月下旬、鎌倉遠足は9月下旬、歴史学習の仕上げの歴史館見学は1月下旬になります」

　鈴木校長は社会科の改訂について初めて詳しく聞き、いくつかの課題を整理した。

①4月下旬の国会見学

　○これまでのように最高裁判所も見学するとしたら、見学申し込みは4月1日にしないと間に合わない？

　○見学で6年生が留守の日、1年各学級での看護当番をどうするか？

　○まだ通常国会の会期中、これまでのような体験プログラムは実施可能なのか？

②9月下旬の鎌倉遠足

　○9月下旬の運動会直前に、6年生が丸一日学校を空けることは可能か？

　○これまでは鎌倉遠足での班別行動の体験を10月の移動教室に生かしてきた。鎌倉遠足を実施できないときはどうするか？

　○9月下旬の雨の多い時期、山道を班別行動させるのは危険か？

③1月下旬の歴史館見学

　○1月下旬から始まる私立中学校入学試験の時期と重なるのは問題ではないのか？

　○入試が終わる2月中旬以降に変更したら、3月上旬の卒業遠足との整合性は？

　○卒業関連行事との兼ね合いで、日程が窮屈にならないか？

　○2月の厳寒の時季だから昼食は室内にしたいが、コースと日程が特定される。他校との兼ね合いで場所を確保できるか？

　こうした日程の再構成が、「カリキュラム・マネジメント」ということなのだろうか？　鈴木校長には、これまで抽象的にしか理解していなかった新学習指導要領がようやく見えてきた。そして身震いした。

　「準備不足だと大変なことになるぞ」

　早速その日の放課後、板橋教頭と蔵前教務主幹を校長室に呼んだ。先ず蔵前教務主幹が来た。遅れて板橋教頭が、いつものようにのんびりとした顔でやって来た。

17. 新学習指導要領対応は短期決戦で

そもそも教師は忙しい！

　板橋教頭と蔵前教務主幹がそろったところで、鈴木校長が両人に向かって問う。

　「新学習指導要領の準備の状況について、お二人はどのように把握していますか？」

　板橋教頭が淡々と述べる。

　「夏休みがありましたしね。新学期には作品展と水泳記録会、授業参観が予定されていて、運動会の練習も始まりました。そういう忙しい中でも、皆少しずつ準備しているのではないでしょうか」

　蔵前教務主幹が続ける。

　「教頭先生が言われるように皆忙しいので、やや動きが鈍いかもしれません。それでも通知表改訂委員長の遠藤さんは、この夏休みに教育センターの資料室に通って勉強したそうです。幸い奥さんの雪子先生（元第二柳沼小学校教諭）が資料室勤務になりましたから、通知表について二人で調べたようですよ」

　「それはいいことを聞きました。まもなく産休ですよね。遠藤さんはその勉強の成果を発揮してくれるのでしょうか」

　「遠藤さんは体育主任ですから、プールが終わってからも運動会の準備で手いっぱいのようです。通知表の仕事は、運動会が終わってからということになりますね」

　板橋教頭も言う。

　「先生たちは皆、毎日の授業と間近に迫った行事の準備で大忙しです。校長先生が心配なさるのもわかりますが、この忙しさの中で、あまり高い要求をすると、つぶれる者が出るんじゃないでしょうか」

　鈴木校長はうなずいた。

　「確かに遠藤さんの学級は、去年、プールと運動会準備で忙しくなってから綻び始めたと彼自身反省しているしね。これ以上忙しくさせるのは可哀想かもね」

　板橋教頭はさらに饒舌になった。

　「新学習指導要領といったって、騒いでいるのは文科省と教育委員会だけですよ。蔵前さんは、『生きる力』とか『新しい学力観』っていう言葉を聞いたことがある？」

・「『生きる力』は聞いたことがありますが、『新しい学力観』って何ですか？」

「知らないのが普通だよね。文科省や教育委員会は、新しい言葉を次々に編み出して現場に押し付ける。それが根付かないうちに、また新しいことを言い出すのさ」

第二柳沼小学校の"最高幹部会"は、いつしか議論の方向がずれていった。

鈴木校長だけが一人で焦っている。笛吹けど踊らずか……。自分もついこの間まで運動ばかりやってきて、新学習指導要領なんてものには興味はなかったし、無理もないかなとも思う。

しかし現実の話として、3ヵ月後には次年度の教育課程の編成作業に着手しないといけない。6年の社会科でいえば、4月から政治単元が始まる。

冬休みを有効に使う

どのように教育活動を展開するのか、準備できるものは、今からしておかなければならない。加えて、次年度の周年行事に向けて、今年の秋のうちには周年実行委員会を立ち上げなければならない。

先ず、新学習指導要領の準備をどうするか？　時間が足りない。働き方改革もある。勤務時間の延長はできない。

鈴木校長は考えをめぐらせながら、ぼんやりと校長室の壁を眺めた。歴代校長の写真。その横に今年1年のカレンダーが掲示してある。夏休みが明けたばかりで、冬休みはまだ先だな……。そして閃く。

そうだ、冬休みだ。これを有効に使おう。当初の年間予定では、12月25日水曜日が2学期終業式。1月7日火曜日が企画会と職員会議。1月8日水曜日が3学期始業式とPTA賀詞交換会。

この日程の中でやりくりすることが、結局は教職員の働き方改革にもなるし、新学習指導要領の準備にもなる。

やや強引かもしれないが、この冬休みに勝負をかけよう。鈴木校長は会議や作業の日程案を作成した。

【12月25日（水）】

▽11時30分　児童下校完了

▽13時00分〜15時30分　全校作業Ⅰ（職員室、教材室、理科準備室、資料室、
　　　　　　　　　　　　　パソコン室／全教職員と非常勤職員）

▽15時40分〜16時45分　事務整理
【12月26日（木）】
▽8時30分〜9時30分　職員会議＝新学習指導要領の準備方針
▽9時40分〜10時40分　新学習指導要領の3部会（通知表改訂委員会、カリキュラム・マネジメント部会、教材教具部会）
▽10時50分〜12時00分　3部会関連作業、資料整理など
▽13時00分〜14時30分　研究全体会＝教職大学院陣内教授「主体的・対話的で深い学び」についての講演会、質疑応答
▽14時40分〜16時10分　研究分科会＝低学年、中学年、高学年に分かれて「授業像」の検討
▽16時20分〜16時45分　事務整理
【12月27日（金）】
▽8時30分〜9時00分　職員朝会＝新学習指導要領ミニ解説
▽9時10分〜11時50分　研究全体会＝附属小学校教官の示範授業と全体協議
▽13時00分〜14時45分　模擬授業5名
（15分休憩）
▽15時00分〜16時15分　模擬授業4名
▽16時15分〜16時45分　事務整理
【1月6日（月）】
▽8時30分〜10時00分　企画会
▽10時15分〜11時50分　職員会議＝新学習指導要領ミニ解説
▽13時00分〜15時30分　全校作業Ⅱ（印刷室、放送室、家庭科準備室、体育倉庫、園芸倉庫／全教職員と講師等で）
▽15時45分〜16時45分　事務整理
【1月7日（火）】
▽8時30分〜9時30分　職員朝会＝新学習指導要領ミニ解説
▽9時45分〜12時00分　模擬授業8名（途中10分休憩）
▽13時00分〜16時45分　学年会＝新学期学級事務

　9月末のある日、鈴木校長はタイミングを捉えて、この案を企画会で公表した。

18. 子供たちのための公平な審判

尾を引く着順判定

　10月になった。第1週目の土曜日に実施される運動会。各学年の練習も熱が入る。

　数年前、全国的に「組体操」についての騒動があった。元々は、ある中学校で組体操のピラミッドが崩れ、そのシーンを撮った動画がネット上で話題になって、一部の人たちが「危険だ」と煽ったものである。

　ある国会議員が予算委員会で、「文科大臣、組体操をやめてください」と人気取りの主張をし、当時の文科大臣も一定の対応をするという答弁をした。

　さて、鈴木校長。体育が専門ということもあって、昨年から「組体操」を復活させた。保護者や地域住民も、鈴木校長の英断を評価した。

　校庭では6年生の組体操の練習が行なわれている。2名の担任のほかに、必ず2名の非常勤講師を補助員として配置し、万全を期している。今年はさらに教育実習生にも、組体操練習の時間には応援に行かせている。こうした鈴木校長の安全対策の配慮もあり、ここまで無事故できている。

　今年の運動会の本番も「組体操」が楽しみである。昨年は大技の成功場面で涙を流す子供がいた。保護者たち参観者も大喝采。

　そんなある日、PTAの上條副会長が訪ねてきた。上條副会長は、何かあると、いち早く情報を伝えてくれる。やや独善的なところもあるが、この人の持つ情報ネットワークは、学校にとってはありがたい。

　長い髪をかき上げて上條副会長が言う。

　「校長先生のお耳に入れておきたいことがあります。実は、運動会の徒競走の順位のことなんです。去年の運動会ですが、5年女子の徒競走で、1位と2位が微妙なレースがありました」

　「私も覚えています。女子の最終組、ほぼ互角でいいレースでしたね」

　「そのとき2位になった子供が、『私のほうが先にゴールした。走っていた本人がいちばんよくわかる』と抗議したそうです」

　「へっ？　そういうことがあったのですか。で、どうなったんですか？」

　「審判長の青山先生が『審判に文句を言ってはいけません』と諭したそうです」

　「さすがベテランの青山先生。毅然としていていいですね」

63

「そのように指導した青山先生は、私も立派だと思います」

「それで何か問題があるのですか？」

「2位になった子供はその日夕方に、家族で運動会のビデオ鑑賞会をしました。そうしたら、明らかに1位でゴールしていたそうです。家族皆で学校に抗議しようとなったようですが、今度はお祖父様が『そんなことは止めなさい』と諭したそうです」

「そうでしたか。その子のお祖父様も、立派な方ですね」

「実は、A市の商工会議所で私の義父と一緒に役員をなさっている方です。それで、孫たち6年生にとって今回は小学校最後の運動会だから、子供が不満を持たないような判定をしてほしいと願っているようです」

審判席を立体化する

上條副会長との話を終えて、鈴木校長は5年学年主任の青山教諭を呼んだ。第二柳沼小学校の運動会では、青山教諭が長年審判係の責任者を務めている。板橋教頭にも同席させた。

板橋教頭が口火を切る。

「昔はビデオ撮影する人も少なかったので、ゴール付近に当該学年の撮影場所を作ることもなかったですね。いい場所でビデオ撮影ができるようになったから、着順判定に文句を言う人が出るんでしょう。いっそのこと、今年から撮影場所を廃止してしまいましょうか？　ちょうど敬老席が手狭で、もう少し広げたかったし」

鈴木校長が反対する。

「運動会まであとわずかしかない。この時期に急な変更はやめたほうがいいね」

ずっと聞いていた青山教諭が言う。

「カメラに人間の目は勝てません。これからも着順判定をめぐる不満は出ると思いますよ。私はもう歳で動体視力も低下していますから、もっと若い方に審判係をやって頂いたほうがいいですね」

鈴木校長が慌てる。

「いや、毎年青山先生が毅然とした態度で審判をやってくださるから、無事に済んでいるんですよ。若い先生だと、見ているほうもはらはらします」

「第二柳沼小学校ではタイム順で走る組を編成していますから、最終レースは足の速い5名の接戦になります。おそらく今年も接戦でゴールに飛び込んできますよ」

　鈴木校長は、陸上競技大会の審判システムを第二柳沼小学校で応用できないかと考えた。そして次の方策を講じることにした。

○審判係の教員3名と児童12名を放課後に召集し、頭や衣服のどの部分がゴールしたかを見極めるリハーサルをする

○審判席を3段の立体にして、教師3名・児童3名の審判係がゴールテープの間近で見るようにする。今年の審判席は、とりあえず古机と大型積み木を用いて製作し、次年度は業者に依頼する

○学校のビデオカメラをゴール前にセットして、ゴールの瞬間を録画する。もし微妙な判定があった場合にはビデオで確認。それを審判長に知らせて判定する

○ビデオでも決着がつかない場合には、同着1着とする。その際、両名を1位の旗に並ばせる。

　こうして運動会当日を迎えた。6年女子徒競走の最終レースは、今年も接戦になった。ほんのわずかの差で、昨年2位だった女子が1位でゴールした。

　鈴木校長はテントの中から笑顔で見届けた。もちろん「これでやれやれだな」などという心の内は明かさずに。テントでは、太田黒徹夫同窓会会長（市議会議員）、二階堂浩介連合町会長、上條みどりPTA副会長の義父である上條彦一郎商工会議所副会頭、市教委の岩田秀次指導課長などの来賓も和やかな雰囲気で参観し、運動会は何事もなく閉会した。嵐の前の静けさだった。

―――――――【column】―――――――

　運動会の徒競走は、子供にとっても保護者にとって一番関心のある種目だ。運動会の徒競走では、子供をタイム順に編成するのが原則である。だから、足の速い子供でも、組み合わせによっては上位入賞できなくなる。

　それでも、子供も保護者も「一等賞」を目指したい。スマホが普及するまでは、ビデオカメラ片手の父親たちがゴール付近に集まる程度だった。今では、誰もが、我が子の撮影のためにゴール付近に集中して、決定的瞬間を撮影しようとする。

　高学年になれば、タイム順の子供たちのゴールは僅差の勝負になる。

　カメラの角度によっては、1位と2位の着順が逆転して見える。昔から、着順判定の審判係は、責任のかかる役である。

　私事であるが、小学生の孫の運動会の夜、会食しながら運動会のビデオを鑑賞した。子供の動きの細部までがわかり、会場で参観するのとは違う世界があった。スマホ全盛の時代、機械なみの正確さが求められる。学校のそんな悩みを取り上げてみた。

19. 周年行事で飛び交う思惑

先ずは実行委員長人事

　運動会も終わり、ようやく第二柳沼小学校の教育活動も落ち着いてきた。鈴木校長は、来年秋の第二柳沼小学校70周年行事の準備に取りかかろうとしていた。

　鈴木校長は土曜日の午後、PTAの田中誠司会長と上條みどり副会長に声をかけて、この件について事前相談をすることにした。田中会長は41歳でICT関係の会社員。6年に長男、4年に次男が在籍している。

　田中会長は仕事が忙しく、平日はほとんど学校に顔を出すことができない。したがって、普段は上條副会長が中心になってPTAの活動を進めている。また、田中会長は、古くからの地元住民ではないので、地域の情報もほとんど知らない。

　鈴木校長は、今日の相談で実行委員会の委員長人事とおよその事業規模、開催の候補日を決めたいと考えていた。

　「会長さん、先ず実行委員会の委員長を決めなければいけないのですが、適任者にどなたかお心当たりはありませんか？」

　「10年前の60周年行事では、どなたが実行委員長をなさったのですか？」

　板橋教頭が記録を見ながら答える。

　「10年前も20年前も、元PTA会長である二階堂浩介連合町会長が務めています。当時はまだ連合町会長には就任していませんが」

　「それじゃ今回もまた、二階堂連合町会長にお願いしてみてはどうでしょうかね」

　黙って聞いていた上條副会長が首を傾げる。

　「3回も同じ方が務めるというのはどうでしょうか。それに二階堂連合町会長は、防災や選挙関係の充て職も務めていて、第二柳沼小学校の学校評議員の会に来られるだけでも大変そうですよね」

　鈴木校長がうなずく。

　「確かに忙しそうですね」

　「それでは、上條さんはどなたがいいと思いますか？」と田中会長。

　「私は太田黒同窓会会長にやって頂いたらどうかしらと思っています。若返りを図ることもできますし、市議会議員になられたので、市の事情にも明るいですもの」

　結局その日は、実行委員長の人事を決めることができなかった。

市議選のしこりが心配

　数日後、同窓会の植田清三副会長が訪ねてきた。元書店の主人。今は廃業して人権擁護委員を務めている。

　「校長先生、70周年行事の実行委員長人事の件ですが、PTAの上條副会長が太田黒同窓会会長を担ごうと根回しをしているようですね。私のところにも連絡が来ました」

　鈴木校長は驚く。

　「まだこれから検討しようという段階なんですが」

　「校長先生は、内心ではどなたがいいと思っておられますか？」

　「私はまだ白紙で、どなたにお願いするかは決めていません」

　植田同窓会副会長は困った顔で言う。

　「現役の皆さんがお決めになればいいことで、年寄りが出しゃばらないほうがいいとは思うのですが……。太田黒会長は実行委員長にふさわしい方だと私も思います。しかし、市議会議員になられた。太田黒会長に投票しなかった方もたくさんいます」

　植田副会長が続ける。

　「私は、周年行事の実行委員長は議員ではない方がいいと思います。例えば、二階堂連合町会長は太田黒同窓会会長の市議選出馬に反対でした。太田黒会長が実行委員長では周年行事はまとまらないと思いますよ」

　「では、これまで通り、二階堂連合町会長にお願いするのではどうでしょうか？」

　植田同窓会副会長がうなずく。

　「私も二階堂さんが適任だと思います。でも、太田黒会長に選挙のときのしこりはないでしょうか？　それが心配です」

体育館で祝賀会は開けない

　さてどうしたものか。植田同窓会副会長が言うように、両陣営にしこりはないのか。しかし、上條副会長のように、今でも太田黒同窓会会長を熱心に推す人もいる。

　悩んだ挙句、鈴木校長は、PTAの田中会長と相談して、植田同窓会副会長に実行委員長を引き受けてもらうことにした。初めは強く固辞した植田副会長だっ

たが、「両陣営を納得させるには、第三者にお願いするしかないのです」という田中会長の説得を聞き入れてくれたのである。

　こうして、最大の懸案事項だった周年行事の実行委員長人事は収束した。

　次は、70周年行事の事業を決めなければいけない。第二柳沼小学校の地区では、「学校内での飲食を控える」という教育委員会の通知が出されていた。したがって、10年前や20年前のように、学校の体育館で祝賀会は開催できない。選択肢は二つ。

A案　祝賀会を中止し、式典だけにする

B案　祝賀会を学校外の施設で開催する

　この両案を実行委員会で協議したところ、教職員や現役PTAの実行委員はA案を推す声が強かった。一方、元PTA、地域や同窓会はB案を推す声が強かった。

　鈴木校長は両者の主張を聞いて、どちらの意見も一理あるなと思った。そこで、実行委員会の植田委員長と最終的な詰めをすることにした。

　植田委員長は言う。

　「校長先生はどうお考えですか？　学校の最終責任者はあなたです。私は校長先生のお考えの通りに決めたいと思います」

　鈴木校長はしばらく悩んだが、第二柳沼小学校の将来のためにも、祝賀会をこれまで通りB案で実施することが使命だと決意した。

　ここからは後日談である。

　翌年の第二柳沼小学校70周年記念祝賀会は、市内のホテルで盛大に開催された。そこにたどり着くまでの鈴木校長や植田実行委員長、PTAの田中会長の尽力は大変なものだった。苦労はしたが、歴代校長や地域から大きな賛辞を得た。

　まもなく11月の就学時健康診断。重度障害児童が第二柳沼小学校への就学を希望している。この話はまだ鈴木校長に届いていない。

──────【column】──────
　10年に一度の周年行事は、その後の学校の評価を決定づける最大のミッションである。周年行事で評判を落とせば、次の10年先の周年行事まで挽回はできない。

　周年行事の評価とは、例えば、招待者名簿の作成や会場の座席配置、控え室経営、式典の教職員や子供の態度・所作、受付・誘導・進行などの外連味のない振る舞い、祝賀会までの接遇や気配り、校長の式辞、子供の活動、PTA会長や同窓会会長の祝辞、記念誌の発行、記念品の選択、校内環境整備、地域や行政機関・校長会等との渉外、行事終了後の挨拶回り等、その項目は多数にのぼる。

20. 全盲児童の入学

全盲児童が入学希望

　10月の末、A市の学務課長が就学支援指導員を伴って鈴木校長を訪ねてきた。そして席に着くなり、苦渋の表情で話を切り出した。

　「実は次年度、重度の障害児童が第二柳沼小学校への入学を希望しています。就学時健康診断前に、そのことを校長先生にお伝えしに来ました」

　「重度の障害とは？　第二柳沼小学校にはエレベーターもスロープもありませんよ」

　その質問に答えたのは同道の就学支援指導員である。鈴木校長はこの人とかすかな面識があった。退職した校長OBだ。

　「それが肢体不自由ではないので、エレベーターもスロープも必要ないのです」

　鈴木校長は少しばかり安心して聞いた。

　「だとしたら、どのような障害なのです？」

　「視覚障害です」

　「というと弱視ですか？」

　「いえ、弱視ではありません。全盲なのです」

　「ゼンモウって？」

　「全盲です。まったく視力がありません」

　「視力がない？　……まったく見えないということですか？」

　学務課長がきっぱり言う。

　「そうです」

　「ちょっと待って下さい」

　鈴木校長はあわてて板橋教頭と斉藤久美子養護教諭を校長室に呼び出した。

保護者の要望が優先される

　学務課長が話を再開する。

　「教育委員会としてはこれまで何度も保護者と協議してきました。学校の通常の学級で生活するのは困難である、と。先日の就学支援委員会でも、専門家の判断で盲学校への就学が『適』であるとされましたので、当然それも保護者に伝えました」

「それでもなお第二柳沼小学校へ入学したいというのですか？」と、板橋教頭が興奮した口調で抗議する。「うちで預かれるわけがないですよ。事故が起きたら誰が責任を取るんですか？」

学務課長が答える。

「保護者としては、わが子を地域の学校で育てたいという希望を持っています」

「そもそも本校には視覚障害者を指導できる教師がいません。視覚障害者用の施設もない。教材・教具もありません」

鈴木校長の悲痛な訴えに指導員がうなずきながら、

「子供さんの将来を思えば、白杖や点字などの技能を専門的に学んだほうがいいと保護者を説得したのですが、私たちの意見に耳を貸してくれません。どうもバックに運動団体の人たちが付いているようです」

「校長先生、断りましょうよ！　こんな無茶な話、日本中探したってありませんよ」

大声で主張する板橋教頭をなだめるように、学務課長が冷静に言う。

「私どももほかの事例を調べたのですが、全盲児童を通常学級に就学させた自治体は、実はかなりあるんです」

「でも本市ではありませんよね？　他市で就学させた際には、教師が1名加配になったと聞きましたが」と斉藤養護教諭。

「その件については、今後岩田指導課長と相談して、できるだけの配慮をしたいと思っています」

板橋教頭の顔が次第に絶望的になっていく。

「うちは給食の民間委託試行を受けました。まもなく周年行事もあります。忙しいんです。それに若い先生ばかりです。もし担任と指導補助員で担当することになったら、本校は大きなダメージを受けますよ」

学務課長が粘り強く説得する。

「世界的にノーマライゼーションの流れがあります。それに障害者の権利条約もあり、保護者が強く望めば、就学させざるを得ないというのが教育委員会の考えです」

鈴木校長が考えた細やかな対策

協議は夜遅くになっても平行線のままだった。数日後、教育長から電話があり、「教育委員会でも最大限の支援をするので、就学を認めてほしい」との依頼があ

った。

　結局、鈴木校長は渋々了承した。だが、そこからの鈴木校長は行動的である。次の11の対策案を一気にまとめた。

①校内の入学委員会で課題をまとめる

②本プロジェクトのリーダーを斉藤養護教諭に依頼する

③盲学校を校長と養護教諭で早期に見学する

④盲学校教員を講師として招聘し、研修会を実施する

⑤岩田指導課長に相談し、特例的に特別支援教育に造詣の深い教師を確保する

⑥ほかに専属の学習指導補助員を配置する

⑦当該児童の保護者と面談し、保護者の要望を聞き、学校の現状を説明する

⑧教材の確保について、新宿区高田馬場にある日本点字図書館を訪問し、アドバイスを受ける

⑨学年進行に伴う校外での教育活動のシミュレーションをする

⑩新1年生入学保護者会で、校長から経緯を説明し、保護者の理解を得る。当該保護者が挨拶をする

⑪新1年生の4月を特別月間として、安全管理と当該児童の適応、当該学級の生活の安定に万全の対策を講じる

　鈴木校長は、このメモを持参して、いつものように西郷元校長会長と面談した。西郷元校長会長が言う。

　「五郎さんも次から次へと大変だね。ちなみにこのメモはよくできているよ。何より先手を打っているところがいい」

　「しかし、私は不安でならないのです」

　「なーに、子供同士はじきに慣れるものさ。問題は大人だ。外野がいろいろと言ってくるかもしれないが、絶対にブレないことだ。ブレなければうまくいく」

　鈴木校長は、元上司のこのアドバイスで、ようやく不安が解消していく心地がした。

　数日後、懸案の就学時健康診断が終わった。各校医にも全盲児童の就学について、アドバイスと協力を依頼した。

　その日の夕方、事務主任が校長室に来た。「もう11月も半ばで、そろそろ今年度予算の執行管理をしたいのですが……」

21. あってはならない予算未執行

血税を何だと思っている！

　事務主任が訴える。

「もう11月も半ばで、そろそろ今年度予算の執行管理をしたいのですが」

　鈴木校長が大きくうなずく。

「ああ、そうですね。来年は第二柳沼小学校の監査の年に当たります。今から予算執行もきちんと準備しておかなくてはいけません」

「市議会が予算の円滑な執行を求めたこともあって、今年の監査は厳しくなりました」

「そういえば市長は、代表監査委員にかなり厳しい方を迎えましたよね」

「ええ、予算執行のプロですね……。実は校長先生……あのう、年度初めの予算委員会で、音楽の岩崎フキ先生から、今後邦楽が重視されるので、和楽器を揃えたいというご要望がありましたでしょう？」

「ええ、箏や三味線、鼓などでしたね」

「それがまだ購入されていないのです。私からも何度か、まだ発注しないのですか、と督促してはいるのですが」

「何か理由でもあるんでしょうかね？」

「それがよくわからないのですが、岩崎先生としては、自分は再任用教員で、先がないから、邦楽の楽器などはあと回しにしようと思っているらしいのです」

「だって、年度初めの予算委員会で、あれだけ学習指導要領に定められていると主張していたではないですか」

「それがどうも気が変わったようなのです。それに母親の介護でも忙しいらしくて」

　鈴木校長としても困惑するばかりだ。

「公私混同ですね。私からも岩崎先生に聞いてみましょう」

「お願いします。それと図工の横山長助先生にも困っているのです。横山先生からは、焼き物の窯を新しくしたいとのご要望があり、確かに古いので買い替えを決定しました」

「そうでしたね。値が張るものだから皆で協議しましたが、今年は図工を優先しようということになりましたね」

「ところが、当の横山先生が協力的ではないのです。市の営繕課とも相談して、設置場所や工期などを詰めたいのですが、横山先生のほうからは動いてくれないんですよ」

鈴木校長は事務主任との協議を終えて、「やれやれ」と思った。「音楽の岩崎先生も図工の横山先生も一体何を考えているのだ……」

翌日の放課後、鈴木校長はこの二人を呼んで詳しい事情を尋ねた。音楽の岩崎教諭は60歳になる大ベテランだ。

「私も4月の頃は再任用になったばかりですから、邦楽の楽器を揃えて新しい分野にチャレンジしようと思っていたのです」

「その頃と何が変わったのですか？」

「母の体調が悪くなって、介護が必要になりました。そして、6月のボーナスです。前から組合に聞いていたとはいえ、少額過ぎてがっかりしてしまいました」

「それが方針を変えた理由ですか？」

「去年と同じ仕事をしているのに、こんなにボーナスが低いのだと実感して、やる気がしなくなったんですよ」

「それじゃ邦楽のための予算はどうしますか？　もし必要ないのなら、ほかの教科に回しましょうか？」

「しかしまあ、せっかく認めて頂いた予算ですから、買うだけは買っておきましょうかねえ」

鈴木校長は「市民の血税を何だと思っているんだ！」と怒鳴りたくなる気持ちを必死でこらえた。

補正予算を急遽作成

「横山先生のほうは、陶芸窯の設置の準備はどうなっていますか？」

「そういえば、事務主任もそんなことを言っていたな」

「だって、横山先生が年度初めの予算委員会で強く要望したからでしょう？」

「いや、私はこの学校の窯が古くなっているので、新しくすればいいかなと思っただけで、そんなに欲しいわけでもありません。私はあまり焼き物をやりたくないので」

「ならば、体育主任の遠藤さんがバスケットボールゴールを新調したいと言っていたのを優先してあげればよかったですね」

「それなら、今から変更していて頂いても結構ですよ。どうせ私もあと2年で

定年。きっとこれからも陶芸窯などは使わないと思いますので」

鈴木校長もさすがに声を荒げる。

「横山さん、あなたが使わないとしても、のちに赴任する図工の先生はどうなるんですか？　困ることはないんですか？」

「困ることはないと思いますよ。そもそも図工は自由な教科ですから、学校の条件に合わせてやっていくと思いますよ」

翌日、2名との協議の結果を事務主任に伝えた。事務主任は激怒して、「もう音楽と図工には予算を回さない」と言い出した。事務主任の憤りもわかる。来年度の監査で、これだけ大きな予算執行の遅れは、監査委員から指摘があるだろう。

場合によっては、第二柳沼小学校への指摘事項は市全体の監査報告書に掲載されるかもしれない。そうなれば校長と事務主任の失態であり、とりわけ事務主任の立場が悪くなる。板橋教頭は当てにならない。鈴木校長は事務主任と相談して、緊急の予算委員会を開催した。そこで次の指示を出した。

①本年度執行予定の音楽の和楽器と図工の陶芸窯を凍結する

②年度当初、要望のあったバスケットボールゴールを早期に新調する

③残予算の使途について、2日後までに要望を提出する。それに基づき補正予算を作成する

④残予算は12月中旬までに執行する

⑤次年度予算委員会では、予算案作成を一層精査する

⑥次年度の監査に向けて、諸帳簿の作成と管理を計画的に進める

⑦監査の際に、予算執行の遅れの指摘があれば、可能な限り校長が答弁をする

こうして遅ればせながら、事務主任からの申し出について、対応策を講じることができた。鈴木校長はひとまず安堵した。

それもつかの間、今度は懇親会幹事の青山淑子教諭（5年主任）が校長室にやって来た。

「忘年会ですが、酒癖の悪い先生がいるので、若い女の先生は皆欠席するそうです」

22. 忘年会、開くべきか開かざるべきか

職場の飲み会を嫌がる女性たち

懇親会幹事の青山教諭（5年主任）が言う。

「今の若い人たちは、職場の飲み会に参加したがらないようです。高い会費を払うなら、少人数での女子会をしたいと言います」

鈴木校長が言う。

「私や青山先生の若い頃は、何か行事があるたびに飲んでいましたよね。そこで先輩の話を聞くのが楽しみだった」

「確かに昔は職場のつながりが強かったですよね。私は今でも初任時代のメンバーと旅行会をやっています。それに比べると、今の職場は人間関係が希薄ですよね」

「職員旅行もないしね。なぜ前任の校長先生の時代になくなったんですかね」

「若い先生は男性も女性も子育てがあるし、年配の先生も親の介護があるし、第一あまりおもしろくない……ということでした」

「前任の校長先生は、職員旅行をなくすことに反対ではなかったんですか？」

「年に一度のせっかくの機会だから続けましょうよ、とおっしゃっていましたが、板橋教頭先生が存続にあまり積極的ではないこともあって、結局中止になりました」

「確かに時代が変わったのかもしれませんが、年に何度か皆が都合を付けて会食をするのは大切だと思うんですがね」

「私もそう思います。しかし、若い女性たちは、お酒をたくさん飲む人も飲めない人も、同じ金額を払うのは不公平だと感じているようです」

「えっ、そんなことを言うのですか？」

「さすがに口に出しては言う先生はいません。でも、飲み会より、観劇やテーマパークへ行くほうがいいというのは、ささやかな自己主張なのかもしれませんね」

意外な人物のセクハラ

鈴木校長は、おやじさん（西郷元校長会長）の現役時代を思い出した。職員たちのバレーボールの試合に、おやじさんは校長会で忙しい中いつも駆けつけてく

れた。勝っても負けても、市民体育館近くのもんじゃ焼きで健闘をたたえ合った。

　職員旅行ではカラオケで盛り上がった。普段おとなしい人が、意外な芸を見せて人気者になった。おやじさんは、年配の用務主事と『銀座の恋の物語』をデュエットして、笑いを誘っていたっけな。普段は威厳のあるおやじさんがおどけた姿になるのを見て、みんな大喜びしていたな。

　ああいう時代は、もう来ないのだろうか。何が「チーム学校」だ。みんなで仕事をし、楽しく飲んで騒いでいた時代のほうが、よほど「チーム学校」じゃないか。何が時代の変化だ。どこかでボタンを掛け違ったんじゃないのか。鈴木校長の頭の中に昔の出来事が走馬燈のように駆けめぐった。

　……そうだ、懇親会幹事の青山教諭と話し合っているのだった。

　「酒癖の悪い先生がいるので忘年会は嫌だという声もあります。校長先生、どういたしましょうか？」

　「懇親会の内容は幹事の先生方で決めればよいことなので、お任せしますよ」

　「今からだと観劇は無理なので、いつものように松寿司の2階がいいと思いますが、座敷だと飲み過ぎる心配もあります」

　「酒癖が悪いというのは、一体誰のことなんですか？」

　「図工の横山先生です。普段は割とクールな人なのに、お酒が入ると、だんだんと絡むようになるのです」

　「そうなんですか。気が付かなかったな」

　「特に若い女性に絡むので、みんなセクハラだと言っています」

　「セクハラ？　それは穏やかじゃないな」

　「それに板橋教頭先生も威張って説教をするので、パワハラって言っている人もいます」

　「パワハラ？　僕の見ている範囲では、それも気付かなかったけどな」

　「教頭先生は、自分のコップを持って、みんなのところを回りますよ。それで酌をしろと命令するのです」

　「お酌？　まあ飲み会なのだから、それもコミュニケーションなんじゃないのかな？」

　「それを若い人は嫌がるのです」

　「私も忘年会では気を付けて見ていますので、何分よろしくお願いします」

飲み会の心得とは

　さても困ったものだ。たかが忘年会でこのありさま。よくよく自分の学校経営がうまくいっていないのだな、と鈴木校長は自戒した。

　数日後、松寿司2階の小座敷で、鈴木校長は、かつての上司である西郷元校長会長と差し向かいで飲んでいる。ひれ酒をなめながら、好物の "へしこ" をつまむ。

　「おやじさん、私たちが仕えていた頃、飲み会を嫌がる人はいましたかね？」

　「そりゃあ飲めない人もいるし、たばこの煙はモクモクしていたし、飲み会を嫌がる人はいただろうさ」

　「でも、みんな喜々として楽しんでいたように思うのですが」

　「どうかなあ。早く帰りたい人もきっといただろうさ。あまり人付き合いのうまくない人もいるし、新人もいたしね」

　「おやじさんは、いつも飲み会を楽しんでいて、ほかの人のことなど眼中になかったように見えましたが」

　「確かに眼中にないように見えたかもしれんが、だとしたら俺の狸おやじぶりもたいしたものだ。少し自慢してみたいね」

　「えっ、みんなを見ていたんですか？」

　ナマコの酢の物を口に入れながら、西郷元校長会長が言う。

　「見ていたというほどではないが、酒を飲めない人がどうしているかはわかっていたつもりだ」

　そういえばおやじさんは、自分の天ぷらやデザートを若い人に回していたな。酒の飲めない人に土産を買っていたな。

　「五郎さん、飲み会というのは気配り、心配り、金配りだ。それがあれば、たいていの人は付いて来る」

　鈴木校長は、つくづく己の未熟さを悟った。

　12月の初旬になった。成績処理で皆忙しい。疲れも溜まってくる。そんな頃、斉藤養護教諭が保健日誌を届けがてら訴えた。

　「本校のインフルエンザ対策はなっていません。これでは今季も、市内初の学級閉鎖を出すかもしれません」

23. インフルエンザと教師の力量

学級閉鎖の多い第二柳沼小学校

　斉藤養護教諭が、インフルエンザの予防について相談があると言ってきた。

　本校3年目の41歳、女性。就職氷河期の競争倍率の高い時代の採用だ。42歳の蔵前教務主幹もそうだが、この世代には逸材が多い。しかし、採用人数が少なかった分、どの学校でも年齢層が薄く、近年、管理職希望者が減少している要因になっている。

　鈴木校長は近い将来、斉藤養護教諭に管理職の受験を勧めるつもりだ。養護教諭出身の管理職はA市ではまだ例はないが、他市では少しずつ出現してきている。

　斉藤養護教諭が言う。

　「校長先生、昨年度は本校で学級閉鎖が何回もありました。市内でも多いほうでした。私としては責任を強く感じています」

　「何も斉藤さんが悪いわけじゃないよ。去年はインフルエンザが大流行したのだから、仕方がないでしょう」

　「実は市の養護教諭部会で、各学校のインフルエンザ対策を検討してみました」

　「それはいい研究をしましたね。それで何かわかったのかな？」

　斉藤教諭が提示した養護教諭部会発行の冊子には、インフルエンザ対策のまとめが掲載されていた。次の項目が並ぶ。

○うがいと手洗いの励行

○規則正しい生活

○症状が出たら医療機関へ

○症状が治まるまで登校停止

○休憩時間の換気

　鈴木校長は冊子を見ながら、これまで示されてきた内容と変わりがないなと思った。自分も長年体育部で活動してきたから、保健領域の基礎知識は持っている。

　斉藤養護教諭が続ける。

　「今、私の知人が教職大学院に派遣されているんですが、その知人から陣内教授の話を聞きました」

　「陣内教授？　先日、学習指導要領の研修で来て頂いた陣内教授のこと？」

　「そうです。陣内先生は、学校と医療の連携には、学校マネジメント的アプロ

ーチが大切であると主張されています」

名門校ほど児童は健康

「学校マネジメント的アプローチ？　それは一体どういうことだろう？」

「私たち養護教諭がいくらインフルエンザ対策を口酸っぱく言っても、学校マネジメントとしてそれが具現化されなければ意味がないということです」

「斉藤さんの言っている意味がよくわからないんだけど」

斉藤教諭が二つの表を見せる。

「これは、市内各小・中学校のむし歯保有率の一覧表と治療済み率の一覧表です」

「ああ、これは私も見たことがあるけど、確か第二柳沼小学校は平均的な数値だったね」

「私たち養護教諭の仲間内では、むし歯保有率と学校のランクが連動すると言っていいます」

「その話は管理職仲間でも話題なることがあるな。就学補助受給の割合などとも連動するよね」

斉藤養護教諭が続けて、もう1枚のレポートを鈴木校長の前に出す。

「これは私が作成した表ですが、マル秘でお願いします。昨年度のＡ市の学級閉鎖数と学級数の割合を低い順から並べた表です。1位は山手小学校。第二柳沼小学校は下から3番目です。校長先生、この表から何かお気付きになられることはありませんか？」

「……いやあ、ショックです。見事に名門校が上位に来ているね。私の元上司の西郷先生が勤務していた山手小がトップだ」

「その下の表を見てください。これは私が赴任して以来、学級閉鎖をした学級の担任名です。いかがでしょう？」

「遠藤さんの学級や目黒雪子（現・遠藤雪子）さんの学級が、2年連続で学級閉鎖になっているね。それに対して、蔵前教務主幹や青山学年主任の学級は閉鎖になっていないわけか」

「ただし、たった2年間の記録ですから、まだこれで判断するのは早計だと思います。それにＡ市の学級閉鎖数の割合の一覧表も、公開すると誤解を与える恐れがあので、慎重にすべきだと思います」

鈴木校長がうなずく。

「斉藤さんの言う通りだが、これが教職大学院の陣内先生の言う学校マネジメント的アプローチということなのかな」

「そうなのです。これまで保健領域の調査でも、体力・運動能力調査でも、それらを専門的に扱うだけでした。陣内先生は、保健指導などを実践する教師の力量や学級経営力、調査に関わる態度なども総合的に見なければいけないと主張なさっています」

手洗いの励行を第一目標として

斉藤養護教諭がさらに話を続ける。

「遠藤先生の学級も、雪子先生の学級も、休み時間の換気ができていません。それと、うがいこそしますが、手洗いはほとんどしていません。私もよく指導しているつもりなんですが……。まさに手洗いこそが大切で、蔵前先生や青山先生の学級の子供は面倒くさがらず、石けんできちんと洗っています」

鈴木校長は斉藤養護教諭との面談を終えて、インフルエンザ対策を次のようにまとめた。

①年明けの職員会議でインフルエンザ対策の基本計画を示す

②その席上で、過去2年間、学級閉鎖を出さなかった蔵前主幹と青山主任の実践を聞く

③年明けの「保健だより」で、インフルエンザ対策、特に体調の維持と手洗いの励行を啓発する

④年明けの校長講話で、インフルエンザ対策の内容を扱う

⑤これまで手洗い励行が緩かった学級に対し、管理職と養護教諭が習慣定着のための補助を行なう

⑥インフルエンザ発症の学級では、予防措置を一層強化する

⑦1月から2月末を予防強化月間とする

こうして第二柳沼小学校は、インフルエンザ多発校からの脱却することに成功していく。

そんなある日、6年の担任が校長室を訪ねて来た。自分の学級の児童数名が私立中学校の受験を控えていることで、学級全体に問題が生じているとのことだった。

24. 私立中学受験シーズンの憂鬱

受験準備のために学校に来ない

　6年担任の新村蓮教諭は25歳の男性。新卒2年目で、鈴木校長とともに第二柳沼小学校に赴任した。前校長が新卒でいきなり5年生を担任させただけに、一定の力量を備えている。

　近年は教員採用倍率が著しく低下したというのが鈴木校長の実感だ。鈴木校長も2年間、教員採用選考の面接委員を務めたが、まさに玉石混淆だと思った。隣りの学校では、初任教員が夏休みの前に退職したと聞く。ほかにも市内には、メンタルヘルスの不調で休職中の若手教員が複数いるという。

　市教育委員会の岩田指導課長は、働き方改革と若手教員への配慮を繰り返し話す。どの校長も一応納得はするが、学校現場の業務量はほとんど減らない。特に若手教員は夜遅くまで残業する傾向がある。

　新村教諭は初めての6年担任ということもあり、連日の残業である。警備日誌を見ると、この3ヵ月ほどは、最終退勤者の欄に新村教諭の名前を見る日が多い。休日出勤者の氏名欄にもたびたび登場する。鈴木校長は、最近の新村教諭の様子を心配していた。

　その彼が思い詰めた顔で口を開く。

　「校長先生、実は自分の学級の3名が1月から学校にほとんど来ていません」

　「それはまたどうしてだろう？」

　「自分では思い当たることがないので、保護者に尋ねてみたのですが、体調が悪いとか、風邪予防のためだと言うのです」

　「風邪予防？　それはまた大げさなことを言うね。もしかすると、何か友人関係でトラブルがあったのかな？」

　そこにちょうど青山学年主任が顔を出した。鈴木校長が早速尋ねる。

　「青山先生、昨年の6年生にも、この時期に風邪予防で学校を休む子はいましたか？」

　「昨年はいませんでしたが……、その前の年はいたと記憶しています。新村先生、休んでいる子はみんな私立中学の受験生では？」

　「そうです。受験する中学校は違いますが」

　「子供たちはどこの進学教室？」

「そこまでは把握していません」

「もしかして、駅前のあそこかしら……」

「その進学教室が何か？」と鈴木校長。

「進学実績を上げるために、1月から学校を欠席させると聞いたことがあります。確か一昨年度に秋田君という子がいました」

「秋田君ですか？　休んでいる子の一人も秋田さんです。おそらく妹でしょう」

悩んでも解決しないときには

青山主任が退出後、新村教諭は鈴木校長に学級の様子を報告した。まとめると以下のような状況である。

○学級全体に落ち着きがない

○受験グループには疲れが見え、覇気がない

○受験グループは、係の仕事や委員会活動などで自分の仕事をさぼりがちである

○家庭科や図工、総合などの授業中に受験参考書を開くことがある

○学級の数名が精神的に不安定になっている

○子供の学力から見て、明らかに高望みをしている家庭もある

○欠席しがちの子供がいることで、卒業文集や卒業を祝う会の準備に着手できない

○子供が全員そろわないのに教科書を予定通り進めるのは、教師として気が重い

○受験に失敗した子供のフォローについても気がかりである

鈴木校長は、新村教諭の訴えを黙って聞いていた。そして、話が一通り済んだところで窓際のテーブルへ移動した。鈴木校長は静かにコーヒーを淹れ、クッキーを勧めた。

「どうだいこのクッキー？　頂き物だけど、なかなかいけるだろう？　疲れたときはコーヒーと甘い物に限る」

「校長先生もお疲れになられることがあるんですね。いつもお元気そうなのに」

新村教諭の顔にかすかに明るさが戻る。

「そこの壁に『何とかなる』と貼ってあるだろう？　これを書いてくれた人は、私の元上司の校長だ。"おやじさん"と呼んでいてね、今でもしょっちゅう酒を飲む」

「以前研修会でお話しされていた方ですね」

「昔6年を担任していて、おやじさんに今の新村さんと同じようなことを訴えた。おやじさんは黙って話を聞いてくれた」

「それでどうなりましたか？」

「黙ってコーヒーとクッキーを勧めてくれた。疲れたときはコーヒーと甘い物が一番と言ってね。それで自分は我に返った」

新村教諭は黙ってうなずいた。

「新村さん、『何とかなる』だ。あまり思い詰めないほうがいい」

「わかりました。考えを改めてみます」

新村教諭は決意を込めた顔で校長室を出て行った。その後ろ姿を見送りながら、「これで大丈夫」と鈴木校長は独りごちた。

受験のケアは全校態勢で

この日を機に鈴木校長は中学受験について調べ、次のデータをまとめ上げた。
○A市内小学生の国・私立中学校進学率の10年間の推移
○第二柳沼小学校の学力調査の実績と国・私立中学校進学の推移
○大学入試制度の変更と今後の国・私立中学校受験動向の想定
○第二柳沼小学校受験生の主な志望先学校の入試概要と問題のレベル
○第二柳沼小学校の近年の受験をめぐるトラブル
○第二柳沼小学校の学年別通塾率
○第二柳沼小学校から通塾可能な進学教室等の分布と特色
○駅前の進学教室の「指導」について各校長から情報収集
○第二柳沼小学校の受験生の平均的な週時程と夕食や帰宅時間等

鈴木校長はこのデータを職員会議で説明するとともに、今年度の受験終了後のケアについて、関係者を中心にしながら全校態勢で臨むことを表明した。

1月も下旬になった。朝、校長室を掃除していた用務主事が、窓際で空を見ながら言った。

「今年は雪が降らないといいですね。去年の雪では、近所からさんざん苦情を言われましたから……」

---【column】---

首都圏の国私立受験率は、1991年は10%程度。そこから2002年度までは12%程度で変化なし。一気に上がり始めるのは、2003年頃からである。背景には、学習指導要領改訂に伴ういわゆる「学力低下論」があった。2008年には、受験率が20%を超えた。地域や学校によっては、進学志向が強く、3学期になると子供を登校させない保護者もいる。近年、その傾向は強まりつつある。

25. 大雪は、数年に一度でも備えるべし

雪かきはどこまでが学校の責任？

　用務主事が校長室の掃除をしながら、昨年の雪の話を続ける。再任用で週4日勤務の高齢の女性である。

　「去年の雪の日、正門前は何人かの先生方にもお手伝い頂き、子供さんたちが登校する前に雪かきを終わらせることができました」

　「ええ、確かそうでしたね。主事の皆さんも早めに出勤してくださり、迅速に対応してくださってとても助かりました」

　「いや、たいしたことではありません。私ら主事は皆A市内に住んでいて近いですからね。校長先生や教務主任の蔵前先生、お若い新村先生などはご自宅が遠いでしょ？　電車が遅れていたのに、あんなに早くからいらして、さぞかし大変だったと思いますよ」

　「あの日、誰が早く来たかなど、よく覚えていらっしゃいますね」

　「早朝の雪かきは時間との勝負ですから。お手伝いしてくださった先生方のことを、私ら用務主事は絶対忘れませんよ」

　「それはどうもありがとうございます。それで、近所の苦情というのは？」

　「実は学校の裏にお住まいの皆さんからの苦情なんです。あの日、私らは総出で学校周りを雪かきしたのですが、学校裏の北側の路地までは手が回りませんでした」

　「学校の北側は子供たちも通りませんし、いくらなんでもあそこまでは手が回らないのは当たり前でしょう？」

　「はい。主事の申し送りでも、南側の正門から少し東側と西側までを雪かきすることになっています」

　「それでいいと思いますが」

　「ところが学校裏のご高齢の方から、『学校の北側の雪が凍って大変だった』という苦情があったのです」

　「裏の皆さんも、大雪のときは自分たちで雪かきをしているんじゃないんですか？」

　「昨年、一番大きな家のご主人が入院されていたんです。奥様もその介護で留守にしていて、積もった雪がずっと残りました。それが凍ったことで近所の方が転んでしまい、救急車で運ばれたそうです」

「それは大変でしたね」

昔はみんな総出で雪かきをした

　用務主事がテーブルを拭きながら続ける。「そこからが私らにとっては大変だったのです。いつも落ち葉を掃く頃には『ご苦労様』と声をかけてくださっていた皆さんが、『雪が凍ったのは、学校の雪かきが不十分だったからだ』と言ってきたのです」

　「でも、以前から学校の裏は雪かきをしなかったのでしょう？」

　「それが……実は昔は、学校の周りを全部雪かきしていました」

　「そうだったんですか。いつ頃まで？」

　「平成の初め頃までです。私らや先生たちだけでなく、上級生の子供たちも総出で雪かきをしたものです。いい時代でした」

　「去年、近所からの苦情は、あなたから板橋教頭には伝えたのですか？」

　「一応お伝えはしましたが、そんなのは近所のわがままだから気にしなくていいと言われました」

　「わがままねえ……。まあ確かに、これ以上の労力を学校側に求めるのは自分勝手かもしれませんね」

　用務主事との会話のあと、板橋教頭を呼んで去年の一件を尋ねた。朝の教頭は多忙だ。なんだそんなことか、という顔で答えた。

　「そんなことがありましたかねえ。あまり覚えていませんが、裏にお住まいの皆さん方は、何かあるとすぐに苦情を言ってくるのです。特に、あの大きな家の爺さんは近所でも評判の頑固者で、役所でも困っているようですよ」

　「頑固者かどうかは別として、もし今年も同じように大雪が降ったら、学校としてはどう対処したらいいのかな、と」

　「別にこれまでと同じでいいんじゃないですか。用務主事は近くに住んでいるから、いざというときは早めに来るように私から連絡しますし、早朝出勤の調整や手当は私が申請します。あと、何人かの若手教員が来てくれると思いますし」

　「ということは、学校の北側は去年同様、雪かきをしないということですか？」

　「仕方がありませんよね。学校としても限られたマンパワーで精一杯の努力はしているわけですし……」

　板橋教頭との協議を終えても、鈴木校長は釈然としなかった。大体、板橋教頭はどうしていつも、雪の日に早く駆け付けないのだ？　板橋教頭よりずっと家が

遠い蔵前教務主幹が真っ先に出勤しているというのに。一部の若手教員に任せて、ベテランの教員が駆け付けないのはおかしい。

保護者のボランティアも考慮

　鈴木校長は、その日の夕方、大雪対策を次の通りまとめた。
○対策計画は「第二柳沼小学校大雪対策」とする
○学校の周辺道路を図示し、雪かき箇所を明示する
○雪かきは、正門付近を最重点箇所、東西通学路を重点箇所とする
○重点箇所が整備され次第、人員を北側の雪かきにも回す
○交通機関の影響や家庭の事情のない教職員は、通常より1時間早く出勤する。
　その時間調整は、当日か翌日に実施する
○集合住宅居住者等の保護者で、自宅付近の雪かきをする必要のない方にボランティアを呼びかける
○雪かき用の道具を拡充する
○大雪予報の前日は、あらかじめ雪かき用の道具を正門付近に準備する
○早めに登校した6年児童の有志にも雪かきの手伝いを依頼する
○校庭の雪は、雪合戦等に使用したあと、消火栓のホースで融解する
○本計画を「学校だより」に掲載し、近所の方々の理解を得る

　この対策計画によって、後日、大雪の際には相応の効果を上げることができた。
　寒い日は続きながらも次第に日の光が強くなって来た。ある日事務主任が、次年度の施設改修要望に関する案を持って来た。
　「校長先生、来年は周年行事もあるし、校舎をきれいにするチャンスだと思います」

―――【column】―――

　都会は雪に弱い。雪害対策のマニュアルも未熟、住民の危機意識も足りない。わずかの雪で交通が混乱し、多数のけが人を出し、社会機能が麻痺する。雪国の人に呆れられるほどの対策しかできない。それは、学校も同様だ。
　2014年2月8日の大雪は、都心の大手町で27cmの積雪を記録した。この年は、2月11日、2月14から15日にかけても大雪になった。2月9日には、千葉県では観測史上最高の33cmに達した。
　積雪対応のよくできている学校は地域からの評判も高い。その逆に、対策が不十分だと批判を浴びる。学校のそんな混乱ぶりを描いた。

26. 校舎改修は10年先まで展望して

課題箇所を一つずつ解消へ

　第二柳沼小学校の校舎は建築から二十数年を経て、何箇所か老朽化している。しかし、耐震工事や、学校北側のブロック塀の補強工事も済んでいる。正門付近の監視カメラ、数個のダミーカメラも配置してある。10年前には、外壁の塗装や床材の研磨も終えて、一通りの校舎整備は完了している。

　事務主任が言う。

　「当校の校舎は、ある程度整備されてはいます。しかし、これから10年先の校舎環境を展望すると、課題が山積しています」

　課題が山積と聞いて鈴木校長が驚く。

　「私は第二柳沼小学校に来て、前任校の校舎より整備されていると思ったんですがね」

　「失礼ながら、校長先生の前任校がひどかったのだと思います。第二柳沼小学校も決していい環境とは思えません」

　「前任校と比べてはいけませんでしたね。それでどのような課題がありますか？」

　「大きく二つに整理します。一つ目は現校舎の老朽化に伴う工事です。具体的にはこのような内容です」

　事務主任が自筆のメモを取り出す。

○校庭の修繕と遊具施設付近の床材改良

○屋上フェンスの修理と学級園の改修、コートのラインの修正など屋上工事

○玄関アプローチの床や壁の改修

○3階児童用トイレの便器不足への対応と洋式化の促進

○プールシャワーの温水化と腰洗い場の改修、紫外線対策のひさしの拡充

○校舎内外のマイクや音響設備、放送室の設備の改修

　「主な工事箇所はこんなところです」

　鈴木校長がまたもや驚く。

　「そんなにありますか？　気が付きませんでした。よくまとめてくれました」

　「もちろん一度にはできませんし、市の予算計画の都合もありますから、順番

に要望していく必要がありますね」

「確かにうまくやらないと予算が付きませんよ」

「そう思います。校長先生の前任校は、そこがうまくできていなかったのでしょう」

新学習指導要領も考慮

鈴木校長はガツンと頭を殴られたような気がした。前任校には教頭として3年間勤務したが、校長は退職間際の穏やかな人で、校舎の改修などは事務主任任せであった。「二つ目は、新たな課題への対応です」

事務主任がメモを見ながら、次々と課題を挙げていく。

○校舎内のICT環境の整備

○各教室と職員室との電話回線の整備

○体育館への空調設備の導入

○非常勤職員増に伴う職員室、ロッカールーム等の整備

○校舎内バリアフリー化＝車いす対応、階段手すりの整備、校舎3階へのアクセス

○学校図書館の拡充＝メディアセンター化

○保健室整備と教育相談機能スペース

○理科準備室の整備と各学年教材スペースコーナーの設置

○児童の体格向上に伴う各教室の机いすの再配置と老朽化した机いすの処分

「細かい箇所はまだまだありますが、本日はここまでにしておきましょう」

鈴木校長はため息をつきながら礼を言う。

「まさに目からウロコでした。今から計画的に進めなければ間に合いませんね」

「私たち事務主任も一通りの教育課題を勉強しているつもりです。でも、新学習指導要領の詳しいところまでは理解していません。ですから、管理職の先生方との意思疎通が大切だと思っています」

「板橋教頭先生とは、工事について話をしたことはありますか？」

「何度か相談しようとしたことはあるんです。でも、忙しいのであとにしようと言われて、話せないままになっています」

情報を収集し、工程表を作成

事務主任との話を終え、鈴木校長は改修工事の前途多難を思った。自分が第二

柳沼小学校にいるのはせいぜいあと1年か2年。何も大変な工事を要望する必要もないかなと思う。

　しかし、ここで尻込みすれば、前任校と同じ状態になる。それでは第二柳沼小学校に将来通う子供たちに迷惑がかかる。

　鈴木校長の取り柄は行動力だ。数日間をかけて、校舎改修の見通し案を作成した。

○市役所営繕課の担当主査と面談し、第二柳沼小学校の工事予定の計画を取材する

○第二柳沼小学校の前任校長と面談し、改めて申し送り事項を確認する

○同窓会の太田黒会長と植田副会長から過去の校舎改修等に関する情報を取材する

○第二柳沼小学校の校舎改修に関するこの20年間の報告書を事務主任にまとめ
　させる

○校長、板橋教頭、事務主任、遠藤体育主任、用務主事の5名で校舎内外を徹底
　的に見回り、関連箇所を撮影する

○情報主任、図書主任、理科主任、養護教諭、用務主事等からの施設要望を蔵前
　教務主幹にまとめさせる

○前PTA役員の一級建築士から、校舎改修の助言を得る

○A市の本年度残予算執行の希望に応じて、可能な小規模改修を年度内に実施
　する

○次年度の周年行事に備え、市教育委員会庶務課長に特別枠での工事の要望をする

　校長は収集した情報を基に校舎改修の工程表を作成した。そして、最大の目標として3階トイレを「日本で2番目にきれいなトイレ」にする建設プロジェクトを立ち上げ、事務主任、用務主事、市役所職員、工事関係者の動きぶりをビデオに収めた。

　後日、3階トイレが完成したのち、編集したビデオを学校で上映すると、子供たちは、目に見えない多くの人の努力で素晴らしいトイレが完成したことを実感した。

　今年度も残りわずか。次年度の教育課程の編成作業も佳境に入った。ある日、蔵前教務主幹が校長室へ相談にやって来た。

「本校の学校評価をネットで公開すると、支障が生じる恐れがあります」

27. 学校のブランディングを考える

第二柳沼小学校の発信力が弱い

蔵前教務主幹は42歳。教職大学院に派遣されたのちに、管理職候補として教務主幹となった。将来のA市を支える人材だ。昨年度初めて教頭選考を受験。近年はどこの自治体でも教頭・副校長受験者が減少している中、教育委員会の岩田秀次指導課長からも大きな期待を寄せられている。

教職大学院時代は、陣内教授の研究室に所属し、今でも陣内教授の薫陶を受けているようだ。そのことに鈴木校長としては若干のジェラシーを感じないでもないが、蔵前教務主幹の将来のためだと思うようにしている。

蔵前教務主幹が言う。

「A市の規定に基づいて昨年度の学校評価を公開しましたが、保護者からの反応はイマイチでした。学校関係者や委員の方々からは、おおむね満足との評価を頂きましたが、私自身は第二柳沼小学校からの発信力が弱かったと思います」

「具体的にどこが弱かったんだろうね？」

「教務主幹として私の示し方がよくなかったのですが、経年変化で改善された項目をもっと打ち出すべきでした」

「でも、公開のフォーマットは教育委員会の指導課から示されているんでしょう？」

「課題については少数の項目を抽象的に述べるだけにして、成果を具体的にアピールしている学校もあります。例えば山手小学校がそうです」

「だってあそこはうちと違って市内のトップ校だからなあ。元がいいのでは？」

「私もそう思いました。しかし、山手小学校の示し方は微妙に工夫がしてあるのです。学習面では全国調査との比較をして、自校のよさをアピールしています。その反面、思いやりの育成などについての経年変化は、うまく抽象化して課題にしています」

鈴木校長は、蔵前教務主幹とともに山手小学校のホームページを仔細に眺めてみる。

「確かに言われないと気が付かないね」

「教職大学院の陣内教授も、学校が発信する文書はもっと戦略性を持つべきだとおっしゃっています。高度情報化社会での発信力の強さが、学校のブランディ

ングにつながると教わりました」

学校評議会も実のあるものに

　学校ブランドの重要性については陣内教授の著書で読んだことがある。その中で陣内教授の校長時代の学校文書を見た。学校要覧、学校だより、研究発表会案内、音楽会や学芸会、展覧会のしおり、周年行事のパンフレット、PTA広報――どれも他校とは比較にならないほど素晴らしい出来だった。

　蔵前教務主幹が続ける。

　「本校の学校評価の見せ方について、もっと工夫してみようと思うのですが、よろしいですか？」

　「ぜひやってください」

　「ではやってみます。それともう一つ、学校評議員制度です。本来、学校評議員制度は、校長の求めに応じて評議員が意見を陳述する仕組みだと言われています」

　「うちの学校もそうなっていると思うけど、違うかな」

　「そもそも〝会議体〟という仕組みにこだわるべきではないとも言われます。本校では年2回の学校評議員会を開催していますが、充分に機能していません」

　「具体的にどういうこと？」

　「毎回の会議では、あいさつと自己紹介、そして学校からの報告事項で時間を半分も使ってしまいます。そのあとは一部発言力のある方が話をされるだけ。そのほかの学校評議員さんは遠慮して、何かの世間話で終わってしまいます」

　「ああ、そうかもしれない」

　「あれでは『社会に開かれた教育課程』という、新しい学習指導要領に対応できません。また学校評価についての意見も形式的になっていると思います」

　「でも、学校評議員なんて、どこの学校も同じようなものではないのかな。私が教頭をしていた前任校もそんなものだった」

　「しかし、学校の課題や校長先生からの質問について、お一人ずつから、もっと内容のあるお話をお伺いすることもできるのではないでしょうか？」

　「例えばどんなこと？」

　「直近では、全盲児童受け入れについてとか、校舎の改修についてとか、大雪の日の雪かきの在り方とか。また、専門性のある方に依頼すれば、法律的な相談とか、課題のある家庭への支援、働き方改革、地域資源の生かし方など、実効性のあるアドバイスを受けられるように思うのです」

管理職として成長するには

　蔵前教務主幹との話を終えて、鈴木校長はつくづく自分は勉強が足りないと感じた。これからの管理職は蔵前さんのように、教職大学院で1年間勉強するくらいの見識を持たないとやっていけないと痛感した。

　若い頃からバレーボールに明け暮れ、その後は体育部のリーダーとして仲間とワイワイやってきた。大方のことはこれまでの経験と行動力で乗り越えてきた。しかし今後は、蔵前教務主幹のように、きちんと管理職のマネジメントを学んだ者が私たちを乗り越えていく。

　鈴木校長は、珍しく落ち込んだ。そうだ、おやじさん（西郷元校長会長）と会って元気をもらおう。

　今夜の酒は、若い頃おやじさんに連れて行ってもらったおでん屋のカウンター。先ずは好物のつみれと大根、そしてぬる燗。

　「おやじさんは若い頃、どれくらい勉強したんですか？」

　「いきなりなんだい？　勉強というのはどういうこと？」

　「管理職になるための勉強です」

　「昔、佐藤一郎先生という人がいてね。こっぴどく怒られたものだ。とても怖かった」

　「おやじさんがですか？　信じられない」

　「俺にも若い頃があったさ。生きることに夢中で、周りが見えていなかったのだろう。佐藤先生はそこが気に入らなかったんだね」

　「今の私もきっと周りが見えていないんでしょうね」

　「そんなことあるもんか。お前さんはこの1年で随分と大きくなったよ」

　路地裏の赤ちょうちんで、鈴木校長とおやじさんとの楽しい夜が更けてゆく。外は寒風。

28. 卒業行事でまとまらない保護者たち

保護者会で決定したことなのに

　校長室の窓の外から沈丁花の香り。音楽室からは「仰げば尊し」の歌声。今年度もあとわずかとなった。

　鈴木校長は長かったこの1年間を振り返る。そろそろ卒業証書の児童名を書く支度をしないとな。平日はとてもじゃないが、落ち着いて書く時間がない。やはり休みの日に出て来るしかないのかな……。次の土・日は、退職校長を囲む校長会の旅行。幹事として世話をしなければいけない。その次の土曜日はPTAのソフトボール大会。日曜日は体育部のゴルフ大会。となるとPTAソフトボール大会後のおやじの会の懇親会を中座し、卒業証書に取りかかるしかない。

　鈴木校長は、校長室の予定黒板を見ながら3月の昼下がりを過ごしていた。今日は月に一度の校長相談日。だが、めったなことで保護者は来校しない。やはり校長室は敷居が高いのだろうか。

　当初、校長相談日というのもいかがなものかと思った。だが、前任校長が始めたものだから、むげに取りやめにするわけにもいかない。学校には、そういうしがらみがいっぱいある。だから、組織も行事もビルド＆ビルドで肥大化するのである。

　校長室をノックする音がした。教職員は職員室側のドアから出入りするから、外部者だと察しが付く。校長相談日の来訪者は苦情の申し立ても多い。「来たか」と思いながらドアを開けると、6年生の保護者3名が立っていた。新村教諭の学級の保護者である。確か3名とも私立中学の受験前に学校を休みがちだった子供の母親たちだ。

　「実は、うちの学級の行事のことでご相談に上がりました」

　「学級の行事とおっしゃいますと？」

　「毎年卒業式のあとに、学級ごとに昼食会を開催することが慣例になっています。校長先生はそれをご存じですか？」

　「PTAの役員の方から聞いたことがあります。確か10年ほど前から続いているそうですね」

　「卒業式のあとですから、原則として親子とも全員参加で開催しています。うちの上の子のときは、市民会館のホールを借りて行ないました。今年の昼食会も、ホールを借りて行なう予定でした」

　3名の保護者が代わる代わる説明する。鈴木校長は、たいした苦情ではないらしいなと安堵しながら尋ねる。

「行なう予定でした……ということは何か変更でもあったのですか？」

「実は学級に駅前のホテルの関係者がいらしゃるとかで、そこのレストランで開催しようということになったんです」

　別の保護者が補足する。

「だいぶ割引きをしてくれるので、それならホテルのほうが豪華だし、子供たちも喜ぶということになって、1月の保護者会で決まったようです」

「それでは今年はホテルで行なうということですね。学校の教職員は誰も参加しませんし、保護者の皆さんの自主的な昼食会ですから、それでいいのではありませんか？」

「いいえ、私たち3名は子供の受験準備で忙しくて、1月のその保護者会には出席していなかったのです。ほかにも10名ほどが欠席しました」

自由参加でも不満は残る

　鈴木校長は、板橋教頭の同席を求めた。保護者にお茶を勧めながら尋ねる。

「学級の保護者会に、全員が参加することはありませんよね。今回は大多数の方が出席されて、そこで皆さんの承認が得られて決定したということではないのですか？」

「私たち3名は、例年のように市民会館のホールでいいのではないかと思うのです」

「もし、ホテルに会場を変更するのなら、学級全員にアンケートをとってほしかったと思います」

「そう考えている方は、私たちのほかにもかなりいらっしゃいます」

「困りましたねえ。それで私どもに何をご要望なのでしょう？」

「ホテルで行なうのは華美なので、例年通り市民会館のホールで行なうように、学級代表にお話をして頂きたいのです」

「えっ？　私がですか？」

「校長先生では仰々しいので、PTA副会長でもある教頭先生からお伝え頂けませんでしょうか？」

　板橋教頭が驚いた顔で返答する。

「だって、ホテルで開催すると決まっているのでしょう？　反対する方がいる

のなら、自由参加になさったらどうでしょうか。私の前任校でも参加は希望者だけでしたよ」

「でも、自由参加だと、親はいいとしても、参加できない子供たちが可哀想です」

板橋教頭が面倒臭そうな顔で言う。

「だって、たかが昼食会でしょう？　その前に教職員と6年生の親子全員がそろう『卒業を祝う会』もありますしね……」

PTA会長に仲立ちを依頼

鈴木校長は、これ以上“相談”を続けると、むしろ話がこじれると考えた。

「ご相談の件はよくわかりました。私どもも、じっくり考えてみたいと思います」

鈴木校長はすぐに学級担任の新村教諭を呼んで事情を聞いた。すると当該の3名の保護者たちは、学級代表たちと仲が悪いことがわかった。また、学級代表の長男は有名進学校に合格したが、3名の子供たちはいずれも滑り止めの中学校にしか合格しなかったようである。鈴木校長は、こうした人間関係のねじれが、ホテルでの昼食会への不満につながっていると考えた。

鈴木校長はPTAの田中誠司会長と協議し、会長から学級代表に、いきさつを話してもらうことにした。学級代表は、自分たちにも非があることを認め、手続きの不備を謝罪する文書を学級で配付した。また、当該の保護者たちに直接会って、この間の行き違いについて謝罪し、改めて協力を依頼した。

卒業式当日、昼食会は当初の予定通りホテルで開催された。当該の3組の親子は皆欠席した。

3月中旬、臨時校長会が開催された。市教育委員会の岩田指導課長からは、ミドルリーダー層がどこも不足しているという話があった。その後、人事係長から各校へ内示の文書が配付された。

―――――【column】―――――

　かつての学校では、卒業式の夜に、保護者が卒業学年の担任等を招いて謝恩の会を開催したものだ。その後、卒業式当日の親子昼食会などが行なわれるようになり、夜間の飲食を伴う会はなくなった。

　今日では、保護者の意識も多様化して、クラス行事を開催するのでも合意形成までのハードルが高い。現代の、そんな親事情の一面を取り上げてみた。

29. 次年度人事と今どきの初任者

希望の人材を獲り損なう

指導課人事係長から渡された人事の内示文書を、鈴木校長はつくづく眺める。

自分が獲得を目指したミドルリーダー２名の氏名がそこにはない。本人と所属校長の了解も得ていた。人事ヒアリングの際、岩田指導課長にも伝え、人事係長も努力すると約束してくれた。その２名の人事カードが他市へ回ってしまったのだ。

こんなことでは、優秀な教員の確保で校長が奔走しても無駄だと思ってしまう。去年もそうだった。しかも転入者は50代後半の女性と初任者2名。これでは、第二柳沼小学校の学校力は昨年度より低下してしまう。

ただし、50代の女性教員は、3年前に高学年担任を経験している。主要な主任の経験はないが、学年主任程度はできそうだ。自宅もそう遠くないし、病歴もない。そうした点では一安心だ。連絡解禁の日になったら、当該校の校長から情報を得てみよう。

初任者の女性。大学は都内の有名私大だが、高校はアメリカになっている。これはどういうことだろう。1年間の非常勤講師の経験があるので学級担任にできる。

もう一人、男性の初任者も有名私大卒。ボランティア経験はなく、趣味は音楽とある。若い男性教師なら、馬力で何とかやってくれるだろう。

連絡解禁の日、2名の初任者に事前打ち合わせの日を伝えた。電話でのやりとりでは、二人とも礼儀正しく、好感を持てた。

ベテランの女性教員の所属校長に電話する。力量は十人並みだが、人柄はよいとのこと。ただ母親が倒れ、その介護で忙しいとのことだった。

バイリンガルのミニスカ教師

事前打ち合わせの日。先ず、女性初任者がやってきた。校長室内でオーバーを脱ぐとミニスカートだ。

挨拶もそこそこに彼女が持参した人事書類を見る。そこには小学校から中学校、高校まで、ニューヨークの現地スクールの名が記されていた。大学だけが東京の有名私大だ。

鈴木校長が尋ねる。

「あなたはニューヨーク育ちのようだけど、英語はペラペラ？」

「はい、むしろ日本語より英語のほうがしゃべりやすいです」

「では、英語の授業は得意だね」

「ALTがいなくても、自分だけで英語の授業はできると思います」

「現地の学校で過ごしたということは、すべてニューヨークの学習内容になるということかな？」

「そうです。体育の授業も日本のようにはしません。水泳の授業もありませんし、運動会もありませんでした」

「えっ？　もしかすると泳げない？」

「はい。海に行ったこともありませんし、水着も持っていません」

「でも、日本の学校で学級担任を持てば水泳の授業もありますよ」

「はい。水着を買います」

「ニューヨークでは、毛筆やそろばん、日本の歴史の学習はやっていないよね？」

「やっていません。でも日本史は大学時代に履修しました」

鈴木校長は、ニューヨーク育ちの女性教諭をしげしげと見つめた。

「いずれ担当して頂く仕事を連絡します。本日はお疲れさまでした」

女性教諭を見送りながら、次年度、学級担任を持たせるわけにはいかないなと確信した。しかし、板橋教頭も面接に同席させて、意見をもらうべきだった。

茶髪ロッカー教師登場！

30分後、同じく初任者の乙崎健斗教諭が来る予定だ。今度は板橋教頭も同席させることにした。予定時刻から10分遅れて、校長室のドアをノックする。板橋教頭がドアを開ける。

そこには、茶髪の若者が立っていた。板橋教頭が尋ねる。

「どちらさまでしょうか？　お約束をしましたか？」

「自分は○○大学4年の乙崎といいます。来年、この学校でお世話になる者です」

教頭が目を丸くする。

「君が今度来る乙崎君？　その頭は何？　卒業式のパーティーか何か？」

「自分はロックバンドをやっているので、いつもこの頭です」

「君、まさか4月からもその茶髪で来るわけではないだろうね」

「いけませんか？　自分は大学を卒業しても仲間とバンド活動をするので、一人だけ髪型を変えるわけにはいかないんです」

　鈴木校長は険悪な空気を断つために、二人の間に入った。

「まあまあ、お茶でも飲みながら話しましょうか。乙崎さんの趣味は音楽とあったけど、ロックが専門だったんだね」

「校長先生もロックお好きですか？」

「私は、内田裕也や矢沢永吉の名前くらいしか知らないけど」

「僕は年に何回か吉祥寺でライブをします。今度、校長先生を招待します」

　横から板橋教頭が口を挟む。

「ロックもいいけど、ここは小学校なんだから茶髪は慎んでもらいたいな」

「えっ、いけないんですか？　今の時代、茶髪の男はいっぱいいますよ。茶髪はいけないという規則でもあるんでしょうか？」

「規則はないが、小学校で茶髪がいけないことくらい常識でわかるだろう？」

「茶髪は僕の自己主張なんです。LGBTQへの理解も進んだこの多様性の時代に、教頭先生は逆行しているのではないですか」

「ダメだ。子供が真似をする。保護者たちも納得しない」

　鈴木校長が助け船を出す。

「茶髪のことは改めて考えることとして、乙崎さんのよさを生かすには、どの学年の担任がいいかな……」

　この日の面談を終えて、鈴木校長は2名の初任者を対象に、3月下旬に赴任前の研修を5日間実施することにした。教育委員会の岩田指導課長も助力してくれた。2名の交通費と昼食代は、鈴木校長が自腹を切った。

　研修の最終日、有志で小宴を持った。2名の初任者は、荒削りだが感度がいいことがわかった。その後、ミニスカートの丈は少し長くなり、茶髪は黒みがかってきた。

--- 【column】 ---

　教員の採用倍率の低下が著しい。上位合格者の資質・能力に変化はないが、下位合格者の中には、資質・能力の不十分な者が紛れている懸念も払拭できない。

　いつの時代も、若い世代はその独特のライフスタイルを持っている。また、多様化の時代で、多様な個性を持つ初任者も登場するかも知れない。ここでは、外国育ちのバイリンガル女性教師とロックシンガーの茶髪男性教師を登場させた。二人の波瀾万丈の教師生活が始まる。

　今後の学校には、LGBTQや発達障害の教師等、さらに多様な個性を持つ教師たちが登場するかもしれない。

《解題コラム：鈴木五郎校長前史》

　Ａ市立第二柳沼小学校は、大都市近郊にある。児童数360名、12学級と特別支援学級のある中規模校である。第二柳沼小学校は、その学校名からもわかるように、Ａ市の低地部にあり、下町的な雰囲気も残っている。それだけに、地域住民の学校への思いも強いものがある。

　第二柳沼小学校は、かつては職員組合の勢力が強く、Ａ市の拠点校の一つであった。今日では、学校の教育活動は正常化されつつあるが、過去の残滓が学校内にまだ存在する。

　歴代の校長は、昇進したての人が着任することが多い。Ａ市教育委員会としても、これまで、校長になり立ての元気のいい人材を配置してきた。主人公の鈴木五郎もそのような人物である。

　鈴木五郎校長は長年、Ａ市の体育部で活動してきた。特に職員バレーでは、エースストライカーとして活躍し、スポーツマンとして知られた好漢である。子供の指導も定評があり、保護者からの評判も高い。特にバレー部の指導では実績があり、これまでにも優秀な成績を収めてきた。鈴木五郎は、「生涯一教師」として、実践家のまま教師人生を全うしたいと考えていた。

　しかし、鈴木五郎に転機が訪れる。管理職にならないかという誘いが、多方面からかかるようになったのである。鈴木五郎は、その誘いを何度も断ってきたが、あるとき、しかたなく管理職選考の研修会に参加するようになった。しぶしぶ受けて試験は不合格。そもそも、教育施策や教育法規の勉強もしていない、論文の練習もしていない。しばらく、不合格の時代が続いた。

　そのうちに、体育部の後輩にも抜かされるようになった。ここで、よ

うやく、鈴木五郎は本格的に管理職を目指す勉強を始めるようになった。ちょうど、バレー部のエースの座も後輩に譲る年代になっていた。数年間の教頭勤務を経て、やや遅咲きではあるが、晴れて校長職に就いた。

　私は、主人公の鈴木五郎のキャラクターをこのように設定した。「鈴木五郎」という、どこにでもいそうなネーミング、東京都では管理職選考倍率低下のなかで、体育部出身の管理職が増加した背景、かつての世代に比べると、学校経営の基礎的知識にやや欠けるという弱点。このような現実を描いた。

　その一方で、鈴木五郎が慕うおやじさん（西郷恭史郎元校長会長）や、陣内一平教職大学院教授らは、管理職選考の厳しい時代に合格した世代。加えて、研鑽を積み、学校経営のスペシャリストでもあった人物として登場させている。

　第1部は、鈴木五郎校長の1年目の1月下旬から、2年目の終わる3月下旬までの1年余の学校を描いている。

　第1節の「担任を代えてくれ」から始まる内容。私は校長を3校で11年間務めたが、「担任を代えてほしい」という保護者からの苦情が4回あった。それぞれの事情はあったにせよ、教師の指導力不足や子供や保護者とのコミュニケーションがうまくいかなかったことに原因がある。いずれも、私自身の苦しさとして今も鮮明に記憶に残る。

　第2節で、鈴木五郎校長の経営について、A市教育委員会の岩田秀次指導課長が、「経験則で学校経営をしていないか」と諭すシーンを入れた。これも、私が教育委員会の指導課長時代に、ある校長に対して行なった指導をもとにしている。

　鈴木五郎校長は、岩田課長からの言葉に傷つき、これまでのプライドが失われそうになる。場末の赤ちょうちんでやけ酒を呑むが、ふと、かつての上司であるおやじさん（西郷恭史郎元校長会長）に相談してみようと考える。

おやじさんは、鈴木五郎の愚痴を聞いてくれる。しかし、ときには、鋭い言葉を発する。決して大上段に構えた言い方ではない。そして、本質をついた言葉が、鈴木五郎の魂に火をつける。鈴木五郎は、決して地頭の悪い男ではない。ただ、バレーボールの選手、趣味のゴルフなどで、勉強をしてきていないだけなのである。本も読んできていなかっただけなのである。

　鈴木五郎は校長になって、しだいにおやじさんの学校経営の素晴らしさを再確認するようになる。おやじさんは、名門A市立山手小学校長を最後に退職。地名からもわかるように、A市の住宅街の山の手地区にある学校の校長だった。A市の歴代の校長会長は山手小学校長がなることが多く、校長会事務局の書類ケースも山手小学校に常設している。

　校長を「おやじさん」と呼ぶ言い方は、今では死語になった感がある。私たちの担任教師時代には、尊敬する校長を「おやじさん」と呼んでいたものだ。鈴木五郎にも、「おやじさん」という言い方をさせている。

　おやじさんと酒を呑むシーン。酒のつまみには、旬の珍味を登場させている。稚鮎の塩焼き、釧路産のサンマの刺身、福井産のへしこ、ナマコの酢の物、太刀魚の薄造り、青柳のぬたなど、ぬる燗や芋焼酎の魔王に合う品を取り上げた。

　第12節から4回ほど、給食改革について取り上げた。第二柳沼小学校の給食がレベルの低いことを産休代替の山口和子教諭（64歳）に指摘される。山口和子教諭はかつての同僚であり、9歳年上の大先輩。長年、給食主任を務めてきて、第二柳沼小学校の問題点を指摘した。鈴木五郎は、ここから給食改革に取り組むことになる。

　ほかにも、全盲児童の入学に伴う第二柳沼小学校の動揺や努力、A市教育委員会のサポート。さらに、校舎改修や学校ブランディング、様々な事案に取り組む姿を描いた。

　波乱万丈の中でも、鈴木五郎校長は真摯に行動して一定の成果を上げ、学校管理職としての識見や判断力を磨いていくのである。

第2部

学校は
「有事」の連続

―3年目・鈴木五郎校長活躍編―

30.「古いですねえ、先生」

順調なスタートに見えた新年度

　第二柳沼小学校の桜も満開になった。入学式の集合写真。ほとんどの家庭は両親揃って入学式に参列する。鈴木五郎校長の若い頃には想像もできなかった。そんな中でも、母親と子供だけの親子もいる。シングルマザーだろうか。

　懸案の全盲児童の入学。学級担任には、前年度6年生を卒業させたばかりの新村蓮教諭を抜擢した。5年担任のベテラン青山淑子学年主任を引きはがして1年担任として担当させるかどうか、ぎりぎりまで悩んだ末の人事である。今年3年目になる鈴木校長は、若手のホープ新村教諭に託すことにした。校長にとって大きな賭けである。

　全盲児童の担任になる新村教諭は、春休み中に教育委員会の特別支援教育専門員と何度も協議を重ねた。また、4月1日に着任したベテラン指導補助員との打ち合わせも行なった。教育委員会の努力で、弱視児童の指導補助員経験のある人を配置できたことは幸運であった。とりあえず入学から1週間、シミュレーションを行ない、必要な物品も学務課の特別予算で購入した。先ずは、全盲児童と保護者、新村教諭、指導補助員の信頼関係の構築が前提である。

　入学式に参加した入学児童と保護者たちに、特に動揺はないようだった。入学事前説明会で、校長と教育委員会の学務課長が受け入れ体制を丁寧に説明した。当該保護者からの挨拶、PTA会長からの挨拶もあり、順調なスタートを切ることができた。

　第二柳沼小にとっての二つ目の課題、給食の民間委託も開始され、教育委員会勤務の経験もあるベテランの栄養士が着任した。以来、学務課の給食係長や委託会社の調理員のチーフと精力的に協議している。

　4月5日の試食メニュー。海鮮パスタやスープの味はレストラン級であった。デザートのりんごは"ウサギさん型"にカットされていた。試食した教育委員会の教育長や学校教育部長、管理栄養士たちも満面の笑みであった。同席したPTA副会長の上條みどりが言う。

　「校長先生、第二柳沼小の給食を何回か食べてきましたが、こんなにおいしいのは初めてです。きっと子供たちも喜んでくれます。保護者にもいずれ、おいしいという評判が伝わるでしょうね」

新卒教師の朝礼台デビュー

それにしても、入学式前の着任式で朝礼台に立った新任教諭のことである。

バイリンガルのミニスカート女性教師のすらりとした足は、子供たちの目にまぶしく映る。64歳の産休代替山口和子教諭は、露骨に不服の顔を校長に向けた。

挨拶はいきなり英語。日本語は最後に「よろしくね」と言っただけ。第二柳沼小は、1学年から外国語活動を取り入れている。だから簡単な挨拶程度はできる。しかし、着任したばかりの若い先生の投げかけに、子供たちは戸惑うばかり。春休み中の事前研修で挨拶の練習もしてきたのに、校長にとっても衝撃のデビューだった。

続いて挨拶に立ったのは茶髪ロッカーの乙崎健斗教諭。多少髪は黒くしたものの、茶髪であることは遠目にも明らかである。朝礼台に颯爽と立ち、校庭全体を睨めるように見渡す。バンド活動をしてきただけあって舞台度胸は満点だ。

「イエイ！　元気ないな。イエイ！」

子供たちもおずおずと応じる。

「イエイ……」

「そうそう。イエイ！　イエイ！　今度来た乙崎です。オトちゃんと呼んで！」

「オトちゃん！」高学年の女子が叫ぶ。

「そう、よろしく！　イエイ！」

子供たちがザワザワしたところで乙崎教諭が降壇する。校庭の雰囲気は、にわかに緩んでしまった。

苦虫を嚙みつぶした形相で朝礼台に上ったのは、体育主任の遠藤翼教諭である。校舎へ入る順番を説明しようとするが、子供たちのザワザワは静まらず、遠藤教諭は落ち着いた声で「話を止めましょう」と注意する。しかし、子供たちの私語は止まらない。遠藤教諭はつい怒鳴り声になった。

「何だ、お前ら！　新年度早々にそういう態度でいいのか！　高学年！　お前たちの態度が悪いから、皆真似をするんだぞ！」

校長は、着任式のこの状況を見て、自分の見通しの甘さを反省する。春休みの事前研修で教師としての心得を指導したが、まだまだ各人の思い込みで振る舞うようだ。

感覚の深い溝

入学式当日の夕方、各教員は明日からの授業準備で忙しい。

突然、職員室から大声が聞こえてきた。体育主任の遠藤教諭の声だ。どうやら乙崎教諭に対して怒鳴っている。鈴木校長は不穏な空気を感じ、板橋俊彦教頭に二人を連れてきてもらった。

遠藤教諭が興奮した口調で言う。

「今日の乙崎君の態度は何だ？　あれが教師のすることか？」

乙崎教諭が反論する。

「お言葉ですが、着任式って、自分の顔と名前を覚えてもらうことが大事ですよね？　たぶん僕が一番覚えてもらいましたよ」

「やり方が学校の教師らしくないんだよ。それに"オトちゃん"と、ちゃん付けするようでは子供の言葉遣いが乱れる」

「古いですねえ、先生。今はスイミングのコーチや学童クラブの指導員も、子供たちのことを愛称で呼びますよ。"君"も"さん"も付けない。どんどんそうなっています」

「しかし、ここは学校だ。けじめをつけなくてはいけない。君が降壇したあと、子供たちがザワついただろう？　こっちの話も聞こうとしない。それが証拠だ」

「話を聞こうとしないのは、先生の話し方が子供たちを引き付けないからでは？」

「君の態度でだらけてしまったからだ」

「だからといって、朝礼台の上から、お前ら！　などと怒鳴るのもどうかと思いますよ……」

板橋教頭が叫ぶ。

「いい加減にしろ！　遠藤先生はお前の先輩だぞ。その失礼な態度は何だ！」

しばらく怒鳴り合いが続いたが、校長がなだめてその場はなんとか収まった。

その晩、路地裏の赤提灯のカウンター。手酌の鈴木校長の姿がぽつんとあった。

31. 遠足は、童心に帰って計画しよう

管理職候補者をどう増やすか

　新学期が始まった。鈴木校長が第二柳沼小学校に赴任して3年目、市の校長会では研修部長になった。管理職候補者の研修会の開催は、平日の夕方か土曜日。教育委員会との連携もあり、忙しい仕事である。中堅校長時代に研修部長として実績を上げることが、のちに校長会幹部に昇任する布石となる。管理職候補者の減少は、A市でも深刻な問題だ。先ずは管理職候補者の発掘をしなければならない。

　近年のA市は、管理職の任用が芳しくない。市校長会主催の研修会もマンネリ化していて出席率が悪い。第二柳沼小の板橋教頭も、近頃は研修会に参加していない。

　鈴木校長は、過去3年間の研修会の出席簿と一次合格者、最終合格者の出身大学、年齢、年次などを分析した。

　A市から一時に多数の管理職合格者を出すことは後補充などの関係から必ずしも好ましいことではない。3ヵ年で安定的に合格者を出す計画を立て、今後の対策講座の概要をまとめた。それを春休み中、次期校長会長候補の現副会長から内々に決済を得ていた。つまり、他市よりも早めに研修会を立ち上げるという先手必勝の方針で臨もうとしたのである。

　鈴木校長は、第二柳沼小の斉藤養護教諭に受験を勧めようと考えている。板橋教頭の校長昇任と蔵前教務主幹の教頭選考合格も実現したい。第1回目の全体研究会には、教職大学院の陣内教授を、また途中では、おやじさん（西郷元校長会長）を招聘し、中身の充実を図るつもりだ。

多様性に乏しい全校遠足

　対面式間近のある日、遠足担当の遠藤教諭が全校遠足の打ち合わせにやって来た。
「4月2日に皆で森林公園の実地踏査をしてきました。森林公園は7月のリニューアルオープンに向けて現在整備中で、園内の一部が使えなくなっています」
「一部というと？」
「正門付近の中央トイレと、芝生広場が閉鎖になっています」
「ほかにもトイレはあるのでしょう？」
「古いトイレがいくつかありますが、女子用トイレはすべて和式になっていて

洋式トイレはありません」

「和式トイレでも構わないのでは？」

「低学年の先生たちが言うには、一部の子供が和式トイレを使えないそうです」

「確か2年前も森林公園だったよね？」

「本校では全校遠足の行き先を2ヵ所に絞って1年ごとに変えています。去年はアスレチックコースでしたから、今年は森林公園の年です」

「今さら聞いて悪いが、子供たちは6年間で3回ずつ同じ場所に行くことになるわけだよね。これまで保護者や子供たち自身から不満は出なかったのかな」

「森林公園かアスレチックコースに行くのが恒例になっていることは皆に浸透していますし、別段不満はないと思いますよ」

遠足担当の遠藤教諭は、学校の伝統を重んじる。しかし、前年踏襲型の計画しか立てられない。若いのだから、もっと斬新な計画を立てられないものかと校長は思う。

鈴木校長が以前勤務していた山手小学校では、1年動物園、2年水族館、3年アスレチックコース、4年川の上流、5年ハイキング、6年鎌倉班別行動、そのほか荒天の場合の代用地など、各学年の発達段階に応じて複数の候補地を一覧表にしていた。だから子供たちは、6年間で多様な遠足を経験することができる。

一方、第二柳沼小学校では十数年前に、当時の教師たちの主張で全校遠足実施を決めた。その理由は次の通りである。

○全校で実施することにより、縦割り班活動が可能である

○高学年児童はその場所に慣れており、多様な活動を計画できる

○特別活動の本来の目的である自主的な活動が可能となる

○交通費が少なく廉価である

○教師の目がよく行き届き、安全管理がしやすい

○特別な支援を必要とする児童への補助もしやすい

○各学年に配属されている新卒や若手教員の学級を把握しやすい

○教師も毎年出かけている場所であり、実地踏査も各学年の代表者だけで行える

○教育委員会への遠足挙行届けは1回だけで済む

○管理職や養護教諭、専科教諭は1回だけの引率で済む

○学校出入りの写真業者は1回で撮影できる

○天候の急激な変更にも対応しやすい

候補地の実施踏査に動き出す

　鈴木校長は、第二柳沼小が全校実施を決めたこれらの理由に納得がいかなかった。結局は大人の都合によるものではないか。

　大人のもっともらしい主張で、せっかくの遠足の機会を貧弱にしている。

　鈴木校長は翌日、担当の遠藤教諭を呼んで、第三の場所を探すように助言した。朝の幹部会でも森林公園の使用はリスクが高いので、ほかの場所を探すように求めた。そして翌日までに、これまでの経験から適切な候補地を提案してほしいと伝えた。

　幹部から示された候補地は6ヵ所。そこから3ヵ所を選んだ。土曜日、鈴木校長は蔵前教務主幹の運転する車で、遠藤教諭とともに候補地を見て回った。

　近年開設された海浜公園に到着したとき、そこに板橋教頭の姿があった。茶髪の乙崎新卒教諭の姿もあった。

　「校長先生、ここはいいですよ。トイレは4ヵ所。男女別できれいな便器です。中央広場も全員集合できる空間がいくつもあって、6校程度は一度に利用可能でしょう。今、事務所に寄ってきたら、うちの遠足当日は、申し込みが2校だけのようです」

　鈴木校長は、その報告を満面の笑みで聞いた。板橋教頭もなかなかやるわい。

　「教頭先生の報告通り、ここでやろうじゃないか。一回りしておなかを空かしてから、カルビ焼きランチを食べに行こう」

　校長の提案に茶髪教諭がすかさず応じる。「おごりっすか？　アーザス！」

───────────【column】───────────

　日本の学校は「行事学校」である。四季折々に学校行事を配して、学校生活の変化と秩序をもたらすようにする。その中でも、遠足は、子供たちが楽しみにする最大のワクワク行事である。

　かつての学校は、遠足を計画・実行するために、様々な工夫をした。現代よりも交通事情は悪く、費用も制限されている中で、安全でトイレなどの設備のある適地を探すのは、大変な苦労があった。

　しかし、近年、全校遠足などの名称で、安直な場所選びが目立つようになった。子供にとってみれば、年に一度の遠足が、毎年同じ場所では興味も半減する。そんな現代の遠足事情の一端を取り上げてみた。

　また、悪役だった板橋教頭の動きを、さりげなく入れてみた。ここからの板橋教頭の活躍を期待したい。頑張れ板橋教頭！

32. 家庭訪問復活の機運高まる

虐待の防止にもつながる

　もうすぐ5連休。鈴木校長は体育部の仲間とゴルフに出かけるのを楽しみにしている。先日のPTA総会。二階堂浩介連合町会長の長男、二階堂高浩PTA会計監査は、今年度から副会長になった。会社員の田中会長は留任。総会後の歓送迎会、どのテーブルも話が盛り上がっている。とりわけ新卒茶髪教師の乙崎健斗の周りが賑やかだ。

　新人教諭の隠し芸で、ミニスカバイリンガルの新任教師横須賀ミキは、乃木坂46の新曲をダンス付きで披露。一方、乙崎教諭は矢沢永吉の物マネで歌う。これが受けた。鈴木校長も周りの来賓も驚いていたが、幸い、そう気まずい雰囲気ではなかった。

　そして、二階堂ジュニア行きつけのスナックで二次会。校長は十八番、加山雄三の『海　その愛』を歌った。さらに皆に乞われ、もう一人の副会長、上條みどりと『銀座の恋の物語』で場を盛り上げた。向こうのテーブルでは板橋教頭や蔵前教務主幹も楽しそうに懇談している。そんな雰囲気の中、二階堂新副会長がふいに真顔で言う。

　「校長先生、第二柳沼小学校は、どうして家庭訪問をやめてしまったのでしょうか？　昔は先生方が一軒一軒訪問して、家庭の様子を見てくれましたよね」

　「2年前に私が赴任したときには、すでに家庭訪問は行なわれていませんでした」

　「確か家庭訪問で午後の授業をつぶすと、授業時間が足りなくなるという説明でした。もともと保護者も面倒だったし、反対意見もあまりなかったようです」

　「最近は市内の学校でもやめるところが増えてきましたね」

　「私もそれは承知しています。しかし、先日の児童虐待事件などを見ると、学校はもう少し家庭の様子を知っておいたほうがいいのかなとも思いますが」

　「副会長がおっしゃるように、家庭との連携は文科省からも通知されています」

　「なぜこんな話をするのかと言いますと、連合町会長の父のところに、各町会長から児童虐待を心配する声が多く寄せられ、学校で何とかならないのかと言うのです」

旧習を捨てる勇気を持て

　鈴木校長は二階堂副会長の言うことも一理あるなと思った。確かに学校のスリム化や一部保護者への遠慮もあって、近年は家庭訪問をやめる傾向にある。しかし、学校は本質的な業務を放棄してしまったのではないかとも思えるのだ。

　その一方で、一度やめた家庭訪問を復活させるとなると、前校長の決断を否定することにもなる。教職員たちの負担も増えるし、授業時間数の確保も心配だ。

　そうだ、連休間近だし、久しぶりでおやじさん（西郷元校長会長）と会おう。

　「おやじさん、連休はどうします？」

　焼き筍を灘のぬる燗で流し込んでから口を開く。

　「6年生の孫が大山古墳を見たいと言うので、家内も連れて百舌鳥古墳群に行って来ようと思っている」

　「それはいいですねえ。今年の5月過ぎから、6年生は歴史学習を始めることになるのでちょうどいいですよ」

　「ところで学校はどうかね？　4月は順調にスタートしたそうだから、何よりだが」

　鈴木校長は家庭訪問について、先日来のいきさつを説明した。

　「話はわかった。それで五郎さん自身はどう思うんだ？」

　「正直迷っているんです。前任校長は義理がたく運動会や卒業式にいらっしゃるので、よくお目にかかります。その方が決めた家庭訪問中止を覆していいものかどうか」

　「悩むところだね。じゃあ昔話を一つ。かつて私が山手小学校に赴任した当初、理科準備室は物であふれ、備品の置き場がなくて教員は皆困っていた」

　「それは使いにくかったですね」

　「なんで片付けないのかと尋ねると、大事な物があって捨てられないと言う」

　「確かに山手小の理科準備室は、昭和レトロそのものですものね」

　「校内整理日を設定して、理科室や教材室、図書室などの断捨離をすることにした。理科準備室には、歴代校長が会長を務めた算数教育研究会の書類、寄贈された理科事典、昭和50年代の理科作品などがあった。なるほど、教員では捨てていいかどうか判断できない。最後は私が決裁して、ほとんどの物を捨てた。ほかの部屋もそうだ。1年間でトラック4台分になった」

家庭訪問復活の基本方針

　鈴木校長は翌日、板橋教頭と蔵前教務主幹を呼んで、家庭訪問復活の相談をした。そして基本方針を作成した。

○「社会に開かれた教育課程」を実現するために、家庭や社会との連携活動を一層充実させる

○近年の家庭環境の変化や児童虐待事案の増加を踏まえて、学校はより家庭の状況の把握に努める

○家庭の個人情報の保護に配慮しつつ、保護者との個別相談で深刻な事案の発見に努める

○保護者との面談場所は玄関口を基本とするが、住環境により室内、あるいは学校で面談するなど臨機応変に対処する

○家庭訪問で得た情報は、マル秘扱いで学級担任、学年主任、管理職で共有する

○授業時間数の確保の観点から、可能な限り授業カットを控える

○教員の働き方改革の視点から、家庭訪問は勤務時間内に行なう

○次年度5月に実施することとし、今秋から保護者会や学校だよりなどで周知する

　校長はこの案を幹部会で説明し、職員会議で正式に決定した。さらに前任校長とPTA会長に事前説明を行ない、賛同を得た。

　後日、板橋教頭と蔵前教務主幹はこの事例を管理職論文にまとめ、高い評価を得た。

　5月も半ば。校庭の新緑が目にやさしい。そんなある日、保健日誌を提出に来た斉藤養護教諭が申し訳なさそうに言う。

　「校長先生、今年の定期健康診断でも、むし歯治療は改善しませんでした。市内でも下位のランクです。困りました」

33. 子供の歯の健康を守りたい

高齢化している校医たち

　第二柳沼小学校の学校歯科医は、40年間にわたって勤務している大ベテランである。眼科校医も同様だ。そのため学務課長から内々に「高齢化して勤務に支障はないですか？」という質問があった。

　Ａ市内のある小学校では、高齢の耳鼻科校医が、のどを診察する際に強引に器具を入れるので、児童が恐怖心を抱いていたという。その校医は市の医師会の重鎮だったので、後進にバトンタッチさせるのが大変だったらしい。

　市の医師会、歯科医師会、薬剤師会の"3師会"は市長の最大支持者であり、多大な影響力を持つ。学校医や学校歯科医、学校薬剤師が行なう学校保健も3師会の協力なしでは運営できない。医師や薬剤師にとって、学校保健に従事することは地域の名士になることでもあり、患者からの信頼も増す。

　各学校の校医や歯科校医、薬剤師の選定は、教育委員会が頭を悩ます事案の一つである。3師会メンバーは長年、学校保健に従事すると褒章を授与される。それを機会に後進に道を譲る場合が多い。

　第二柳沼小の学校歯科医と眼科校医も、そろそろ後進にバトンタッチしてもらう時期だが、褒章の知らせはまだ届いていない。

むし歯治療が下位の原因

　第二柳沼小のむし歯治療に問題があることを鈴木校長に訴えに来た斉藤久美子養護教諭は、市の養護教諭部会でもリーダー格の力量ある教員だ。現在41歳。校長は管理職受験を勧めようと考えている。

　10年ほど前、新型インフルエンザが流行した際、まだ若手だった斉藤教諭は、発生時の対応や予防策、教員への研修、保護者への啓発などにおいて精力的に活動し、大きな成果を上げた。当時の斉藤教諭の実践報告は、Ａ市教育会の研究集録に掲載されている。その活躍ぶりは、他校の教頭だった鈴木校長にも伝わってきていた。

　斉藤教諭は近い将来、教職大学院受験を考えているが、現段階では、その意向を鈴木校長に伝えていない。実は斉藤教諭の実践は、かつて教職大学院で学んだ先輩養護教諭に学ぶところが大きい。

斉藤教諭が話を切り出す。

「本校のむし歯治療は芳しくありません。市内で下から3番目です」

「下から3番目？　そんなにひどいの？　その成績を養護教諭は皆知っているの？」

「それは知っていますよ。でも、校長先生をはじめ、先生方の力とは必ずしも一致していないということもわかっています」

「むし歯治療はやはり家庭環境と関係するんだろうね。うちの学校の地域は、恵まれない家庭も多いからね」

「過去のデータを見ると、いくつかの原因が考えられます」

斉藤養護教諭は次のように分析した。

○総じて言えば、学校全体でのむし歯予防とむし歯治療の取り組みが不十分である

○第二柳沼小では長年、むし歯治療率が低い。これは家庭で治療通院が徹底されていないことが大きいと考えられる

○とりわけ近年むし歯が悪化しているのは、定期健康診断で早期発見が不十分であるという可能性がある

○その原因として、歯科校医の高齢化による発見力の低下も推察される

○学級によってもむし歯治療率に違いがあるのは、学級担任の意識や指導力量にも差があるためと考えられる

○重点月間での校長講話や歯科医の講話、児童保健委員会の活動が十分ではない

○学校保健委員会での歯科治療の話題が少なく、保護者への啓発が十分でない

○低学年からの系統的な歯科衛生の指導が十分でない

○過去20年以上、「口と歯の健康づくり」の研究奨励を受けたことがない

○校舎内の水飲み場が手狭であることもあり、給食後の歯磨きが不十分である

○むし歯治療を奨励する賞状などがなく、児童のモチベーションが上がりにくい

○甘い物を控えるなどの食育の観点が弱く、前非常勤栄養士の指導もなかった

○PTAの協力体制が弱い

善は急げの対応策

鈴木校長は、斉藤養護教諭の分析力に感心した。そして思案する。彼女が言うことはどれも正しい。むし歯治療が芳しくないのは、校長のせいではないとまで言ってくれた。しかし、冷静に考えれば、最終責任は現校長の自分にある。ビリから3番目というのは自分のプライドが許さない。まして自分は体育部の部長だ。

自分の学校の子供がむし歯ばかりなのに、体づくりが大事だなどと偉そうなことは言えない。

　しかし、家庭への啓発と治療促進、歯科校医の交替や研究奨励校、水飲み場の拡充など、いずれもハードルが高い。どこから手を付ければいいのか。学校経営上の課題は山積している。正直言って、むし歯治療などワンオブゼムに過ぎない。ここに校内の大きなエネルギーを使う訳にはいかない。

　また思案する。急いては事を仕損じる。実行しやすいところから手を付けよう。先ずは、来月のむし歯予防デーに向けた具体策を講じることにしよう。

　そこで児童会の保健委員会でむし歯予防の発表活動、斉藤教諭作成の「むし歯治療カード」の説明と配付、校長による表彰を実施することにした。

　続いて、むし歯治療率の高いクラスの担任である青山淑子教諭による学級指導の授業を公開し、斉藤教諭とのTTによる指導の実施で教員の指導力の向上を図った。また、PTA幹部と打ち合わせを行ない、学校保健委員会でむし歯予防と治療についての講演と協議をすること、そして、PTA保健部から家庭向け文書を配付することを決めた。さらに、次年度への校内の施設改修で事務主任と相談し、水道の蛇口増設を要求することにした。

　後年これらの対応で、第二柳沼小学校のむし歯治療は中位まで順位を上げた。その後の経緯は不明である。

　5月下旬に業者のプール清掃があった。その日の放課後、体育主任の遠藤教諭が、珍しく深刻な顔でやって来た。

　「プールのことで、ちょっとご相談が……」

―――――――――――【column】―――――――――――

　校長時代、文科省の研究指定校として、「口と歯の健康づくり」に取り組んだことある。各地の先進校を視察したり、それまでの先行実践を分析したりして、学校の研究を進めた。その際に、口と歯の健康づくりは、保護者との連携が極めて大切だということを改めて学んだ。

　教育委員会勤務時代の学校訪問では、必ず保健室に立ち寄り、むし歯の罹患率や治療状況を養護教諭に質問した。数百回の保健室訪問でわかったことは、学校の実態や地域環境と相関することである。学級担任等を通じて、保護者が口と歯の健康づくりを実践してくれれば、大きな成果を上げることができる。この節では、そんな経験を踏まえて、むし歯予防を述べた。

34. 夏季プールは外部に丸投げでいい？

夏季行事をめぐるかつての攻防

　校長室前の紫陽花が目に麗しい。6月になった。ボーナスも近い。鈴木校長の子供たちは二人とも就職し、学費がかからなくなった。今年こそ新車に買い換えよう。

　そんなことを思って、にやりとした。

　先輩の再任用校長たちは「ボーナスがあまり出ない」とゴルフのたびに嘆く。「鈴木さん、贅沢ができるのは現職校長のときだけだよ」と脅かされる。

　業者による清掃も終えて、プールには満々と水が張られた。かつては若手教職員たちがプール清掃に当たったものだ。体育主任の自分は、皆に頭を下げてプール清掃を手伝ってもらった。

　いい時代になった。市役所が手配して学校のプールを業者が清掃してくれる。排水溝のチェックなども念入りだ。

　A市のプール開きは6月中旬。プール納めは9月初旬。3ヵ月弱の開設だ。夏休み中には15日間の「夏季プール」を実施する。

　30年前、鈴木校長の新人時代は、毎年、夏季プールの開設をめぐって組合系の教員たちが反対を叫んでいた。夏季休業期間中、教師の研修権は保障されるべきだ、夏季休業中のプールは教育課程外の活動だ、よって社会教育（現生涯学習）に移行すべきであり、学校はタッチすべきではない——というような主張だった。

　組合系の教員はプール当番をせず、若き日の鈴木校長は当時の教務主任と15日間すべての日を担当したこともあった。プール当番を終えると校長がよくビヤガーデンに連れて行ってくれた。いい思い出だ。

　その後、市役所が予算を付けて、各学校に1日3名の水泳指導員が配置されることになった。このことで組合系教員も夏季プールに協力するようになった。

　その後の主戦場は、夏季臨海学校の復活問題である。周辺の海水浴場の汚染により1980年頃から臨海学校を中止する自治体が目立つようになった。しかし、水質が改善され、90年代後半から臨海学校を復活する自治体が増えた。そして、海水浴場と宿泊場所の奪い合いになった。

　その頃のA市では、組合系教員が臨海学校は教育課程外の活動だと主張していた。そういう中で、先ず名門の山手小学校が先鞭をつけて臨海学校を復活した。当時の校長であるおやじさん（西郷元校長会長）のリーダーシップの賜物だった。

そのとき体育部の中堅教師だった鈴木校長も、臨海学校復活のために尽力した。

いつもの指導員がいなくなる

　さて、この日の校長室。体育主任の遠藤教諭が深刻な顔で話す。遠藤教諭は間もなく30歳。新卒２年目の目黒教諭とのできちゃった婚で生まれた子も８ヵ月になる。以前、遠藤教諭の学級は崩壊気味になったが、さすがに今年度は持ちこたえている。

　「実は水泳指導員のことなんです。長く当校の指導員を務めていた方が、家庭の事情で今年度からできないというのです」

　「家庭の事情？　15日間のうち数日間でもやってもらえないのかね？」

　「ご主人の仕事の関係で、シアトルに行かれるのだそうです。それでスイミングスクールのコーチも退職するそうです。ということは、いつも若手の指導員を15日間割り振って頂いていた仕事もできなくなるということです」

　ここで校長も事の重大さに気が付いた。

　「するとどうなるかね？」

　「水泳指導員は全体で45名、先生方は１日２名で30名必要です」

　「臨海学校３日間で30名、日直25名、金管バンド練習、ミニバスケ各15日間、計30名で85名。つまり、教員ですべてやると、総計160名必要になる計算だね？」

　鈴木校長は思案した。つまり、一人10日間程度の勤務が必要になる。これに研修会、各種会議、各自の出張業務などを入れると、土曜出勤日の振替休日さえままならない。働き方改革にも逆行する。

　それにしても、第二柳沼小学校の夏季プールは、外部指導員に丸投げしすぎていた。プール当番をする教員も、受付や日誌の記入程度で水着にも着替えない。

代理の指導員は決まったが

　遠藤体育主任との協議を終えて、校長は板橋教頭と蔵前教務主幹を呼んだ。

　板橋教頭は校長選考試験も近いせいか、あるいは鈴木校長がＡ市の研修部長になったせいか、だいぶ気が利くようになった。

　校長が言う。

　「誰かふさわしい方はいませんかね？」

　板橋教頭が腕を組む。

　「……そういえば、植田同窓会副会長の息子さんですが、家業の本屋を閉じた

あと、隣町のスイミングスクールで施設長をやっていると聞きました。相談してみたらどうでしょう」

早速校長は同窓会の植田副会長に連絡を取った。息子は39歳。第二柳沼小学校卒業で、偶然PTAの上條副会長と同期だった。

幸いにも植田氏の都合がつくのは10日間あり、残りの5日間は副施設長が担当してくれることになった。また、スイミングスクールの補助員を務める大学の水泳部員でシフト体制を組んでくれることになった。

鈴木校長はようやく胸をなで下ろした。しかし、ここで手を緩めてはいけない。夏季休業中のプールに、もっと教職員が自覚を持って関わるように働きかけた。

図工の横山教諭が反論する。

「われわれ専科教員は、全科の免許状を持っていないし、水泳指導なんてできません。学級担任で担当してもらいたいですね」

音楽の岩崎教諭も同調する。

「私は金管バンドの練習があるし、公平にして頂きたいです」

産休代替教員の山口教諭も、

「昔は女の先生や高齢の先生は日直専門でした。鈴木先生もかつては毎日プールに出るなど、若い人が頑張っていましたよね」

若手男子の新村教諭、乙崎教諭、体育主任の遠藤教諭は不満げに下を向く。校長の説得力はまだ弱い。直球勝負は通じない。

それでも何とか夏季プールの体制は整った。

そんな折、新しい通知表の最終校正が届いた。ここから一波乱あるとは、鈴木校長もまだ気付いていない。

――――――【column】――――――

夏季プールの開催日は、学校によって大きな差がある。夏季休業中に20日間程度開催する小学校もあれば、わずか数日程度の小学校もある。私自身は1960年代の小学生時代20日間程度、学校のプールに通った。学級担任時代の1970年代から1980年代にも20日間程度開催した。この他にも、臨海学校や林間学校、ラジオ体操、地域子供会、秋季運動会事前練習会などもあって、夏季休業期間中も、様々な教育活動が行なわれていた。

近年は、働き方改革の一環として夏季休業期間にリフレッシュを推奨するために、教育活動が縮減されてきた。この傾向は、貧困家庭などでは体験の減少などの負の影響をもたらすかもしれない。

35. 念には念を入れる「新通知表」

「令和」の字体にも配慮

　季節は梅雨。蒸し暑い中、鈴木校長は校舎を回り、廊下を走る子供を注意する。しかし、それもイタチごっこ。廊下の角で子供同士がぶつかりそうになる場面もたびたびである。それが怖くて校長室でじっとしていられないから、校舎内をうろうろする。そして、教員たちから煙たがられる。

　週番の教員は体育館での監督。本来なら、休み時間の巡回者を増やしたいところだ。しかし、そうすれば教員の業務はもっとタイトになる。せめて休み時間くらいゆったりとさせてあげたい。

　校長室に戻ると遠藤教諭がやって来た。新しい通知表の最終校正だ。

　「通知表委員会のメンバーで最終校正をしましたので、校長先生と教頭先生に最終チェックをお願いしたいと思います。明日、印刷業者に戻す予定です」

　ちょうど1年前、他校に比べて遅れ気味だった新学習指導要領の準備。教職大学院の陣内教授の指導を仰ぎ、急いで通知表の改訂準備作業を始めた。校長としては、ベテランの青山学年主任に委員長を任せたかった。しかし、蔵前教務主幹の提案で、遠藤教諭を委員長に抜擢した。

　遠藤教諭は体育主任や全校遠足担当などの通常の仕事をしながら、よくやってくれている。幼い子供がいるのに、学校で遅くまで仕事をしている。

　最終校正は蔵前教務主幹の目も通っているし、大丈夫だろう。そう思いながら通知表を見ていく。おやっと思った。

　通知表の裏にある修了証。元号の表示が「令和」になっている。これは教科書体の「令和」の字体を使うべきだろう。学校で子供が目にする文字は、原則として教科書体を用いたい。

図工の観点についての疑問

　しばらくすると、板橋教頭が通知表を持って校長室に入ってきた。

　「校長先生はご覧になりましたか？　ちょっと気になるところがあるんです」

　「私はざっと見て、問題はないと思いましたが……。何かありましたか？」

　「4月末の最終原稿のときから少し気になってはいたのですが、まあいいかなとも思っていました。ですが、やはりこのままではいけないと思い直しました」

119

「気になるのなら直しましょう」

「図工の観点なのですが、同じ専科の音楽、家庭科と比べて、いかにも達成目標が低いのではないかと思います」

「私は図工の内容がよくわからないので、図工専科の横山さんの記述でいいのだろうと思っていましたが」

「音楽の岩崎さんの内容は、Ａ市の音楽部会の研究成果を踏まえているし、妥当だと思います。それに対して横山さんは中学校から異動してきたこともあり、あまり市の教育研究会に出かけていません。市の一斉部会のとき、私は学校で留守番をしていますが、横山さんもたいてい学校に残っています」

「ということは、横山さんはＡ市の図工研究会の成果を踏まえていないということ？」

「ええ。私も気になったので、横山さんが先月出席した研究会を検索してみました。それは文科省の図工・美術教育に批判的な人がリーダーを務めている研究会でした」

「すると、横山さんの書いた通知表の観点は、反文科省的ということになりますか？」

「横山さんの観点は、文科省の考え方を微妙にずらしていて、通知表の付け方によっては、大半の子供がＡ判定になります」

「確かによく読むと、誰でもクリアできる観点で、それこそ評価の目安になる言葉ではない。うまく表現したものですね」

「さすがの蔵前さんも見抜けなかったと思いますよ」

今後10年間の評価のために

その日の放課後、横山図工教諭を校長室に呼んだ。横山教諭は58歳。中学校の美術教師から交流人事で第二柳沼小学校に赴任してきた。小学校の勤務経験は初めてだ。

「通知表のことですが、ほかの教科、特に音楽と比べて観点がずれているので、再度検討して頂きたいのです」

「えっ？　何を今更。だって何度も通知表改訂委員会で議論してきて、OKになったから印刷業者に発注したのでしょう？」

「確かにそうですが、最終的にチェックしてみると、ほかの教科と微妙にずれているように思われるのです」

「失礼ですが、校長先生もほかの教員も図工のことは素人でしょう？　私は30年以上美術教師をしてきて、画家として二科展にも入賞しているのですよ」

「横山先生の画家としての業績は高く評価しています。しかし今は小学校のメンバーの一人として、学校全体のことも考えて再度通知表の検討をお願いしたいのです」

「今から検討するとおっしゃっても、6月下旬には納品されないと、みんな困るんじゃないですか？」

「ここでチェックして完全なものにしておかないと、今後10年間、本校の図工の評価はおかしくなります。私や横山先生が退職しても、通知表はそのまま残るんです」

「一体いつまでに訂正するんですか？」

「印刷業者に連絡して、あと3日間だけ待ってもらいます。その後、図工の記述だけ再度校正してから印刷します。待ったなしですが、それしか方法がありません」

「弱ったなあ、明日は研究会の幹事会があって、私はどうしても出張しなければいけないし……」

校長は「出張許可は出しませんよ」と言いかけて言葉を呑み込んだ。

「それなら、今日中に終わらせて頂けませんか。教頭と3人分の特上ずしを夕食に取りますから」

板橋教頭が口をはさむ。

「私もとことん付き合いますよ。夜は長いし、ゆっくりやりましょう」

「仕方ないなあ。じゃあ一つ校長さんの顔を立てましょうか。しかし、これだけは忘れないでください。子供たちの図工の評価をするのは私ですからね」

結局、その日の夜11時近くに何とか図工の評価内容が固まった。横山教諭を見送って、校長と教頭は安堵した。

長い間、隙間風が吹いていた教頭と、ようやく連帯感が芽生えた気がした。校長は、おでんの屋台に教頭を誘った。

6月後半のある日、7月の行事予定表を持って、斉藤養護教諭がやって来た。

「7月15日に1年の生活科で公園見学がありますが、熱中症は大丈夫でしょうか？」

36. 穴のない熱中症予防策を練る

養護教諭が問う心構え

　梅雨の晴れ間に夏の太陽が顔を出す。しばらくすれば夏休み。子供たちも教員たちも、指折り数えて待っている。

　ただし、夏休みといえども管理職はなかなか休みが取りにくい。特に新米教頭時代には、鈴木校長はほとんど休めなかった。管理職になったことを後悔したものだ。

　それでも、誰もいない8月中旬の学校の静かさは格別であった。役所からの問い合わせもないし、来客もない。甲子園の野球中継を見ながら出前のチャーハンと餃子を楽しむ。それは至福の時間ではあった。

　その後、校長と交代で休みを取れるようになるなどの変化が訪れた。そして、今年からA市でも全庁一斉休業日が始まる。うまくいけば9日間の連続休暇。久しぶりに温泉に入りたい。

　斉藤養護教諭の相談は、7月15日の水曜日に行なう1年の生活科見学についてだった。

　「校長先生、1年生はどこの公園へ行くのでしょうか？」

　「たぶん駅の向こうの公園です。夏を見つけるという学習だから、生物がたくさんいたほうがいいからね」

　「駅の向こうの公園というと、1年生の足で20分ほどかかりますね。担任のほかに誰か付き添うのですか？」

　「さて、それは聞いていないけど」

　「私たち養護教諭部会では、夏の公園見学での熱中症対策を重点事項に掲げています。T市での事故もありましたから」

　「そういえば、そんな事故がありましたね。確か子供が亡くなった……」

　「まだ5年前のことですよ。でも、事故のことはだんだん忘れられていく。それが危険なのです。夏の生活科見学は事故と隣り合わせという心構えが必要です」

　「しかし、今年はまだそんなに暑いわけではないし、1年の先生たちは、むしろ雨で中止になることを心配しているね」

T市の事故を考察

　T市の熱中症事故の概要である。

　2018年7月17日火曜日、愛知県T市のU小学校1年児童112名は、4名の学級担任に引率され、1キロ離れたW公園へ生活科見学に出かけた。11時30分頃帰校したが、男児が教室で意識不明になり、搬送された病院で死亡した。熱中症だった。ほか3名の女児も体調不良を訴えたが、命に関わる状況ではなかった。教室にエアコンは設置されていなかった。

　1年担任は、2時間の活動中、こまめな水分補給を心がけた。それでも事故を防げなかった。

　この日は、愛知県内全域に早朝から「高温注意報」が発令されていた。T市は13時45分に教室内で37度、公園で38度に達した。

　事故についての軽々なコメントは控えたい。しかし、学級担任の4名だけで引率したという態勢には少々疑問を感じる。この背景には次の様な事情があったと推察される。

○学期末の通知表点検等の業務で管理職や教務主任等が引率できなかった

○養護教諭も学期末の書類整理等で多忙な上に、暑さで体調を崩す児童が多数いて、学校を留守にすることができなかった

○用務主事や講師等の職員も多忙であった

○特別な支援を要する児童への指導員等の配置がなかった。あったとしても勤務条件の規程等で引率できなかった

○1年担任が学期末の業務に追われ、一定期間前に保護者のボランティア依頼ができなかった

○実施前の3連休で、体調のすぐれない児童もいた

○例年より梅雨が早く明け、暑さのために疲れが潜在的に蓄積していた

○W公園は春の学習でも使用しており、その経験から、教員も児童も負担を感じずに実施できるという「慣れ」があった

　ただし、以上のことはいずれも推測に過ぎない。後日の検証報告を待ちたい。

緻密な実施細目

　鈴木校長は斉藤養護教諭との面談を終えてから、熱中症の事故や予防策を調べ

た。重篤な事案を調べていくと、学校の危機管理意識が足りないときに事故が発生していると痛感した。

　今年の1年生には全盲児童もいる。十全な安全確保が肝要だ。今年はまだ本格的暑さは来ていないが、例年通り7月中旬に梅雨明けになる可能性も大きい。

　校長は生活科見学について、次の実施細目を作成した。

○当日、高温注意報が発令された場合は延期する

○実施時間を1時間早め、8時30分学校発、10時30分学校着とする

○水分補給は出発前、現地到着時、見学開始の30分後、現地出発前、学校帰着時の5回は必須とする

○水筒は氷入りのスポーツ飲料を奨励する

○冷やしたおしぼりの携行を奨励する

○虫取り網、虫かごなどの持ち物は必要最低限に抑える

○担任、全盲児童の指導員、管理職、専科教員1名、用務主事1名で態勢を組む

○用務主事は自転車で移動し、保健関係などの所要の物品を積む

○保護者ボランティアの募集をして、各班に1名の保護者を割り当てる

○教室は冷房を利かせておき、帰校後、児童の体を冷やす

○学級担任は、帰校後の児童の体調に変化があった場合は直ちに管理職に知らせる

　生活科見学は無事に実施された。鈴木校長は、斉藤養護教諭と夏季プールや2学期明けの運動会練習などについても熱中症予防策をまとめた。

　第二柳沼小学校の熱中症予防策は、その後、A市の教育研究会体育部会と養護部会を通じて、各学校に紹介されることとなった。この対応策は高く評価され、鈴木校長、斉藤養護教諭の名声が上がった。後年、こうした業績が両名の人事異動にも反映されるが、それはまだ先の話である。

　1学期の終業式も近いある日、茶髪の初任者、乙崎教諭が校長室へやって来た。

　「校長先生、ヤバいっす。うちのクラスの女子が学校に来ていないんです。連絡も取れません」

37. 児童虐待の気配

学校を休んだ女子児童

　もうすぐ夏休みが始まる。初任者教員にとっては、ようやくたどり着いた最初のゴールである。

　新卒教師の2名、バイリンガルのミニスカ女性教師横須賀ミキと茶髪のロッカー乙崎健斗教諭。3月末に面接したとき、鈴木校長は、この先どうなることかと思ったものだ。

　連休明けには、学級がややまとまらず、二人とも意気消沈した。それでも励まし合って、ここまで持ちこたえた。指導教諭の青山学年主任によると、二人でたまに飲みに行っているらしい。

　この夏は石垣島に行くような計画もあるらしいが、詳しいことはわからない。「まさか遠藤教諭と目黒教諭のように、できちゃった婚などにならなければいいが」と鈴木校長は心配する。

　そういえば、PTAの二階堂副会長が駅の向こうのワインバーで二人を見かけたと言ってたっけ。もし交際をしているのなら、学校の近くで飲むわけはない。

　いや、しかし、宇宙人のような二人だから、周りを気にするようなことはないか。お願いだから、路チューだけはやめてくれよ……。校長の心配のタネは尽きない。

　さて、校長室にやって来た乙崎教諭。珍しく深刻そうな顔で、「うちのクラスの女子が一人、このところ休んでいるんです。連絡しても電話に誰も出ないんすよ」と言う。

　「何日間休んでいるの？」

　「今日で3日目になります。明後日は終業式ですし、このままだと、通知表も夏休み帳も渡せないっす」

　「それは困った。どういう家庭なんだろう？　何かわかることはある？」

　「よくわかりません。えーと、確か保護者会にも来てないし、授業参観にも来てないっす」

　そこに板橋教頭が、保育所からの指導要録を持ってきた。

　「詳しいことは書いてありませんが、保護者が母親の名前になっていて、現住所に変更があったことは確認できます。この児童が通った保育所に照会してみま

しょう」

校長は日頃の様子を乙崎教諭に尋ねた。すると、「普段から遅刻気味で、ときどき暗い表情をする」「偏食がある」「"死ね"などの言葉を使う」といったことがわかった。

まさに家庭の状況の反映である。

保育所へ問い合わせの電話をしていた板橋教頭が戻ってきた。

「2年前に離婚して親権者は母親になりました。離婚直後から内縁の夫と同居しています。母親は飲食店のアルバイト、夫は非正規の建築作業員のようです」

「内縁の夫との夫婦仲はどうなんだろうね？　子供への接し方も気になるね」

「保育所の話では、雨で仕事が休みのときなどは、子供を迎えに来ていたようです」

「なかなか殊勝なところもあるんだね。それなら大丈夫かな」

「保育所の話によると、父親は金髪に染めていて、かなり若い感じだそうです。『パチンコに寄っていこう』と子供にささやいたりするらしく、『うん、お菓子取ってね』なんて言って、喜んで付いて行ったとか」

「保育園児がパチンコ店？　まあ、昔は父親に付いてくる子供もいたけどな」

躊躇せずに動かなくては

鈴木校長は、当該児童の家庭に何らかの事情が発生している可能性があると考え、すぐに所轄の児童相談所に通告した。児相の職員は状況を詳しく聞いてくれた。

校長が問う。

「それでいつ女児の家庭を訪問して頂けますか？」

「こちらも緊急事案を多数抱えていまして、今伺った限りでは緊急性もそう高くないようですので、来週中には訪問できるようにしたいと思います」

「何？　来週中？　今日訪問して頂けないのですか？」

「うちとしても命に関わるような虐待事案をたくさん抱えていますし、すぐに対応できる職員はいません。先ず学校で対応して頂けたら、ありがたいのですが」

校長は、「何が関係機関との連携だ。結局は自分でやれということか」といういらだちを呑み込んだ。

「わかりました。先ず学校で対応します。問題がありましたら、また連絡します」

躊躇している暇はない。早速、主任児童委員に連絡を取り、今日の午後7時に家庭訪問への同道を依頼した。

アパートのドアを乙崎教諭がノックする。金髪の父親が顔を出す。乙崎教諭の茶髪を見ながら問う。

「あんた誰？」

「第二柳沼小学校の乙崎です」

「何その頭？　茶髪じゃん」

「茶髪ですけど、学校の教師です。娘さんはいますか？」

「今はいないよ。買い物に行っている」

そこにスーパーの袋を下げた女の子が帰ってきた。

「あれっ？　乙崎先生？　コロッケが半額だったから、こんなに買ってきちゃった」

「すごいすごい。でも、どうして学校休んでいるの？」

「ごめんなさい。ママの具合が悪くて、お世話をしなくちゃいけなかったの。おなかの赤ちゃんが死んじゃったんだって」

ここで鈴木校長が内縁の父親に挨拶した。

「それは大変でしたね。お見舞い申し上げます。何かあったら学校でもいいし、こちらにいる主任児童委員でもいいですから、どうぞご相談ください」

普段の連絡や観察を怠らず

とりあえずの危機は去った。しかし、潜在的に問題を抱えていることには違いない。校長は乙崎教諭に、家庭との連絡を怠らないこと、子供をよく観察すること、変化があればすぐに知らせることを指示した。また斉藤養護教諭にも、体重測定などの際に外傷がないか観察すること、体の変調を捉えるよう留意することを伝えた。

終業式の日、その女子は元気な様子で登校した。乙崎教諭は女子と、夏休みの間にプールに来るよう約束した。

後年、この家庭では深刻な事案が発生してしまう。しかしそれは、鈴木校長、乙崎教諭の手を離れて大分経ってからのことである。その萌芽は、すでにこの時期にあったと言えるだろう。しかし、この段階で芽を摘むことはできなかった。

校長会研修部長の鈴木校長。管理職選考の期日が近付きつつある。

38. 管理職受験者の気概

かつては狭き門の管理職

　夏休みになった。校庭にはセミの鳴き声。プールの歓声が楽しげに響く。鈴木校長は7月生まれ。夏が大好きだ。

　鈴木校長が担当する校長会研修部の管理職受験講座も熱を帯びる。先日は教職大学院の陣内教授を招いての講演会。終了後の懇親会に教育長も参加して盛り上がった。

　参加者一同、陣内教授の校長時代の具体的な経営戦略には感銘した。単なるリーダーシップ論ではない。手持ちの「ひと・もの・かね」で最大効果を獲得する学校経営術であり、現職校長たちにとっても参考になる内容だった。教育長からも「素晴らしい講演会」との賞賛の言葉があった。

　また、次の回のおやじさん（西郷元校長会長）の人材育成の話も奥深いものがあった。どうして山手小学校が教育実践で大きな成果を上げることができたのか、組合の強い時代に学校をどう運営したのか、含蓄のある話だった。講演会後の役員懇親会では、市教委の岩田指導課長を囲んで、人事に関する貴重な情報交換もできた。

　教育管理職の任用の方法は、任命権者によって異なる。選考（試験）を行なうところもある。これは選考の公平性、客観性が一定程度担保される。また、いわゆる一本釣りをするところもある。任命権者の把握した人事データから的確者を選び任用するのだ。試験倍率に関係なく、より的確である者を登用できる。どちらにも一長一短ある。

　東京都の管理職選考は、この十数年、低倍率を続けている。特に副校長や指導主事は1倍ちょっとしかない。誰でも受かる時代になってしまった。

　私（筆者）が受験した1987年から89年頃の東京都の指導主事選考は高倍率だった。ちょうど団塊の世代が適齢期になった頃で、受験者がうようよいたのである。

　指導主事の数も今ほど多くなかった。例えば、東京都足立区の指導主事は現在15名（副参事、統括指導主事を含む）だが、私の頃は7名。約半分である。都立高校を会場とする試験で、合格できるのは各教室2名ほど。まさに狭き門だった。私（筆者）は3回目の受験でようやく合格できた。

　合格までの試験勉強の日々。年間100号以上の学級通信。学校での教務主任や

生活指導主任の仕事。社会科研究会での世話人。教科書や副読本の編集。教育雑誌の論文。二人の小学生の子育て――今思い返すと人生の最盛期だった。

受験論文のポイントとは

　夏休み半ばのある日、板橋教頭と蔵前教務主幹を呼んで受験論文の勉強会を行なった。二人とも受験講座の研究会で数回添削を受け、論文の質は上がってきた。しかしながら、まだ合格の域には達していない。

　鈴木校長からは、「この夏が勝負」と伝えてある。この日、両名は、関係資料をよく読み、論文構成も工夫してきたが、校長は一読して修正が必要な箇所を指摘し、「論文は推敲が命だ」と叱咤した。

〈板橋教頭が書いた校長論文の修正ポイント〉
○内容が一般的である
○自校の課題分析が不十分である
○経営ビジョンが弱い
○業務について経験談が多すぎる
○オリジナルの方策が乏しい

〈蔵前教務主幹が書いた教頭論文の修正ポイント〉
○課題への正対が不十分である
○論文構成の論理が弱い
○事例が長すぎる
○一文が長く、主語のねじれがある
○指示語と接続語の使い方が稚拙である

　板橋教頭は以前より誠実に職務を遂行するようになった。校長補佐としても頼りになる存在になった。そのことを論文に反映させたいが、教頭は古いタイプの論文しか書けない。これからのマネジメントについて書こうとすると、途端に概念的な内容になる。つまり、借り物の文章になる。鈴木校長にとってはそれが歯がゆい。今の脱皮した板橋教頭の姿をアピールしてほしいが、自分の指導では限界があるのか……。

水を飲むのは馬が決める

　校長は、板橋教頭の書いた論文を持って西郷元校長会長を訪ねた。

　「五郎さん、板橋教頭は一体どういう人なんだい？　この論文からは、人物像が見えてこないけれど」

　「以前はあまり役に立たない教頭でした。自分勝手でマイペースでした」

　「うん、それは聞いたことがあるな。で、今はどうなんだい？」

　「随分私を助けてくれるようになりました。気付いてくれるようになりました」

　「なるほど、いい教頭になったというわけかい。それで、校長としての構えはどうなんだい？　一校任せられるほどの器になったのかい？」

　「改めてそう聞かれると戸惑いますが、おそらく大丈夫だろうと思います」

　「おそらく大丈夫ってか。あまり積極的な評価はしないんだな」

　「いや、この数ヵ月の彼の様子を見ていると、応援したくなりますよ。ぜひとも校長になる夢を叶えてあげたいんです」

　「五郎さん、水辺の馬の話を知っているかい？　馬を水辺に連れて行くことはできる。しかし、水を飲むかどうかは、馬自身が決めることだ」

　「馬自身が決める……ですね」

　「うん、子供の指導もそうだ。教師にできるのは水辺に連れて行くところまで。あとは子供自身が水を飲むかどうかだ。板橋教頭は水辺に立っていることは確かだろう。あとは彼自身が水を飲むかどうかだ」

　おやじさんは、太刀魚の薄造りをポン酢で口に入れた。今日の酒は越前の黒龍。

　「突き詰めて言えば、本人に一校預かる気概があるかどうかだよ。覚悟があるかどうかだね」

　校長は無言で深くうなずきながら、クジラの尾の身に箸を付けた。

　翌日、校長はじっくりと板橋教頭の話を聞いてから、水辺の馬の話をした。

　教頭は、しばし沈黙してから口を開いた。

　「私は確かに、水辺にいるのに水を飲んでいないのだと思います。再度、一校を預かるという気概で論文を書いてきます」

　8月の後半、台風が今年初めて上陸した。まもなく台風シーズンが到来する。

39. 台風シーズン前の新防災計画

久しぶりの出勤で

　夏休みもいよいよ終盤に入った。鈴木校長は念願の長期休暇を終えて、久しぶりに学校に出勤した。

　先ずプールを点検する。青々と水が張ってあるのを見て安心する。

　若い時分、初めて体育主任になったあとに失敗をしたことがある。前期のプール終了後に、ろ過器のスイッチを切ってしまったのだ。2週間後にプールを見て驚いた。コケが生えて水がとろーんとしている。あわてて掃除をし、水をすべて入れ替えた。

　人気のない校舎を校長はくまなく歩く。屋上や校庭、校舎裏も見る。異常はない。

　校長室に戻り、休暇中の書類に目を通したり、暑中見舞いを見たりする。近年は暑中見舞いも随分減った。少し寂しい気もする。溜まった新聞と各種の刊行物に目を通す。これで午前中いっぱいかかった。

　今年から始まったＡ市の一斉閉庁日。これは大変ありがたかった。おかげで文書量も減った。日直日誌の点検も減った。

　やればできるのに、なぜこれまで実行できなかったのだろうと思う。要は事大主義なのだ。何かを精査しようとすると、必ず一部から批判の声が上がる。それが恐くて、なかなかスクラップしようとしないのだ。

市の防災課長から急ぎの申し出

　8月下旬のある日、市役所の防災課長から電話があった。これから学校を訪問したいという。数十分後、防災課長は、同じ課の担当係長を連れてやってきた。

　「突然のお願いに時間を作って頂いてありがとうございます。実は9月上旬の市議会第3定例会で、Ａ市の新ハザードマップを提案することになりました。9月1日のＡ市の総合防災訓練で、市長から新ハザードマップ策定の話をする予定です」

　鈴木校長はキョトンとして問う。

　「はあ、それで何か？」

　「これが新ハザードマップです。近年のゲリラ豪雨を踏まえて、1時間60ミリの降雨量の想定にしています」

「わあ、これまでのハザードマップに比べて青色の浸水地域が多いですね。えっ、この濃い青色の地域がうちの学区ですか？」

「新ハザードマップでは、下水道幹線の処理能力から想定して、このような浸水の水位になります」

「これでは、うちの学区の保護者は不安になるでしょうね」

「それだけではないのです。河川の氾濫危険水域から見て、駅前にかかっている橋は一定期間使えなくなります」

「すると、うちの学校の子供たちは、橋を使わずにどうやって登校することになるんですか？」

「現時点では有効な方法はありません……。本日はそういうわけで、新ハザードマップを公表する前に説明に上がった次第なのです。このあと二階堂連合町会長のところにも伺う予定です」

「子供たちが登校できないということは、避難勧告が出ても本校に避難して来られないということでしょうか？」

「そういうことになります。したがって駅から向こうの皆さんには、老人ホームに避難して頂く予定です」

「これまでの地域の防災訓練では、皆本校に避難してくることを想定していました。それが変更になるということですか？　皆が１ヵ所に集合できないということになるのですね？」

「まあ、そういうことになります。住民の安全確保を第一に考えると、駅の向こうの皆さんはやはり老人ホームに避難して頂くしか、ほかに選択肢はありません」

「しかし……。そもそもこの新ハザードマップはそんなに信憑性があるものなのですか？」

「河川の流域の３市が合同で専門家の知見を借りて作ったものなので、Ａ市としてもこのマップに基づいて施策を進める予定です。ですから、学校の防災計画も見直して、新しいものをお作り頂きたいのです」

防災課長はそう言って校長に頭を下げ、同行の係長を改めて紹介した。

「この者は専門家ですから、何でも相談してください。数年前に大きな被害をもたらした茨城県常総市の鬼怒川氾濫や岡山県倉敷市の高梁川支流氾濫の際にも現地視察に行っています。今日こちらへ伺うことは所管する庶務課長にも伝えてあります」

フィールドワークが大事

　防災課長と係長を見送ったあと、鈴木校長はため息をついた。

　さてと、どこから手を付けたらよいものか。うちの防災担当は図工の横山教諭だが、おそらく彼に新しい防災計画は作れない。そうだ、今日日直で来ている一年担任の新村教諭が防災の副担当だし、おまけに地域連携担当でもある。彼にやってもらおう。

　早速、新村教諭と蔵前教務主幹を呼んで、新ハザードマップの説明をした。鈴木校長の取り柄は行動力である。先ず、1万分の1の地図を購入し、新村教諭といっしょに学区域のポイントを写真撮影して回った。

　次に、拡大した学区域地図に児童全員の居住地を虫ピンで明示した。駅の向こう側で第二柳沼小学校に避難できない児童は68名。最深3m超の浸水域に住む児童は56名。交通機関を利用しているのは12名。

　駅の向こう側の地域の児童は、迂回して山側の道を使えば、5kmほどの道程で学校にたどり着ける。鈴木校長と新村教諭が写真を撮りながら歩くと、1時間10分で到着できた。小さな1年生も、ある程度までの高齢者も歩けそうだ。

　これらの情報をもとに、第二柳沼小学校の新防災計画案を作成した。台風を規模別に想定し、登下校時間もきめ細かく変更した。メールによる一斉送信の仕組みやホームページも整備した。この案については、市の防災係長のアドバイスを受けた。係長からは、丁寧な実地踏査に基づく具体的な計画案を作成したことに賛辞を贈られた。

　鈴木校長は、新ハザードマップが正式に決定されると同時に、PTAの役員幹事会と学校評議員の協議会で説明し、理解を求めた。その後、全体保護者会や地域の防災拠点連絡会でも同様に説明した。

　数日して二階堂連合町会長が学校を訪ねて来た。珍しいことである。

　「校長先生の迅速な対応のおかげで、住民の不安もだいぶ収まりました。息子の話では、PTAの若いお父さん、お母さんたちにも動揺はないようですね。ありがとうございました。地域一同感謝しています」

　新学期から運動会練習が始まる。保護者から想定外の要望が舞い込んできた。

40. 変わりつつある運動会の風景

保護者からの意外な要望

　この夏もプール納めになった。市内会場での水泳記録会も無事に終了。A市管内の各学校では事故は1件も起きなかった。体育部長を務める鈴木校長は肩の荷を下ろす。

　第二柳沼小学校の運動会は9月末。学年ごとの練習が始まった。6年生の組体操は今年から復活。1年生の全盲児童については、補助員が適切なフォローをしてくれるので安心だ。体育主任の遠藤翼教諭も、昨年に比べると全体指導がうまくなってきた。

　こうして新学期が順調に滑り出した。9月下旬の連休は、体育部メンバーとのゴルフ合宿が楽しみな鈴木校長である。そんなある日、帰国子女の初任者、横須賀ミキ教諭が、ミニスカートで校長室にやって来た。

　「校長先生。私の学級の保護者が、運動会のときに観客席でテントを張っていいかという相談に来ました」

　「テントって？　観客席で？」

　「はい。日影がないから暑いし、紫外線も避けたいし、と言っていましたけど」

　「それであなたはどう返事したの？」

　「校長先生に相談してみますが、いいんじゃないでしょうか、と返事しました」

　「いいんじゃないでしょうかって、つまり許可したの？」

　「ええ。アメリカの学校には運動会はありませんでしたが、もしスポーツ大会をやるなら紫外線対策は考えると思いますよ」

　「ここはアメリカではないでしょ。それにそんな大事なこと、勝手に判断してはいけないでしょ。ともかく状況を詳しく説明してください」

　横須賀教諭の報告では、相談に来たのは福岡の学校から転入した児童の保護者で、前の学校では多くの家庭がテントを張っていたそうだ。

実は考慮に値するかも

　鈴木校長は、翌日、臨時の運動会委員会を招集して意見を求めた。
　体育主任の遠藤教諭が強く反対する。

「そんなのわがままですよ。テントなんか張ったら、校庭の狭い本校では演技が見えなくなってしまいます」

斉藤久美子養護教諭から異論が出る。

「A市内でも、紫外線対策から、一部の座席をテント設営可能にしている学校があります。西日本では熱中症予防のために、秋の運動会を春に変更した地区が多いという記事を養護教諭向けの雑誌で読みました」

すかさず遠藤教諭が言う。

「西日本の学校はそうかもしれないが、A市はそこまでではないでしょう。僕はこれまで通り、冷水を持たせる、午後の進行を早めるという方針でいいと思います」

板橋俊彦教頭がつぶやく。

「確かに遠藤さんの言う通り。でも、去年の運動会で、敬老席に入れない祖父母の方が具合を悪くしたね。それに、来賓などはテントに入れていいな、という周りの声もよく聞かれるし……」

蔵前拓也教務主幹が発言する。

「運動会も迫っていることですし、今年は例年通りとして、テント設営については次年度に向けてPTAの役員会の議題にして頂くということでどうでしょうか。その代わり今年は、10時になったら20分間のクールダウンタイムを取る。その間に校庭に大量の散水を行なう」

遠藤教諭が賛同する。

「それがいいと思います」

「では、その方向でいきましょう」と鈴木校長がまとめる。この結果を横須賀教諭から該当保護者へ伝えるように指示した。

テントに賛同する多くの声

その後、該当の保護者は何も言ってこなかったので校長はひと安心した。

数日後、運動会の準備のためにPTA成人部の会合が持たれた。例年、成人部は校舎内外の警備を担当する。いちばん苦労の多い役割である。

その会合で当該保護者が福岡時代のテント設営の話を持ち出した。すると、メンバーから賛同の声が次々と上がった。

「最近は、どこの公園に出かけても、テントを張ってお弁当を食べる人が多いものね」

「テントの値段も安くなったし、ワンタッチで手軽に張れるから便利なのよ」

「運動会にテントを張るのは西日本では常識なんだってね。私、ネットで見たわ」

「うちの娘の保育園では、園児席をシートの天井にして直射日光を防いでいたわよ」

「この学校って、頭が固くてちょっと遅れているんじゃない？」

「体育主任の遠藤先生が強く反対したらしいわよ。演技が見られなくなるって」

「それに校長先生も体育の先生だから、こういうことには厳しいんだって……」

しばらく聞いていたPTAの上條みどり副会長が、長い髪をかき分けながら言う。

「校長先生もこの件については、来年度に向けて話し合ってください、とおっしゃっています。私も長年PTAの活動をしていますが、第二柳沼小の頭が固いなんてことはありません。それは誤解です」

さすがにPTAをリードしてきた上條副会長の言葉は重い。この発言のあと、メンバーの間でぴたりと私語が止んだ。

上條副会長の義父、上條彦一郎はA市商工会議所の副会頭。上條家は長年、市内で商売をしており、ネットワークが広い。副会長を敵に回すと、A市では世間が狭くなる。そのことを皆承知している。だが、会合の終了間際、当該保護者がまた発言した。

「くどいようですが、さっきの副会長さんのご発言、私は疑問に思います。運動会までは、まだ2週間以上あるし、話し合って決める時間はあるんじゃないですか？」

成人部一同凍りつく。これまで上條副会長の発言に公然と異議を唱える者はいなかったからだ。副会長は微笑みを浮かべながらこう切り返す。

「貴重なご意見として田中会長にもお伝えしておきましょう。ただ、第二柳沼小は今年、周年行事の大切な年。田中会長以下、皆さん昨年から寸暇を惜しんで準備しています。加えて、PTA役員会の議題もたくさんあります。来年に向けて役員会で議論することだけはお約束しますね」

閉会後、学校の正門付近では、あちらに3人、こちらに4人と、集まる姿が見られた。その中を長い髪を颯爽となびかせ、上條副会長は微笑と会釈で帰っていった。

1週間後、横須賀教諭が当該児童の転校書類を校長室に持参した。家庭の急な事情で転校することになったということである。

41. 団地が消えると学校も消える？

大規模団地と第二柳沼小学校

　運動会を1週間後に控え、各学年とも追い込み態勢に入った。勢い教師の口調も乱暴になる。鈴木五郎校長の若い時分には、体罰めいた指導も横行していた。もちろん今の時代、それはあり得ない。しかし、集団行進や準備運動などは昔に比べて緩慢だ。体育部の校長には、それがじれったい。

　そんなある日、教育委員会の庶務課長が来校した。庶務課長は教委の筆頭課長で、座席は教育長室のそばにある。定例校長会の司会も務めているので、月に一度は顔を合わせるが、直接話をする機会はなかった。

　庶務課長が切り出す。

　「運動会前のお忙しい時期に申し訳ありません。今度の運動会には、教育委員会の職務代理者がお出でになる予定ですので、よろしくお願いいたします」

　「職務代理者ですか？」

　「貴校の太田黒同窓会長が、じきじきに職務代理者にお願いしたそうです……。実は今日訪問させて頂いたのは、これからの第二柳沼小学校のことです。ご存じのように学区には大規模な団地がありますね」

　「県営の柳沼団地のことですか？」

　「そうです。半分近くの子供さんが、柳沼団地から通っているんじゃないでしょうか」

　「確かに団地の子供が大勢います」

　「かつてこの地域に鉄道が開通し、その住宅開発に伴って、第二柳沼小を開校した歴史があります。今年は周年行事で、きっと当時の逸話などが語られるでしょうね」

　「70周年行事では、庶務係長にも特段にお世話になっています。式典と周年行事に市長や市議会議長にもお越し頂けるということで、実行委員会一同喜んでおります」

　「その日は中学校の周年行事とA市の国際交流の行事もあるのですが、現時点では貴校の周年行事を優先することにしていますよ」

老朽団地を公園に再生する

庶務課長が続ける。

「実はそのこととも関係しているのですが、ここからはぜひご内密に……。先日、私ども市役所の都市整備部に県から連絡がありまして、柳沼団地の老朽化、住民の高齢化に伴い、将来的には団地を売却し、防災公園として整備していく方針のようです」

「売却って？　それでは、住んでいる人たちはどうなるんですか？」

「今後計画案を詰めるようですが、新たな転入者を認めず、数年後、現住民には新たな住宅へ転居して頂く方針にしたいそうです。柳沼団地は耐震工事も遅れていますし、A市の新しいハザードマップでも浸水域として位置付けられています」

「まさか、売却するために耐震工事を遅らせていたんですかねえ？」

「そうではないと思いたいのですが……。ただ言えることは、この計画が表面化すれば、柳沼団地からの転出が急増し、貴校の児童数も激減するということです」

「激減ですか……」

「おそらく新1年生が1学級編制になり、その年からそれがずっと続きます。上の学年でも転出が相次ぎ、2学級の維持は難しくなるでしょう」

「庶務課では、どう予想しているのですか？」

「この計画が実行されれば、5年後には確実に1学級編制の学校になると考えています。早ければ3年後にそうなるでしょう」

「A市では、1学級になった学校を統廃合するケースがありますよね？」

「それは、今後の学校の適正配置審議会でご議論頂くことになります」

「このことは、団地をはじめ地域の皆さんはご存じなのでしょうか？」

「いいえ、まだまだ内部検討の段階ですから。市の都市整備部としては、年内にも第1回目の住民説明会を開きたいところだそうで、そうすると、11月下旬には開催通知を出さなければならないらしいです」

「ちょうど本校の周年行事の時期ですね。そもそもこの計画は実現しそうですか？」

「市長はこの前の選挙で、市の人口減少対策として、子育てしやすいまちづくり、安心のまちづくりを公約にしました。県と協力し、老朽化して空き家も目立つ柳沼団地を、防災と遊び場の機能を備えた公園に生まれ変わらせるのが市長の念願なのです」

おやじさんの楽観論

　庶務課長との会談を終え、鈴木校長は、どっと疲れが出た。こんなに一生懸命学校経営をしているのに、市長の一存で廃校になる可能性があるというのか。やっていられないというのが正直な気持ちだった。

　しかし、内密の話なので誰にも愚痴をこぼせない。

　そうだおやじさん（西郷恭史郎元校長会長）に相談してみよう。早速その日の夕方、校長はおやじさんと顔を合わせた。

　「秋のお彼岸が過ぎると、ようやく過ごしやすくなるね。どうした？　浮かない顔をして。五郎さんらしくないね」

　校長は、今日の庶務課長とのやりとりを逐一話した。おやじさんは、田酒のぬる燗をごくりとやりながらつぶやく。

　「秋の初めはぬる燗がうまいね。しめ鯖にもよく合う。五郎さん、まあ、あまり先のことにくよくよしないことだ」

　「そうでしょうか？　学校や地域が大混乱になりそうで心配です」

　「団地を一つつぶすとか、学校を一つつぶすなんていう物騒な話は、ハイわかりました、なんて簡単に運ぶ話ではないわな」

　「しかし、市長の強い願望らしく」

　「たとえ市長がそう思っても、現実の世の中は、いろんな思惑が交じり合うものなのさ。俺は、庶務課長の言うようにはスムーズに進まないと思うぜ」

　「うちの周年行事のときに、そういう動きにならなければいいんですが」

　「そんなめでたいときに、誰も引っかき回すようなことはしないだろうさ」

　校長の心のもやもやは、おやじさんと酒を酌んでいるうちに自然と消えていった。

　結局、その計画がすぐに公になることはなかった。第二柳沼小の周年行事の際にも、誰の口の端にも上らなかった。やはりおやじさんが言ったように、それほど簡単に運ぶ計画ではないのだと、校長は改めて思った。この話が再燃するのは、後年、校長が第二柳沼小学校を出てからである。

　まもなく10月。下巻の教科書が配付される。保護者、児童の間で、ランドセルが重すぎるという不満が潜在的に蓄積していることに、校長はまだ気付いていない。

42. ランドセルを柔らか頭で軽くする

成長期に重い荷物は心配

　運動会も終わった。ようやく落ち着いて勉強ができる。

　秋の夕暮れは早い。第二柳沼小学校の鈴木五郎校長は、駅に向かう薄暮の小道で、親子連れの会話を耳にする。学童クラブの帰りらしい。まだ1年生のようだ。

　「かすみちゃん、ランドセル重たそうだから、ママが持ってあげようか？」

　「いいよう。先生が、自分の荷物は自分で持ちなさいって言ってたもの」

　「偉いね。でも、ピアニカと給食の白衣袋も持っているし、もう一つの袋は何が入ってるの？」

　「これ？　今日、学童クラブで作ったお月見のお団子セットとススキ」

　「両手がふさがって歩くのが大変でしょ」

　と、そのとき、無灯火の自転車が猛スピードで走り抜けようとした。学習塾に向かう中学生らしい。女児の手提げ袋が自転車とぶつかりそうになった。

　「危ない！」

　鈴木校長は思わず駆け寄った。自転車はそのまま走り去っていった。

　「けがはなかったようだね」

　「あっ校長先生！」

　母子が一緒に声を上げた。

　「危なかったですね。今度、柳沼中学校に自転車の乗り方について申し入れておきます。それにしても大荷物ですね」

　「うちの娘のように学童クラブに行く子は、いつもたくさんの荷物を抱えています。特に雨の日や風の強い日は大変です」

　「ね、ちょっと校長先生にランドセルを持たせてくれる？　うーん、これは重たいね。今日はどんな時間割だったの？」

　「えーと、今日は金曜日だから、国語、算数、生活、音楽、道徳です。それと金曜日だから、白衣の袋を持っています」

　「私たちの子供時代の倍くらいの重さになっているのではないかと感じます。校長先生、成長期の子供にこんなに重たいものを持たせて大丈夫なのでしょうか？」

紙質の向上もあだに

　早速、鈴木校長は、月曜日の幹部会議でランドセルの話を持ち出した。

　昨年度に続いて5年主任を務めている青山淑子教諭が深くうなずく。

　「確かに新学習指導要領で教科書のページ数がかなり増えました。特に学校から塾へ向かう子供たちの場合、ランドセルは大変な重さになるでしょうね」

　板橋俊彦教頭が付け加える。

　「資料集や副読本、ドリルなども紙質が良くなって、重たくなる一方ですよ」

　校長が尋ねる。

　「以前、道徳の副読本などは教室の後ろに置いていましたよね？」

　「ええ、かつてはそうでした。しかし、道徳が教科になって以来、副読本から教科書に変わりましたから。まさか教科書を置きっ放しにはできないということですよね」

　鈴木校長が投げかける。

　「やはり教科書は毎日持ち帰らなければいけないものですか？」

　教頭が慎重論を唱える。

　「校長先生、教科書ですからね。学校に置いて帰って、なくなったら大変ですよ。それに本校では家庭学習を奨励しています。教科書がないと家庭学習はできません」

　ここまで黙っていた蔵前拓也教務主幹が口を開く。

　「重たくなったのは教科書だけではありません。主体的・対話的で深い学びの実現のために、昨年度からノート指導に力を入れています。例えば社会や理科では、ノートにカラーコピーを貼って、自分の考えを書く。そのぶんノートも重たくなりました」

鈴木校長の「置き勉」プラン

　鈴木校長は数日後のPTA役員会で、重たくなったランドセルについて話を投げかけてみた。

　「確かに教科書は重たくなったけど、ランドセルはとても改善されて、背負いやすくなっていますよね」

　「上の子は中学生ですが、もっともっと重たいですよ。小学生のときから少しずつ慣らしていったほうがいいかも」

「でも、今年度になって、ものすごく重たくなったと子供たちはみんな言っているわね」

「うちみたいに学校まで時間がかかると、子供の負担も大変ですよ。読みたい本もランドセルに入れているし」

「特に雨風のときは大変です。傘を飛ばされそうになりながら出かけて行く後ろ姿を見ていると、本当に心配になります」

校長は参加者の声を一通り聞いたあとで、こう切り出した。

「例えば、一部の教科書を学校に置いて帰るという方法はどうでしょうかね？」

「一部の教科書とは？」

「つまり、家庭ではあまり使わない教科書です」

「それは、いい」という声が次々に上がる。

鈴木校長は、保護者の意見を参考にして計画案を作成した。校長に就任して3年目。この種の対策を考え、まとめることにはだいぶ慣れてきた。タイトルは「通学時における学習道具の軽量化方策（案）」である。

○生活、音楽、図工、体育、家庭、道徳の教科書は、原則として学校保管とする

○国語、算数、理科、社会、英語の教科書と地図帳は、原則として自宅に持ち帰る

○算数セット、鍵盤ハーモニカ、毛筆用具、裁縫セット、図画工作用画板、彫刻刀セットは、原則として、その学習が終了するまで学校保管とする

○国語辞書、社会科資料集、理科教材キット、クラブ活動用道具は、担当教員の判断で保管かどうかを決定する

○体育袋は、11〜3月の期間、週1回の持ち帰りで可とする

○上履きの洗濯は、11〜3月までの期間、1週おきで可とする

○教室の保管スペース、廊下の吊り下げ用フックの増設を行なう

○紛失防止のために、教科書や学習道具への記名の徹底を図る

○本方策の実行に伴う教科書等の紛失事案については、学校が費用弁償を行なう

校長は、この計画を職員会議とPTA役員会で検討し、12月1日から実施した。結果、子供たちや保護者から賞賛を浴びた。

まもなく展覧会。学級担任たちは、横山図工担当教諭の指導に疑問を感じ始めていた。校長はまだ、その思いを知らない。

43. 図工の自由主義は是か非か

子供たちの作品がひどい

　11月になった。秋の展覧会へ向けて準備が始まった。第二柳沼小学校では、展覧会、音楽会、学芸会の三つの行事を順繰りに実施している。そうして児童全員が、6年間の在校中に2回ずつ経験できるようにしている。

　教職員の負担は学芸会がもっとも大きい。次に音楽会。展覧会は、図工専科教諭が指導することもあり、ほかの教職員にとっては比較的楽な学校行事である。

　展覧会まで残り2週間となったある日、5年学年主任の青山淑子教諭が校長室へやって来た。あまりいい話ではなさそうだ。

　「校長先生、展覧会の件でご相談があるのですが、よろしいでしょうか」

　「いよいよ来週は図画を台紙に貼って、その次は立体作品の展示になりますね」

　「実はその作品のことなんです……。校長先生はご覧になりましたか？」

　「いや、まだ見ていませんが」

　「言いにくいのですが、子供たちの作品がひどいのです。何を描いた図画なのか、何を意図した立体作品なのかわかりません」

　「そんなにひどい状態なのですか？」

　「3年前の展覧会でも作品の評判が悪くて、保護者のアンケート回答では不満がたくさん見られました」

　「確か3年前というと、横山先生は中学校から転任してきたばかりでしたね」

　「私たちも最初は、横山先生が中学校からいらした方なので、少し抽象的な作品も描かせるようになったのかなあと思っていました。でも、あとからわかりました。描写力がないのと抽象画とは違います。横山先生がまったく指導せず、ただ描かせているので、下手なだけだったんです」

図工教諭の言い分

　鈴木五郎校長は早速その日の放課後に、板橋俊彦教頭とともに図工室で子供たちの作品を点検した。そして驚愕した。声にならなかった。

　この図画を来週には台紙に貼るというのか。まだ半分も描けていない子供もいる。これで展覧会に出品させようというのか。

　横山長助教諭が近寄ってきた。

「お二人そろってどうされました？」

「横山先生、一応確認なんですが、子供たちの作品は、あれで完成なんですか？」

「そうですよ。なぜそんなことを？」

「だってまだ画用紙に白い部分が残っていたり、塗りかけだったりする絵もあるじゃないですか」

「失礼ですが、校長先生は図工を指導されたご経験はおありですか？」

「まあ、低学年の担任時代に一度指導した経験しかありませんよ。どこの学校でも図工専科の先生がいたので」

「図工は感じたことや想像したことを絵や立体に表現する教科です。学習指導要領にもそう書いてあります。子供のひらめきや想像力が大切なんです。昔のような型に当てはめる図工では、子供の感性は育ちません。一部に〝○○式の図工〟なんてものがありますが、ナンセンスですよ」

それを聞いた板橋教頭が声を荒げる。

「感性がどうこう言う前に、1枚の絵を完成させなければいけないでしょう！もう展覧会は目前に迫っているんですよ！」

「教頭先生、興奮しないでください。だから何をもって感性だと言うのですか？　本人がこれで出来上がったと思えば、それがその子の表現であり、感性なんです。いわば自由主義が大切なんです」

「それじゃあ保護者が納得しません」

「展覧会当日は、私がずっと会場にいて説明しますよ。確かに3年前は、私の説明が足りないせいで、保護者の間で疑問が生じました。その点は反省しています」

展覧会は誰のため？

校長室に戻った鈴木校長は、3年前の保護者の感想を丹念に読み返した。また、各担任の意見も聞いてみた。若手教員は横山教諭の強烈な個性に戸惑っていたが、ベテラン教員を中心に懸念を抱く者が多いことがわかった。そこですぐに企画会で対応策を提案した。

○明日、低中高別分科会で子供たちの作品を鑑賞し、担任が出来映えを確認する

○明後日から2日間、各学級で2時間図工を設定し、作品の仕上げをする

○図工の横山教諭が各教室を巡回し、助言を行なう

○図画の台紙貼りと立体作品展示を1日後ろ倒しで実施する

この計画を臨時職員会議で提案すると、横山教諭は激怒した。

「人を馬鹿にするのもいい加減にしてもらいたいですね。私は長く中学校の美術教師をやってきたんですよ。毎年、展覧会でも入賞していますし、先生方と違って美術の専門家なんです。その私の指導がいけないというのですか？」

板橋教頭があわてて言う。

「先日も言ったように、保護者が納得する作品にしてもらいたいんです。そのために、みんなで協力して最後の仕上げをしようというんです」

横山教諭が食い下がる。

「要するに、私の指導が不適切だということですよね？」

その後も押し問答が続く。まったく埒が明かない。すると、黙って下を向いていた新卒の乙崎健斗教諭が立ち上がる。

「俺も音楽をずっとやってきたんで、横山先生が自分のセンスにこだわるのはわかります。でも俺たちのロックでも観客がスーっと引いてしまったらおじゃんです。ここは一つ、観客にアピールするために頑張ろうということでよくないっすか？」

横で聞いていた新卒の横須賀ミキ教諭が思わず拍手する。その後も議論が続いたが、横山教諭はこの方策を渋々承知した。

教職員が総がかりで準備に当たり、当日の展覧会は何とか事なきを得た。展覧会の会場で、保護者への説明に当たる横山教諭もまんざらではない表情だった。鈴木校長と板橋教頭の疲労感をよそに……。

まもなく第二柳沼小の70周年記念行事が開催される。植田清三同窓会副会長を中心とする実行委員会も、PTAの実質的なリーダーである上條みどり副会長らPTAの役員たちもみんな準備で忙しい。

この先に大きな落とし穴が待っているとは、校長は露ほども思っていない。

44. とかく式典は好事魔多し

1年前から準備は着々

　11月、A市の町内会の掲示板に酉の市のポスターが貼られた。その横には、第二柳沼小学校の開校70周年記念式典と記念同窓会のポスターも掲示された。

　鈴木五郎校長は、掲示板の前を通るたびに誇らしい気分になる。校長にとって周年行事に当たるのは、余計な仕事が増える貧乏くじなのか、10年に一度のハレの舞台に立てる当たりくじなのか。先輩校長たちの受け止め方は様々だが、鈴木校長自身は、お祭り好きの性格もあって、幸運であると思うようにしている。

　思えば、昨年の10月、周年行事の実行委員長を決める段階ですでにトラブルがあった。校長は田中誠司PTA会長と相談し、過去に2回、実行委員長を務めた二階堂浩介連合町会長に依頼しようとした。

　この人事に上條みどりPTA副会長が異を唱えた。上條副会長は、若返りも兼ねて太田黒徹夫同窓会会長を推挙した。

　しかし、太田黒同窓会会長は、市議会議員への出馬に当たって、二階堂連合町会長の推す地元議員との調整がつかず、しこりを残した。太田黒会長が実行委員長になれば、二階堂派はどうしても不満を抱く。

　そこで鈴木校長と田中PTA会長はやむなく、人権擁護委員の植田清三同窓会副会長に三顧の礼を尽くし、実行委員長への就任を受諾してもらった。

　あれから1年、篤実な植田実行委員長のリードで、周年行事の準備も着々と進んできた。式典にはA市の市長と市議会議長の臨席も実現しそうだ。式典後の祝賀会は、駅前のホテルで開催されることになった。かつて同じ駅前で老舗書店を経営していた植田実行委員長の力で、特段の便宜を図ってもらえる。土産代を含む8000円の会費で、十分なもてなしができそうである。

苦労して完成させた記念誌

　70周年記念式典が2週間後に迫ったある日、記念誌が納品された。表紙の文字はこだわって金の箔押しにした。教育委員会の庶務課長には華美だと言われたが、実行委員会が押し切ったのだ。青山淑子主任教諭を記念誌作成委員長にし、わずか6名のスタッフでよく発行まで漕ぎ着けた。

　夏休み明けの初回原稿は、鈴木校長が徹底的に校正した。もともと体育部だか

ら、活字の扱いは得意ではない。しかし、持ち前の体力を使って何度も校正した。

　トップページの校歌の歌詞が2ヵ所も間違っていることを発見した。まさか最初のページに間違いがあるとは誰も思わない。青山記念誌委員長、板橋俊彦教頭も見落としていた。校長自身も校正2回目にして、危いところで発見できたのである。

　早速、青山委員長に事情を聞くと、校歌のページは、新卒のバイリンガル横須賀ミキ教諭が担当したとのこと。

　「大変申し訳ありませんでした。ほかの難しい箇所を担当させるわけにもいかないので、間違いにくいところを担当させたのですが、私の点検が不十分でした」

　「記念誌は10年に一度発行し、後世までずっと残ります。校歌は学校や卒業生の宝物と言えるもの。その歌詞を間違えました、では済まされません」

　「申し訳ありません。横須賀さんはアメリカ育ちで、校歌の大切さや記念誌の重みがわかっていないのかもしれません。私からもよく言っておきます」

　そんなこともあって、ようやく完成した記念誌であった。鈴木校長は、1冊手に取って、ゆっくりとページをめくり、じっくりと読んでいく。そろそろ記念式典での式辞も完成させなければならない。開校以来の先人の努力を改めて読み取った。

あの人の名前がない！

　巻末のページまでめくって実行委員会の名簿を見たとき、鈴木校長は「あれっ？」と思った。

　実行委員長植田清三（同窓会副会長）、参与太田黒徹夫（同窓会会長）、事務局長田中誠司（PTA会長）、事務局次長上條みどり（PTA副会長）と、見慣れた名前が続く……が、二階堂浩介連合町会長の名前がない。確か「お名前だけでもお借りしよう」ということで、参与になって頂いたはずではなかったのか。

　ちょうど校長室に訪ねてきた上條PTA副会長に確認した。上條副会長は、いつものように落ち着き払って答える。

　「二階堂連合町会長は実行委員会に一度もお見えにならなかったし、そもそも参与になることを承認されていなかったのではないですか？」

　「えっ？　まさか。10年前と20年前の周年行事の実行委員長をされた方で、この度はご勇退頂くが、参与としてお残り頂こうということでしたよね」

「あれー、そうでしたかしら？　私の勘違いでしょうか……」

鈴木校長はその日の夜、植田実行委員長と田中PTA会長を学校に呼び、板橋教頭、蔵前拓也教務主幹を交えて話し合った。

いつもは温厚な植田委員長が主張する。

「私が実行委員長を渋々お引き受けしたのは、二階堂さんと太田黒さんの確執を収めるためでした。その一方の太田黒さんの名を載せて、もう一方の二階堂さんの名前を外すなどしたら混乱してしまいます。この記念誌はお配りしないでください」

鈴木校長があわてる。

「しかし、記念式典まであと2週間ですし、こうして1000部の記念誌が納品されてしまっていますし……」

「この記念誌が皆さんの目に触れたら、第二柳沼小の将来が危うくなります。来賓もこれを見たら疑問に思うでしょう。私の立場がありません。この土地で生きていけなくなるかもしれません。校長先生、もっと慎重に作成して頂きたかった」

校長はがっくり肩を落とす。

「しかし、刷り直すとおっしゃっても、今からでは間に合うと思えません」

植田実行委員長がきっぱり言う。

「私に任せてください。印刷会社の会長は、一緒に商店会活動をしてきた仲間です。徹夜してもらってでも間に合わせます」

それはさすがの有言実行だった。植田実行委員長の尽力で、記念誌の刷り直しは記念式典当日に間に合ったのである。その予定外の費用の負担についてはここでは触れない。

記念式典では、横須賀学級の列が乱れていたことに鈴木校長は目ざとく気が付いた。何かしらいやな予感がした。

45. 新卒教師の学級崩壊

帰国子女は非常識？

　菊薫る秋。第二柳沼小学校は、開校70周年行事を無事に終えた。鈴木五郎校長は、関係方面への挨拶回りを終えて、久しぶりに校長室で温かいコーヒーを口にした。

　ふと校庭を見ると、体育をしている学級の横で低学年の児童2名が遊んでいる。どうしたのかな、と見ていると、2年担任の横須賀ミキ教諭がミニスカート姿でそばに近寄った。何か話しかけているようだ。

　しばらくして、2名の児童は横須賀ミキ教諭とともに校庭をあとにした。その姿を見送ると、校長室のドアをノックする音。そういえば、今日は月に一度の校長相談日だ。

　やれやれ何事かとドアを開ける。3名の母親が立っている。

　鈴木校長は、保護者を招き入れてお茶を入れる。先ずは相手の気持ちを和らげ、自分も落ち着くために時間を取るのである。校長3年目でこの術を覚えた。

　「さて、どんなご相談でしょう？」

　「私たちは、2年横須賀先生のクラスの保護者です。横須賀先生の指導についてご相談に伺いました」

　別の保護者が勢い込んで言う。

　「校長先生は、なぜ2学期から横須賀先生を2年の担任にしたのですか？」

　「1学期末の保護者会でご説明申し上げたように、前任者の母親が倒れて介護休暇を取らなければならなくなりました。学級担任を続けることができなくなったので、横須賀教諭と交代させたのです」

　「校長先生は、横須賀先生がニューヨーク育ちだったことをご存じなのですよね？」

　「もちろん知っています。ですから、英語の発音もネイティブで、外国語活動で子供たちの教育にもいいと思いますよ。それに横須賀先生は日本の難関大学を卒業しているし、これからの時代に求められる国際感覚が豊かです。その点でも子供たちにいい影響を与えてくれると思います」

　「それは私たちも認めているところです。しかし、あまりにも常識がズレているといいますか」

「どんな点でズレているのですか？」

「校長先生もきっとお気付きだと思いますが、すべてがニューヨーク流なんですよね」

2年の保護者は、そこから堰を切ったように話し出す。校長はじっと耳を傾ける。

規律の乱れを呼ぶ指導

「先ずファッションがニューヨーク流を語っていませんか？　最近、体育の時間に体操着に着替えない子供が増えてきたのは、先生が着替えないからです」

「ひらがなや数字なども、書き方が微妙に違うところがあるんですよ」

「掃除当番や給食当番はニューヨークではなかったとかで、子供がほとんど勝手にやっています」

「地域のお祭りとかお月見の行事とか、日本の伝統行事のことはほとんど興味がないみたいです。でも、ハロウィーンのときはクラスの皆に仮装させて大騒ぎをして……」

「子供の遊びもあまり知らないみたいです。一部の子供とバスケットボールをするくらい。ゴム跳びや竹馬なんかも知らないんじゃないですか」

「給食は好きなだけ食べていいし、嫌いなものは全然食べなくて残してもいいみたいです」

黙って聞いていた校長は心の中で、やはり予感が当たったと思った。そもそも年度当初の人事構想では、1年間か2年間は学級担任をさせずに、日本の小学校教育の基礎基本を指導しようと思っていた。それが前述の事情で、突然2年の学級を任せなくてはならない事態になったのである。

保護者が続ける。

「若い先生でもありますし、今申し上げたようなことには、ある程度目をつぶっていようと思っていました。しかし、最近になって、子供たちが学校に行きたくないと言い始めたのです」

「学級が荒れて、みんな先生の言うことを聞かないのです。授業中も教室から飛び出していくようです」

「このままでは学級崩壊になるかもしれません。いいえ、もうすでに学級崩壊状態だと言えます。校長先生には、早急に手を打って頂きたいのです」

さっき校庭で遊んでいた子供は、教室から抜け出していたのだと校長は理解した。もっと早くに手を打つべきだった。

緊急的な対策と中期的な対策

　保護者を見送ってから、校長は早速2階の横須賀学級に行ってみた。

　算数の時間である。横須賀教諭は教卓で子供のドリルの丸付けをしている。子供の列は十数名。後ろの子供はふざけ合っている。立ち歩く子供が2名いるが、横須賀教諭の目に入らない。丸付けに夢中で全体が見えていないのである。

　鈴木校長が立ち歩いている2名に注意すると、おとなしく席に着いた。しばらく授業風景を観察してから校長室に戻った。

　板橋俊彦教頭を呼んで事情を聞く。

　「横須賀さんにもいいところがあるんですが、大らかというか、怖いもの知らずというか、自分のペースでやってしまうので、学年主任も手を焼いているんですよね」

　校長は、教頭と学年主任の話を参考にし、次のような対応策を講じた。

〈緊急的な対策〉
○学級の学習規律を回復させる。そのため、国語は校長、算数は教頭が補助し、体育は学年主任との合同授業とする
○体育の時間は体操着に着替える
○給食当番、掃除当番の指導のミニ研修を青山淑子5年主任教諭が行なう
○週案の内容をより詳しく書くように指導し、校長が丁寧なアドバイスを行なう
○緊急保護者会を開催し、対策の説明と保護者の参観を奨励する

〈中期的な対策〉
○「日本の子供の歳時記」「伝統的な行事」「日本の作法」などの読書を推奨する
○冬休みに模擬授業の研修を行なう
○若手の新村蓮教諭をリーダーにして、横須賀教諭と乙崎健斗教諭の両若手教諭で自主的な勉強会を発足させる
○たまに蔵前拓也教務主任がこの勉強会に出席して助言する

　この対策で若干の改善が図られた。しかし、学級の荒れは年度末まで続いた。

　その頃図工室で、ある問題が発生しつつあった。あの自由主義の図工教師である。

46.「体罰」の基準をわかっているか？

「廊下で正座してろ」

　カレンダーも残すところあと1枚。第二柳沼小学校の鈴木五郎校長は、「今年も忙しい1年間だったな」と、1月からの様々な出来事を振り返っていた。

　隣の事務室から事務主任が校長室へ顔を出す。

　「校長先生、PTA会長と連名で出す年賀状の枚数は、例年通りでいいですか？」

　「そうですね。予算の制約もあるし……。いや待てよ、今年は70周年行事で、地域や同窓会の方に大勢お世話になりましたね。50枚ほど追加することはできますか？」

　「50枚というと3000円ちょっとの増加ですね。それくらいなら何とかなります」

　事務主任との打ち合わせを終えて、校長は学校内の見回りに出かける。特に学級崩壊寸前の2年横須賀ミキ学級やロック歌手の3年乙崎健斗学級の前では、廊下のガラス越しに中の様子をじっと眺める。

　校舎3階北の端の図工室前。廊下に段ボールや木材、布切れや小物など、たくさんの図工教材が山積みになっている。

　70周年行事の前、板橋俊彦教頭が図工の横山長助教諭に片付けるよう指示したが、ほとんど状況は変わっていない。前任の中学校の美術室や美術準備室に比べると、手狭で廊下に置くしかないとのことだった。

　よく見ると、段ボールの山の陰に2名の男子が正座している。4年2組産休代替の山口和子学級の子供たちである。

　「あれっ？　君たちどうしたのかな？」

　「……はい、横山先生に廊下で正座していなさいと言われたのです」

　「騒いだり、けんかしたりしたのかな？　それとも誰かにちょっかい出したりしたのか？」

　「僕らは何も悪いことをしていないんです。田中君が白の絵の具がないというので、チューブから絞り取っていたら……」

　「急に横山先生が怒って、お前ら外に出ていけって。正座してろって」

　話している顔をよく見ると、二階堂浩介連合町会長の孫である。父親の二階堂高浩はPTAの副会長だ。

　「校長先生が横山先生に話して、教室に入れるように頼んでみよう」

殴らなければ「体罰」ではない？

　その日の放課後、山口教諭が校長室に来た。

　山口教諭は鈴木校長のかつての同僚。三顧の例を尽くして産休代替に来てもらった。A市では産育休の代替教諭が不足し、どこの学校も悲鳴を上げている。

　「校長先生、図工の横山先生って、どういう方なんでしょうかねえ」

　「中学校から来た美術教師で、油絵では何回も賞を取っている重鎮だと聞いています。ただし、小学校は初勤務です」

　「先日の展覧会のときにも、自由主義とかで、ずいぶんみんなを困らせましたよね」

　「先生方のご協力で無事に済んでほっとしましたよ。ところで今日は何か？」

　「校長先生、子供を廊下に出して長い時間正座をさせるのは体罰になるんじゃないですか？」

　「えっ？　子供を殴ったりけがをさせたりしているわけではないから、体罰というほど大げさなものではないんじゃないかな」

　「確かに校長先生や私が若い頃は、子供に往復びんたをしたり、お尻を叩いたりする先生もいたし、廊下で正座なんていうのはよくありましたが」

　「横山先生は中学校から赴任してきたので、生活指導がやや中学校的なのでしょうね。そのことが何か？」

　「今日もうちの学級の二階堂君たちが正座をさせられました。よく事情を聞いてみると、横山先生の一方的な思い込みらしいのです。彼らは、勘違いで正座をさせられたことに不満を持っています」

　鈴木校長は間を置かず横山教諭を呼んだ。やれやれという顔で校長室に入ってきた。

　「どうせあんまりいい話じゃありませんな。さっさと済ませましょう」

　校長は、昼間の子供たちとのやりとりや山口教諭からの聞き取りを伝えた。

　「なーんだ、そんなことか。二階堂たちは、授業をなめているんですよ。いや学校の教師をなめているんです。ですから、たまには一発ガツンとやらなきゃだめですよ」

　「ガツンって、まさか体罰？」

　「いやまさか、そんなことはしません。私も若い頃は、よく体を張って中学生の非行を止めたもんですが、今は体罰について厳しくなっているので殴ったりは

しません。たまに正座をさせたり、強く叱ったりするだけです。いわば愛のムチですよ」

指導課からの事情聴取

その日の夕方、Ａ市教育委員会の細川統括指導主事から電話が入った。

「図工の横山先生が体罰を行っているという訴えがありました。指導課にお越し頂き、ご説明願えますか？」

指導課での長い事情聴取のあと、岩田秀次指導課長の一言が響いた。

「校長先生、廊下に出して長時間正座させるのも体罰ですよ。この際ぜひ、体罰とはどういうものか、もう一度おさらいをして頂いて、横山先生を指導して頂けませんか？」

指導課に呼び出されて、事情聴取を受けたのは久しぶりだった。秋の夜風が身に染みる。

ちょうど横丁の赤提灯が目に入った。おでんのイイダコと焼豆腐を肴に、ぬる燗を流し込む。自分はやっぱり至らないところがあるな。若い頃から運動ばかりしてきたから、学校経営の基礎的な勉強が不足しているのだなとつくづく思う。

その翌日、鈴木校長は、早速以下の方針を立て、体罰問題に取り組んだ。

○体罰とされる行為についての周知
○自分の指導についての自己診断表
○体罰事案についてのミニ研修会
○校内の言語環境の見直し
○児童との信頼関係に基づく指導の推進

その上で、横山教諭にヒアリングを行なった。すると、これまでの横山教諭の学校への不満、小学校教育への疑問、中学校文化と小学校文化の溝などについて率直な意見を聞くことができた。

横山教諭の指導ぶりは翌年、中学校への転出まで大きな変化はなかった。しかし、保護者からの不満は聞かれなくなった。

その頃、次期ＰＴＡ会長選出をめぐり、田中誠司会長が頭を悩ませていた。そのことに、校長はまだ気付いていない。

47. 人間関係が絡むPTA会長選び

次期PTA会長指名委員会

　学級担任はこの時期、通知表の作成にてんてこ舞い。昨年来、遠藤翼教諭が中心となって作成した新しい通知表も、今回が2回目になる。1学期末は問い合わせの電話が2件あった。しかし、大きな混乱もなく、新通知表への切り替えが完了した。2学期の通知表で大きな問題が発生しなければ、先ずは定着したと言えるだろう。

　第二柳沼小学校では、通知表作成業務を原則として学校内でしかできないように制限している。だから、遅くまで残業する。残業できないママさん先生は、土曜日や日曜日に出勤してくる。

　鈴木五郎校長は、近くのスーパーから焼き芋を買ってきて、残業している教師に配って歩く。夏はメロンパン。冬は焼き芋。今や鈴木校長の代名詞になった。

　これは鈴木校長が敬愛するおやじさん（西郷恭史郎元校長会長）の真似である。昔おやじさんは、教職員が残業していると、「おなかが空いたろう」と差し入れをしてくれた。その温情がうれしかった。

　夕方6時を過ぎてPTA室から保護者がぞろぞろと出てきた。

　鈴木校長が声をかける。

　「遅くまでお疲れさまです。今日は何の打ち合わせでしたか？」

　やや疲れた顔の田中誠司PTA会長が返答する。

　「遅くまですみません。ちょっと会議が長引いちゃったものですから。今日は会長指名委員会の報告会だったのです」

　同じように疲れた顔で帰っていく役員を見送りながら、田中会長が言う。

　「校長先生、ちょっとよろしいですか？　ご報告したいことがありまして」

　「どうぞ、どうぞ、校長室へ。板橋教頭も呼びましょうか？」

　「そうですね、教頭先生にも一緒に聞いて頂きましょうかね」

すんなり決まるはずだったのに

　田中会長は会社員。比較的時間のやりくりができる仕事をしている。他所からA市へ転居してきたので、当初は地域の事情には通じていなかった。

　共働き家庭の田中会長は、まだ子供が低学年の時代から学校行事に積極的に関

わってきた。その献身的な姿が認められて、4年前にPTA総会の議長を務め、3年前に会計監査に抜擢された。

　そして、皆から推されて2年前に会長に就任した。先日の70周年行事も成功させ、地域でも次第に注目される人材になりつつある。地元の中学校からも会長候補として期待されているが、下の子供は私立中学校志望である。来春、第二柳沼小を卒業するが、できれば地元の公立学校にと皆が望んでいる。

　田中会長が口を開く。

　「実は、私の後任のPTA会長の件なのですが」

　「ええ。会長指名委員会では、どなたにお願いすることになりましたか？」

　「それがまだ決められなくて、次回に持ち越すことになりました」

　「次回ということは、来年の1月下旬になりますか？」

　「そうなんです。上條（みどり）副会長は能力も高いし、実績もあるので、彼女ですぐに決まるのかなと思っていたんですが」

　「まあそれが順当なところですが、上條さんに決まらなかったんですか？」

　横から板橋俊彦教頭が口を挟む。

　「上條さんが辞退したんですか？」

　「いや、ご本人はきっとPTA会長として力を発揮したいと思っています。下のお子さんの卒業まで残り2年ですから、有終の美を飾ることになると思いますし」

　「それでは一体何が？」

　「各学級の指名委員会の候補者を今日の会合で取りまとめたのです。そうすると、12学級のうち、5名が上條副会長、4名が二階堂（高浩）副会長、3名が未定という結果になったのです」

　二階堂副会長は、二階堂浩介連合町会長の長男。消防団活動や野球チームのコーチなど、地域活動でも実績がある。PTAの会計監査を2年務めてから、上條副会長と同列の副会長に就任したが、彼女に比べると当然ながら経験不足は否めない。

　だが、周年行事での活躍、担当した祝賀会での差配やリーダーシップは皆に注目された。いつも穏やかで、「懐の深さはさすが親父譲りだ」と、歴代のPTA会長や各町会長たちの間で評判がよい。

　教頭が尋ねる。

　「上條副会長の票が多いのだから、それで決めるわけにはいかないのですか？」

　「私もそれが妥当だと思うのですが、過半数に達していないので決められないという意見も強かったのです」

結果はなるようにしかならない

　先年の市議会議員選挙で、太田黒徹夫同窓会会長を担いだ上條彦一郎商工会議所副会頭と、その義娘である上條みどり副会長。実績のある地元市議を推薦した二階堂浩介連合町会長と、そのジュニアの二階堂高浩副会長。この二派対立になっていると痛感した。次期PTA会長を決める指名委員会は、これからも微妙な思惑が飛び交う会議になるに違いない。鈴木校長は、どうしたらこの混乱を収拾できるか悩んだ。

　翌日の晩、校長は西郷元校長会長と一献を交わした。トラフグを炭火で焼きながら、ヒレ酒をゴクリとやる。

　鈴木校長はこれまでのいきさつを話す。西郷元校長会長は、フグ皮の刺身を箸でつまみながら尋ねる。

　「それで五郎さんは、どっちになってもらいたいんだい？」

　「私としては、どちらがなってもいいと思っています」

　「それなら、なるようになるのを高見の見物と洒落込めばいいさ」

　「放っておいていいんでしょうか？」

　「なあに、いいように落ち着くさ。そのあとはまた、何事もなかったようになるよ」

　年が明けて上條副会長の会長指名が決まった。表面的には混乱はないように見えた。誰も感じていないかもしれないが、おそらく深いところに沈殿物がある。

　まもなく冬休み。茶髪の乙崎健斗教諭と板橋教頭が校長室に飛び込んできた。

　「校長先生、USBを落としたみたいっす」

　「えっUSB？　どんなデータが入っているUSB？」

【column】

　コロナ禍で、各学校のPTA活動が制限された。3年ぶりにPTA活動が再開されたが、改めて活動の在り方について模索が続いている。

　PTA会長に適任者を選ぶのは、どの学校もPTAも頭の痛いところである。通常、会長選考委員会が候補者を指名し、三顧の礼をもって挨拶に行くが、断られるケースが多い。

　私は、30代半ばで会長指名委員会の担当教諭になった。候補者の自営業O氏がどうしても承諾しないので、H会長と料理店の個室で夜更けまで説得をした。ようやくのことで承諾してくれたO氏は無事に会長を務め、その後、地域の名士になった。

48. ありがちで重大な服務事故

乙崎教諭がUSBを紛失

　新年になった。第二柳沼小学校の鈴木五郎校長は、校長になって以来、初日の出に学校と家族の安全を祈るようになった。

　今年も、午前6時50分過ぎの初日の出を近くの高台から祈った。好物の田作りや伊達巻きで祝いの酒を酌んでから、近所の鎮守へ初詣に出かける。新年恒例の行事だ。

　おやじさん（西郷恭史郎元校長会長）の若い時代は、元日の朝に幹部教員が集まって、教育長と指導課長の自宅へ年賀に出かけた。その後は校長宅で新年会をした。

　2日は、西郷元校長会長が仲人をしてあげた若夫婦の何組かが年賀の挨拶に来て、宴会をしたそうである。それに比べると今の時代は、何と静かな正月だろう。

　少し時間軸を戻す。暮れの終業式の日。3年担任の乙崎健斗教諭が青い顔で校長室に飛び込んできた。

　「校長先生、俺のUSBがないんっす」

　「どんなデータが入っているUSB？」

　「俺、USBは1個しか持ってないから、何でもかんでもその中に入っています」

　「学校の仕事のデータも入っているの？」

　「入ってます。1個のUSBで全部見られるから便利だし」

　「学校のどんな仕事が入っているか、全部言ってみて」

　「えーと……学級だより、学校だより、教材、遠足だより、初任者研修の学習指導案……それから、えーと……」

　「今聞いたところでは、特段、個人情報は入っていないようだね？」

　「個人情報って？」

　板橋俊彦教頭が怒鳴る。

　「学級の子供の事柄だよ。例えばテストの点数とか、通知表の評定とか」

　「あっ、そういう成績については、えんま帳に書いているから、USBには入っていないっす」

　校長は少しほっとした。

　「でも、通知表の所見の下書きって、個人情報っすか？」

教頭が驚く。

「個人情報に決まっているだろう！　それが入っているのか？」

「でも、清書でなくて、あくまで下書きっすよー」

翌日、教育委員会へ報告

それを聞いて校長は愕然となった。それでも努めて冷静に質問していく。

「それで乙崎さんは、どこでUSBがないって気が付いたの？」

「昨日、吉祥寺でクリスマスイブのロックコンサートをやりました。仲間と飲んでから帰宅して、今朝配る学級だよりをプリントアウトしようとしたのですが、USBがどこにもないんですよ」

「乙崎さんは、コンサート会場から自宅に戻る途中でなくしたと思うのかな？」

「コンサート会場でサインを頼まれたので、筆箱からサインペンを取り出しました。USBはいつも筆箱に入れておくので、そのときに落としたのかもしれません」

「ではまだコンサート会場は確認していないのだね？」

「コンサート会場は開くのが遅いので、まだ確認できないんすよー」

結局、翌日もUSBは見つからなかった。鈴木校長は、この事故を文書にまとめ、教育委員会の指導課に持参した。

対応に当たった細川統括指導主事が苦い顔で話す。

「USBの紛失は、重大な服務事故に当たると、初任者研修で何度も注意を促していたのですが……」

鈴木校長は平謝りしながら、学校でも注意喚起をしてきたことを伝える。

「ご報告どおり学級だよりも入っているとすると、第二柳沼小の乙崎教諭のものであることはすぐに判明するでしょう。このあと、岩田指導課長と教育長にも報告して、指示を仰ぐ必要があるのですが、あいにく二人とも管理職の人事配置のヒアリングで本庁に出かけているんです」

鈴木校長が申し訳なさげに言う。

「それでは、お待ちいたします」

「いや、私から連絡するので、校長先生は学校で乙崎教諭と待機してください」

マスコミへの公表も必要？

学校に戻った鈴木校長は、間を置かずに対応策を考えた。

○最悪の事態を想定した対応策を講じる
○コンサート会場及び周辺道路の遺失物を再度点検する
○12月28日までに乙崎学級の臨時保護者会を開催し、経緯・経過を説明する
○通知表の清書と大きく異なる下書きの内容を復元する
○個人情報に関わる研修を実施し、再発防止を内外に示す

　校長がこうした対応策をまとめていると、細川統括指導主事から電話が入った。
　この事案は、任命権者である本庁にも報告しなければならないので、明朝一番に事故報告書を持参の上、乙崎教諭と指導課へご足労頂きたいとのことだった。マスコミへの公表は報告書を検討し、乙崎教諭の説明を聞いた上で判断したいそうである。
　乙崎教諭にこのことを伝えると、真っ青になった。
　「えっ、マスコミって？　俺の名前が出ちゃうんすか？」
　「それは今の段階ではわからない。しかし、USBの紛失って、それくらい重大なんですよ。もし、乙崎さんに非があって戒告処分にでもなったら、昇給の遅れ等で生涯賃金に大きなマイナスになると思う」
　翌日の早朝、鈴木校長の自宅電話が鳴った。まだ夜明け前である。乙崎教諭からだった。
　「校長先生っすか？　朝早くから電話してすみません、乙崎です。USB、見つかりました」
　「えっ？　どこにあったの？」
　「すみません。リュックの中袋が破れていて、USBはそこに紛れ込んでいました。リュックもUSBも真っ黒なので、わかりませんでした」
　校長は「バカヤロー！」と怒鳴りたくなるのを呑み込んでから、「まあよかったね」となぐさめた。電話でその報告を聞いた岩田秀次指導課長も「バカヤロー！」と怒鳴りたい気持ちを呑み込んでから、「まあよかったね」と乙崎教諭をなぐさめた。
　数日後、音楽の岩崎フキ教諭からの電話。
　「今朝、母が亡くなりました……」

49. 弔事におけるデリケートな事柄

インフルエンザ対策の効果

　冬休みが終わり、1月も半ばを過ぎた。第二柳沼小学校では今のところインフルエンザは発生していない。斉藤久美子養護教諭の熱心な予防策の賜物である。

　一昨年の暮れ、鈴木五郎校長は、第二柳沼小のインフルエンザ対策について、学校マネジメント的アプローチが弱いと斉藤教諭に指摘された。管理職が先頭に立って予防策を進めなければ、その効果は上がらないと、具体的な事例をもとにして説得された。至極もっともであると思った。

　予防策では特に手洗いの励行が推奨された。しかし、うがいに比べて手洗いは、小学生にとって数段ハードルが高い。その理由には以下のことが考えられる。
○一定の時間がかかる
○その効果が見えにくい
○子供は冷たい水を嫌う
○手洗い後にハンカチが必要である
○手に荷物を持っていることがある

　だから、トイレ後の手洗いも形式的になっている。斉藤養護教諭はこれらの課題を明確にした上で、校長や教頭とともに各学級に対して習慣定着の補助に努めた。その結果、全校的に手洗いが実践され、家庭でも励行する子供が増えた。現時点で第二柳沼小は、A市内でもインフルエンザの発生率が低い学校の一つになっている。

音楽教諭の母親が逝去

　音楽の岩崎フキ教諭から電話があったのは、この冬もっとも冷え込んだ朝だった。
　「今朝、母が亡くなりました。本日からの授業のことなど、あとのことはよろしくお願いいたします」
　鈴木校長がお悔やみを言う間もなく電話が切れた。とりあえず朝の幹部会議でこのことを伝え、所要事項を挙げた。
○岩崎教諭の忌引きは1週間程度になる
○その間の音楽授業は担任の補教とする

○卒業関連行事の音楽練習は、岩崎教諭復帰後に補習として行なう
○明日、Ａ市内に訃報を回す
○教職員親睦会「親和会」から、花かごと弔電を出す
○ＰＴＡに連絡し、これまでの慣例どおり花かごを出す
○通夜・葬儀の必要人員の確保は親和会幹事が当たる
○岩崎教諭の前任校の校長とＡ市音楽部会の部会長には直接連絡をする

　こうした準備をしながら、板橋俊彦教頭は、第2報の電話を待った。おそらく昼頃には親族と葬儀社の打ち合わせが済んで、葬儀の具体的な内容がわかるであろう。それに基づいて、具体的な対応を進める。

　しかし、その日の午後遅くになっても、岩崎教諭から連絡がなかった。もし通夜が明日ならば、退勤前に教員に伝えなければならない。教頭は、午後4時になって岩崎教諭の自宅に電話をかけた。

　「お取り込み中にお電話をして申し訳ありません。第二柳沼小学校教頭の板橋と申します……」

　電話口に出てきた岩崎教諭に尋ねる。

　「お母様の通夜と告別式について伺いたいのですが」

　「実は家族で相談して、密葬にさせて頂くことにしました。連絡が遅れて申し訳ございませんでした」

　「そうですか。では、訃報は家族葬ということで出させて頂きます。お手伝いは必要ないということでよろしいですね。お花もお贈りしないほうがよいですか？」

　「せっかくですから、お花はお受けします」

　このうち合わせ事項を帰りの臨時夕会で報告し、教頭は肩の荷を下ろした。

花を贈れない理由

　翌朝、親和会の代表幹事である斉藤教諭が校長室に相談に来た。

　「校長先生、実は親和会からのお花の件なのですが」

　「明日の通夜に間に合うように、よろしくお願いいたします」

　「それが、岩崎先生は昨年の3月末で親和会を辞めているのです」

　「辞めた？　それはまたどうして？」

　「自分は再任用教員になったから、親和会のような会をいっさい辞めることに

したとおっしゃっていました」

「そうするとお花はどうなりますかね？」

「親和会の会費を払っていないので、お花を出すわけにはいきません」

「そうですか。出せませんか」

「岩崎先生は会費を払わなくなってから、職員室でお茶もコーヒーも飲んでいません。湯飲み茶碗も片付けてしまいました」

「しかし、PTAは花かごを出すのに、学校からは花もないのはねえ……。いくら家族葬とはいえ、親戚への手前、肩身が狭くならないかな？」

「校長先生はおやさしいのですね。でも、岩崎先生がそう望まれたのですから、こればかりは仕方がないと思います」

「まあ、それは仕方ありませんが」

「近頃私の周りでも家族葬にする方が増えています。本人も勤務先の人も、そのほうが楽なのではないでしょうか」

校長は確かにその通りかもしれないと思った。昔から学校関係と警察関係の葬儀は立派だと言われる。校長が若い頃は、どこの葬儀にも大勢の弔問客が詰めかけ、通夜でよく酒を酌み交わしたものだ。

特におやじさん（西郷恭史郎元校長会長）のご母堂の葬儀は大々的なものだった。当時おやじさんは名門小学校の校長だった。菩提寺の室内に収まりきれない弔問客は、庭のテントの中でお清めの酒を飲んだ。若い鈴木校長も、ほかの教員と一緒に弔問客の接待に当たった。

弔問客が帰ったあと、おやじさんは教職員一人ひとりに酒を注いで回った。

「みんな遅くまでありがとうな。おふくろもきっと草葉の陰で喜んでるよ」

気丈なおやじさんの目に、きらりと光るものがあった。その顔を忘れない。

鈴木校長は思案した挙句、結局ポケットマネーで花かごを出すことにした。

鈴木校長はその後、親和会の入会資格や慶弔規程、お茶代の負担等について、非常勤教員が増加した現状に合うように修正した。

間もなく2月。教育委員会の岩田秀次指導課長から、板橋教頭が校長に任用される見通しであり、その後任人事について至急相談したいという電話があった。

50. 期待と不安が渦巻く人事異動

豆まきよりも恵方巻き？

　日差しが強くなってきた。明日は節分。鈴木五郎校長が子供たちに聞くと、「節分は恵方巻きを食べる日」と答える。近頃はヒイラギとイワシを門口に挿す風習はもちろん、豆まきさえ経験したことのない子供も多い。

　だから鈴木校長は毎年この時季の校長講話で「節分」と「立春」を取り上げる。折々の歳時記を話すことは、感性豊かな子供を育てるために大切だと考えている。

　かつては小学校でも豆まきを大切にしていた。鈴木校長が若い頃は、毎年2月3日の朝に「全校豆まき集会」を開いた。教師たちが鬼の面をかぶって立つ。子供たちは小袋に入れた豆を「鬼は外！」のかけ声とともに投げつける。校庭中が大騒ぎだ。集会後は全員で豆を集める。中には拾って食べてしまう猛者もいる。それを見つけて「腹を壊すぞ」と笑いながら注意する。牧歌的ないい時代だったと思う。

　今は豆まき集会やひな祭り集会、鯉のぼり集会も七夕集会も廃止された。行事の精選とか予算の削減とかが理由だ。もっともらしい理由ではあるが、鈴木校長は納得していない。最近は四季の行事を行なえない家庭も少なくないのだから、学校でいくらかでもカバーしてあげたいと思う。

　幸い、地域の幼稚園、保育所、学童クラブでは四季の行事を大切にしている。地域との連携協議会の席上の話題で、ある程度は理解している。しかし、一般の教職員にその情報は届かない。

年末年始も頭から離れない

　この時期、A市教育委員会の岩田秀次指導課長は、人事異動の総仕上げで忙しい日々を送っている。今日の午前中も各自治体の指導課長の集まる会合に、人事係長、人事担当主任主事とともに出かけた。毎回、県の人事担当者から厳しい現状が伝えられる。今回も次のような話があった。

○中堅世代が極めて少ないために主任候補者の配置は限られている

○今回も多めの初任者を配置する予定である。一つの学校に3名程度の初任者が赴任する可能性もある

○管理職として任用する者の後補充も同等の力を持つ人材の配置はかなり厳しい

○各市に交流人事用の管理職名の提出を呼びかけているが、まだ出し渋っている
　市がある。そういう市には、今後強い姿勢で臨む

○県全体で小学校の管理職候補の数が不足気味なので、中学校から小学校への異
　動もある

○本県では、これまで再任用校長の採用は限定的であったが、最後の調整でその
　枠を広げる可能性もある

○通勤時間については、最大1時間30分程度を原則としつつその減少を目指して
　いるが、人事案件の逼迫があり、必ずしも改善できない

○産休育休の代替講師は県全体で大幅に不足している。各市でも独自に確保して
　ほしい

○各市からの個別的な案件については、それぞれの担当管理主事と連携を図って
　ほしい

　県の人事担当者はいつも厳しい現実を訴え、お願いばかりする。どの市でも有
能な人材が欲しい。力不足の教員は採用したくない。ましていわく付きの教員の
転入は食い止めたい。

　県の人事担当者が日夜大変な努力をしていることを岩田指導課長はよくわかっ
ているつもりだ。先日も深夜寝床に入ってから、県の担当管理主事が相談の電話
をかけてきた。年末年始も同様だった。

　しかし、教育委員会の一員として岩田指導課長も、昨秋から各校長との人事ヒ
アリングで各学校の要望をたびたび聞いている。学校は学校で超過勤務に耐えて
ギリギリのところで踏ん張っている。それを側面から支えてやりたい。自分だっ
てつい先年まで校長だったのだからその苦労はよくわかる。

　岩田指導課長は小中学校長会、幼稚園長会、事務主事会、栄養士会、市議会議
員、職員団体、PTA連合会等からいい教師を派遣してほしいという要望を受け
ている。

人事行政の逼迫は予測されていた

　岩田指導課長は思う。なんでこんなに人事行政が逼迫するようになったのか。
自分が指導主事になった2000年代の前半、当時の指導課長も今後の厳しい時代
を予測して、警鐘を発していたものだ。

　1990年代頃からの教育現場への過度の期待の反作用がいずれ出現する。今か

らでも手を打って、その反作用を減少させなければいけない。当時の指導課長は
次の予測をしていた。

○学校の「聖性」の低下

○管理職の権威の失墜

○ミドルリーダーの不足

○教員採用倍率の低下

○初任者教員の大量配置と指導力不足教員の増加

○産休育休代替教員の不足

○メンタルヘルスによる休職の増加

○親の介護のための早期退職

　まさに、自分の上司の予測した通りの現実がある。これまでに給与等の処遇や
働き方改革などは、ある程度着手してきた。しかし現実は、はるかに深刻である。

　いよいよ来週には、他市からＡ市に転入する人事カードが配付される。各校
長からの有望な人材情報は集約してある。相手先の校長と連絡を密にして、円滑
な異動ができるように動いている校長も少なくない。

　そのような人材は、県の人事担当者に何度も伝えてある。それらのカードのう
ち何割程度がＡ市に来るか。指導課長1年目の年は散々だったが、昨年度はある
程度盛り返すことができた。3年目の今年はどうなるか、期待と不安の日を過ごす。

　鈴木校長はこの日の放課後、板橋俊彦教頭と当面の予定について打ち合わせを
していた。板橋教頭は今年54歳。教頭になって8年目のベテランだ。第二柳沼小
学校の勤務も3年目になる。今年何としても校長に昇進させたい。

　55歳の鈴木校長とは1歳違い。かつてはＡ市教頭会で一緒に仕事をした仲だ。
最近になっていい仕事をするようになった。

　──校長室の電話が鳴った。岩田指導課長からだ。

　「板橋教頭先生の件で、至急相談したいことがあります。明日にでも指導課に
おいで頂けますか？」

　鈴木校長は、何かしら不安を覚えた。

51. 人事構想を思い描いても

教頭を校長へ昇任させたい

　バレンタインデーが過ぎた。そろそろ次年度の準備に取りかかる。

　教育課程の編成については、42歳の蔵前拓也教務主幹を中心に着々と作業が進んでいる。板橋俊彦教頭も的確なアドバイスを送る。二人三脚でぬかりなく進行しているようで、教務主幹経験の少ない鈴木五郎校長にとっては、実に頼もしく感じられる。

　先日は、A市教育委員会の岩田秀次指導課長から呼び出しの電話があった。板橋教頭についての相談とのことだった。

　板橋教頭は、長く校長選考に不合格が続いていた。鈴木校長が赴任した頃は、昇任がかなわず失意の日々を過ごしていた。ときには投げやりな態度も見られ、その対応に校長は苦慮していた。

　そんな話をおやじさん（元上司の西郷恭史郎元校長会長）に相談した。おやじさんの助言を受け、板橋教頭を温かく見守るとともに、校長選考合格をサポートするため、一緒に汗をかこうと決意を新たにした。そうした後ろ盾もあって、板橋教頭は見事に蘇る。今や教職員や保護者、地域からの人望は篤い。校長会や教育委員会での評価も高くなった。

　鈴木校長は、今年、第二柳沼小学校からA市内の小学校の校長へ昇任させたいと考えている。そのことは、これまでのヒアリングで、岩田指導課長や人事係長に何度も念を押してきた。

悪い予感が当たる

　教育委員会の指導課へ行く道程は、いつも足が重い。先日も、図工の横山長助教諭の体罰疑惑や、茶髪ロッカー乙崎健斗教諭のUSB紛失事案で出かけたばかりだ。

　会議室に案内され、岩田指導課長と人事係長が着席を促す。人事係長が口火を切る。「板橋教頭先生の校長昇任の件ですが、おそらく、4月1日付で発令されると思います。しかし、まだここだけの話にしておいてください。いずれ正式な内示がありますので」

　鈴木校長は満面の笑みを浮かべた。板橋教頭もようやく校長に昇任できる。二

人で苦労した甲斐があった。一呼吸置いてから、岩田指導課長が話を続ける。

「板橋教頭の校長選考合格は、ご本人の努力もあったかと思いますが、校長先生のご指導の賜物であると私たちは考えています」

「いやいや、それは恐縮です」

「それで、赴任先なのですが……。校長先生にはＡ市内に置いてほしいとのご要望があることは私どももよく承知しておりますが」

岩田指導課長の口調が急に重くなった。鈴木校長は、呼び出しの電話を受けたときの悪い予感が当たったと思った。

「実は、Ａ市内での昇任ではなく、他市での昇任でお願いしたいのです」

「それは困ります。板橋教頭は、長年Ａ市で努力してきましたし、市内の校長先生方もみんなそう願っています」

岩田指導課長が苦りきった声で続ける。

「私どもも当初から、板橋教頭をＡ市で昇任させるつもりで人事配置案を作成してまいりました。しかしながら、県教育委員会の人事担当者に、Ａ市から他市への交流人事の候補者が少ないことを指摘されました。そして、板橋教頭の昇任は、他市でなら４月１日に発令できるが、Ａ市に留め置くなら、それは難しいということなのです」

指導係長が言葉を重ねる。

「県全体で人事交流を活発化させるという基本方針がありまして、以前の校長会でもご説明した通り、こうした件について県からの指示に反対することはできません」

岩田指導課長が頭を下げる。

「本来ならば、人事案件を事前にお話しするのは控えるべきなのですが、校長先生は、校長会の管理職養成のお仕事を熱心にお務め頂いた方なので、早めにお伝えするのが筋だと考えた次第です。誠に申し訳ありませんが、どうかご理解ください」

人材確保は死活問題

鈴木校長は、肩を落とし、教育委員会を後にした。こんなときは、おやじさんに話を聞いてもらいたい。が、人事案件だ。いくらおやじさんでも、まだ話すわけにはいかない。帰宅して、芋焼酎「魔王」のロックで頭を冷やす。おやじさんなら、何と言って励ましてくれるだろうか？

「五郎さん、きっと板橋教頭は他市に異動することを、そんなに嫌がらないと思うぜ。人間、住めば都だ、すぐに慣れるさ。まあ、人のことでがっくりするのが五郎さんのいいところだが、くよくよすることはない。校長にしてやったんだ、胸を張ればいいさ」

そんなことを思いながら眠りについた。

鈴木校長は、翌日改めて、次年度の人事構想のために教育委員会のヒアリングで依頼した事項を点検した。

〇板橋教頭のＡ市内での校長昇任

〇後任は、教頭2校目で中堅の者をＡ市内から

〇本年度2名の初任者の配置があったので、初任者は遠慮したい。特にニューヨーク帰りのバイリンガル初任者を受け入れたので、それを加味して頂きたい

〇図工の横山教諭は、中学校勤務に戻させたい

〇青山淑子教諭は、本校7年目で異動の時期だが、5年担任であることを踏まえ、あと1年間引き留めたい

〇音楽の岩崎フキ教諭は60歳で再任用。本校は10年目になるので、他校へ転出させたい

鈴木校長が赴任して以来、第二柳沼小学校は、ぎりぎりのところで何とか持ちこたえてやってきている。ある程度の人材がそろっていなければ学校はもたない。しかし、それはどこも同じ。人事異動は、各学校の校長にとって最大の関心事だ。

2月下旬に向かって、人事もいよいよ大詰めになった。岩田指導課長は、人事係長、主任主事とともに県教育委員会の異動説明会に出かけた。会合の最後にＡ市に転入する人事カード入りの封筒が配られた。係長と主任主事が、早速それを点検する。

「課長、要望したカードが半分もありませんよ」

「えっ？　よく確認して」

「いや、何度見ても同じです。あれっ、なんだろう、このカードは？　こんな教員がＡ市に転入するの？　えっ？　どこの学校に配属できるの？」

さすがの岩田指導課長も目を丸くした。

52. いよいよ人事カード配付の日

年度末の教育委員会

　3月になった。A市教育委員会の岩田秀次指導課長は、人事異動作業と市議会第一定例会の準備で忙しい。3日から市議会予算委員会が始まる。A市では、教育費についての質疑は、朝10時から午後5時まで、昼食休憩を挟んで1日かけて行なわれる。

　各議員の持ち時間は20分間。その時間内であれば、どのような内容でも質問できる。教育費については、指導課長の出番が圧倒的に多く、庶務課、学務課、生涯学習課、図書館などへの質問はほとんどない。その分、指導課の関連事項が多いのである。

　例えば、いじめ、不登校対策、特別支援教育の推進、教員の体罰、ICT活用、体力不足、読解力の低下、小学校での英語活動、A市の学力向上策、指導力不足教員、GIGAスクール構想、新学習指導要領、学校事故、LGBTQ教育、子供のスマホ使用、防災教育……といった具合だ。

　議員は新聞報道などで関心のある事項を質問する。予算委員会の想定問答資料作りで、指導主事たちは深夜まで準備に追われる。土曜日、日曜日も出勤する。

　岩田指導課長は、指導主事たちに準備の助言を与えつつ、事務係と人事作業の詰めに当たっていた。

処分歴のある音楽教諭

　先日、県教育委員会の人事担当から配られた第一次の人事カード。各校長からの要望を基にして、県教育委員会へ強く伝えたのだが、半分ほど他地区へ回ったようだ。いい人材については、どの市も鵜の目鷹の目で探している。一人の教員に対して、いくつかの市が奪い合いになることも珍しくない。

　Aランクのカードは一握りで、後は大量の一般的なカードが回ってくる。その中に、処分歴があり、今でも県教育委員会と係争中の教員の氏名があった。

　その教員のことは、岩田指導課長も知っている。かつて卒業式の際に国歌斉唱の伴奏を拒否した音楽教諭である。校長の職務命令に従わず、卒業式を混乱させた。

　そのようないくつかの行為で、処分を受け、県教育センター勤務になっていたが、近年現場へ復帰した。処分をめぐる県教育委員会への抗議活動は、支援団体

からの動員もあって激しかった。

　Ａ市教育委員会の人事係長が相談に来た。人事係長は、岩田指導課長より年長で人事行政のベテランだ。

　「課長、予特（予算特別委員会）前のお忙しいときにすみません。例の音楽教諭なんですが、配置先は三つしかありません。一つ目はＡ市の教育センター。二つ目は、今年音楽教諭の異動のある第二柳沼小学校。そして三つ目は本町小学校です」

　「正式に回ってきた人事カードをＡ市の教育センター勤務にするわけにはいかないですね」

　「となると学校への配置ですが、本町小は金管バンドの名門校。後任の音楽担当も金管バンドを指導できる教員でなければ地域やＯＢも納得しないでしょう」

　「となると、第二柳沼小になりますか」

　「第二柳沼小学校の鈴木校長は、音楽の後任は新卒では困ると言っていました。この音楽教諭は、思想的な行動を除いては指導力量も、そこそこあると聞いています」

　「第二柳沼小の音楽教諭は確かベテランの再任用教諭でしたね。その後任なら、新卒教員よりいいかもしれませんね」

要望したカードはゼロ

　３月初旬の金曜日。鈴木五郎校長は、人事カードが配付される臨時校長会に臨んだ。議題は人事関係だけなので、ひな壇に教育長や各課の課長の姿は見えない。岩田指導課長と人事係長、人事主任主事、人事係員が着席しているだけだ。

　冒頭、岩田指導課長から、次年度の人事の説明があった。

　なるべく各校長の意向を尊重しようとしたが、要望した人事カードの半分は他市へ回ってしまった。これは、Ａ市だけではなく、他市も同様である。また、初任者は今年度も大量に採用しなければならない。採用倍率の低下で、指導力不足の初任者も交じる可能性が高い。ぜひ、各学校で育てて頂きたい。なお、昇任した教員の後補充もできるだけの配慮をしたが、必ずしも同等の力量があるとは限らない。これも校長先生方のお力で管理職として育てて頂きたい――という内容である。

　「要望ばかりで恐縮ですが、くれぐれもよろしくお願いいたします。私はこの後、市議会出席のために退席しますので、何か質問があれば人事係長にお尋ねく

ださい」

　鈴木校長の周りからため息が漏れた。口々に「今年もいい教員は期待しないほうがいいな」「俺の依頼した教員は必ず来ると確信しているのだがな」とつぶやく。

　人事担当の主任主事が配った封筒を鈴木校長はもどかしく開封した。1枚ずつカードをめくり、ざっと点検する。自分の要望したカードはなかった。そして最後の1枚が、岩崎フキ教諭の後任の音楽教諭だ。58歳のベテランで、他市からの転入か。新卒でなくてよかった。だが、校長は、裏面にある前の所属長のコメント欄に首を傾げる。県の教育センター勤務って何？　処分歴って何？　そもそもこの教員はどんな人？

　人事係長に質問しようと思ったが、すでに人だかりができている。後で問い合わせることにして、鈴木校長は学校に戻った。

　学校で鈴木校長は再度人事カードをめくった。音楽教員を除けば、まあ、可もなく不可もなくといったところか。

　さて、音楽教員の情報を集めなければいけない。岩崎教諭なら何か知っているかもしれない。いや待てよ、岩崎教諭は口が軽い。やはり板橋俊彦教頭に相談しよう。

　校長から渡された人事カードを見て、教頭は小さく「あっ」と声を上げた。

　「知ってます、この人。私が県の教育センターの指導員をしていたとき、人事研修を受けに来ていました。いつも担当課長と国旗国歌問題について議論していましたよ」

　校長は、やれやれと頭を抱えた。すぐに人事係長に電話をしたが、県教育委員会へ出かけていて留守とのことだった。

【column】

　校長は、次年度の人事計画について、学校設置者の教育委員会と打ち合わせを行なう。どの校長も、いい人事カード（人材）が欲しい。一定の学級経営や教科経営の力量があり、各主任を経験しているミドルリーダーを望む。

　ときには他校の校長に連絡を取り、転出希望の人材を事項に招聘しようと根回しする。相手校の校長、本人、相手校の教育委員会、受け入れ側の教育委員会が、皆、了解した人事カード。それでも、自分の学校に回ってこないで、ほかの市に回ってしまうケースも少なくない。

　市教育委員会としても、いい人事カードを各学校に回したいと努力する。しかし、県教育委員会からは、いい人事カードは限られているので、めったに回すことはできないと言われてしまう。そればかりか、問題のある人事カードを回されることもある。

53. 大過なく学校経営ができた幸福

感動的な卒業式の式辞

　まもなく卒業式。鈴木五郎校長は、そろそろ式辞の準備を始めようとしている。音楽室からは式歌も聞こえる。明後日から自分も参加して合同練習を始める。昨年の卒業式は、やや上がり気味になり、式辞は棒読みになった。

　今思えば、おやじさん（西郷恭史郎元校長会長）の式辞は感動的だった。原稿を見ずに、心の底から卒業生に呼びかけていた。その場にいた誰もが感銘を受けていた。

　おやじさんは卒業式の日の早朝、誰もいない体育館で原稿を見ながら練習をしていたっけ。一度だけその様子を見かけたことがある。何度も練習して原稿を頭に入れてから、本番に臨んでいたことをそのとき初めて知った。おやじさんでさえそこまで努力するのだ。一歩でも近付きたい。

頼もしい新教頭が着任予定

　人事異動作業は終始あたふたとしていたが、ここに来てようやく落ち着いた。懸案の音楽教諭についても、岩田指導課長や人事係長と今後の対応方針を確認して、何とかやっていけそうなので安堵した。

　うれしいのは、板橋俊彦教頭の後任として、本町小学校からエース級の教頭を迎える運びになったことだ。岩田指導課長が、板橋教頭を他市へ転出させる代償として配慮してくれた。ただ、おそらく近いうちに若くして校長に昇進するであろう。一緒に仕事をできる時間は長くないが、何より自分の補佐をうまくやってくれそうだ。

　思えば、3年前、第二柳沼小学校へ着任したときは、板橋教頭の投げやりな態度にはずいぶんと困惑したものだ。管理職経験は板橋教頭のほうが長かったので、遠慮して、強い指導ができなかった。そのことで学校運営がギクシャクした。その後、教頭は成長し、自分の補佐としていい仕事をしてくれたが、それまでに時間がかかった。

　今度来る教頭は初めから即戦力として自分を助けてくれるだろう。転入する音楽教諭の対応も協力してやっていけそうだ。

みんなそれなりに成長した

　校内体制も、42歳の蔵前拓也教務主幹を中心にまとまり、青木淑子教諭が5年学年主任として学校の推進役となってくれる。

　蔵前教諭は、次年度、管理職選考に合格させたい。きっとＡ市を支えてくれる人材だ。忙しい毎日でも後輩の指導をしてくれている。教職大学院派遣時代の恩師、陣内一平教授のもとに今でも定期的に通っているようだ。陣内教授は、何か困り事があれば、的確なアドバイスをしてくれる。ありがたいことだ。

　遠藤翼体育主任も、通知表改訂委員長の仕事を通して大きく成長した。まだ軽薄なところは残るが、3年目となる新村蓮教諭のよき兄貴分として後輩の指導に当たっている。

　遠藤教諭と"できちゃった婚"をした旧姓目黒雪子教諭は、産休育休を終えて、他市の小学校への異動が決まった。居住地から近い場所なので若夫婦もほっとしたようだ。また、遠藤、新村の2名の活躍で、Ａ市のバレーボール大会では好成績を収めた。校長の自分も久しぶりに燃えて、先発メンバーとして大会に出場した。

　遠藤教諭には、次年度実績を積ませて、近いうちに県の教育センターで研修を受講させたい。自分もこの研修を経験したことで、後年、Ａ市体育部のミドルリーダーとして仕事をするようになった。

　41歳の斉藤久美子養護教諭は、保健主任として、そして校内のミドルリーダーとしても成長した。Ａ市の養護教諭部会での活躍も目覚ましい。確か、教職大学院への派遣を希望していた。1年間学校を留守にされるのは痛いが、本人の飛躍のためには仕方がない。相談があったら快く認めてやろう。

　ミニスカバイリンガルの横須賀ミキと茶髪ロッカーの乙崎健斗の初任者2名は、いくつか小さな危機はあったものの、無事1年を終えようとしている。両名とも1年前の初面接ではその姿に度肝を抜かれ、先行きを心配したものだった。

　来年度は初任者研修もないし、校内の仕事も担当させられる。横須賀教諭には外国語活動、乙崎教諭にはICTを担当してもらい、存分に力を発揮させたい。

　幸い、トラブルメーカーの横山長助図工教諭と、自己中心的な岩崎フキ音楽教諭は今年度で転出する。横山教諭の後任は、産休明けの中堅女性教諭に決まった。音楽の後任は気になるところだが、職員室の空気も少しは変わるだろう。何より新教頭のリーダーシップが心強い。

感謝でいっぱい

　PTAは、会社員の田中誠司会長が末っ子の卒業で退任する。後任の会長には、上條みどり副会長が選出される予定だ。上條次期会長の義父は、A市商工会議所副会頭の上條彦一郎氏。今度の改選で会頭になると聞いている。

　副会長は、二階堂浩介連合町会長ジュニアの二階堂高浩副会長がそのまま残留するだろう。上條新会長とうまくやってくれればよいが……。

　同窓会は、太田黒徹夫市議会議員が、引き続き会長に留まるらしい。温厚な植田清三人権擁護委員（周年行事実行委員長）も副会長として残留するとのことである。

　今後も市議会議員選挙をめぐる上條彦一郎氏と二階堂浩介氏、太田黒徹夫氏らの水面下での確執は続くだろう。しかし、おやじさんの言うように、おそらく表面的には何事もなく過ぎていく。

　鈴木五郎校長は、校長3年目を終えようとする今、大過なく学校経営ができたことを心底幸福に思っている。おやじさんや陣内教授、教委の岩田指導課長、田中PTA会長、植田周年行事実行委員長、板橋教頭、蔵前教務主幹、青木学年主任をはじめ多くの人たちの助けがあってこそである。

　校長室から見える校庭は春の息吹だ。校長4年目の新年度がすぐ目の前にある。

【column】

　新米校長は、いくつもの課題に直面し、眠れぬ夜を過ごすことも多い。鈴木五郎校長も、日々新たな課題に直面し翻弄される。それでも、持ち前のフットワークを生かし、困難を乗り越えていく。

　学校には様々な教職員がいて、鈴木五郎校長の経営を助けてくれる。その一方で、足を引っ張るような言動をする教職員もいる。鈴木校長を悩ませる。

　学校の校長はオーケストラの指揮者である。エースのバイオリン、陰で支えるコントラバス、音の外れたピッコロ、つんとすましたハープ指揮者は、それぞれの個性を生かしながら、一つの楽曲を仕上げる。そこに校長の苦労とやりがいがある。

　鈴木五郎校長は、いくつものハードルがあったが、大局的にみれば、「大過なく」乗り超えることができた。特に、困難な場面では、かつての上司である西郷恭史郎元校長会長に相談し、アドバイスをもらった。五郎校長が「おやじさん」と慕う西郷元校長は、平成の大物校長の威厳と包容力を持った人物として描いた。私の理想像でもある。

《解題コラム：鈴木五郎は進化する》

　第2部の「鈴木五郎校長活躍編」では、校長3年目の様子を描いた。3年目ともなると、Ａ市校長会での仕事も多くなる。鈴木五郎校長は、Ａ市校長会の管理職養成研修の担当となる。管理職候補者の減少が続く中で、有能な教頭・校長を育てるために奮闘する。

　先ずは、第二柳沼小学校の板橋俊彦教頭を校長に昇進させたい。板橋教頭は、鈴木五郎校長の一つ歳下。長く教頭生活を送っていて、いささか意欲を低下させている。第1部では、そんな板橋教頭の姿を描いた。鈴木五郎校長は、自分より教頭のキャリアの長い板橋教頭への遠慮もあって、校長選考への指導助言も弱かった。しかし、校長3年目となって、しだいに板橋教頭を育成する姿勢を強めていった。鈴木五郎校長に感化されて、板橋教頭もモチベーションを高めていく。

　「校長の最大の仕事は、次の校長を育てることだ」と言われる。名校長ほど、次の時代の管理職をたくさん育てている。

　ようやく、板橋教頭は校長選考に合格する。しかし、Ａ市から、他の市へ転出することになる。鈴木五郎校長は、岩田秀次指導課長にＡ市残留を要望していたのに、願いがかなわずがっかりする。それは、県に要望していた岩田指導課長も同様だ。このあたりの状況はやや生臭いが、実際の学校現場ではよくありがちなことである。

　第2部では、地域の中の第二柳沼小学校を描いている。第39節では、台風シーズン前の防災計画を取り上げた。大川小学校の津波訴訟判決（2019年10月）は、各学校が、防災体制を一層充実するように求めた。しかし、学校が取組に着手する時期に、新型コロナ感染症に見舞われた。本書では、鈴木五郎校長が実際に学区域を回り、精密な防災体制を作る

様子を描いている。学校としての努力は、地域からも称賛される。

　第41節では、第二柳沼小学校の存立に関わる町の再開発の様子を取り上げた。第二柳沼小学校の学区域にあるマンモス団地が老朽化のためになくなれば、児童数は大幅に落ち込む。そうなれば、将来的には第二柳沼小学校は統廃合の危機にさらされる。しかも、この計画の発表は、大切な周年行事の時期。地域を挙げての周年行事の成功に水を差されることになる。

　気が気ではない鈴木五郎は、またしてもおやじさん（西郷恭史郎元校長会長）に相談する。話を聞いたおやじさんは、悠然として、そのような話は長いスパンで構えるべきだと諭す。やきもきしていた鈴木五郎は、ようやく安堵する。

　第53節は、校長3年目を終えようとする3月の様子。「大過なく学校経営ができた幸福」のタイトルのように、いくつもの課題に取り組み、それを超えてきた自信も芽生えてきた。

　42歳の蔵前拓也教務主幹も、陣内教授の薫陶を受けながらさらに成長しつつある。今回は、管理職選考合格とはならなかったが、来年には昇進させたい。鈴木五郎校長にとっても、自分の部下から管理職の後継者を出すのが夢である。

　また、遠藤翼体育主任や新村蓮教諭も、そろそろミドルリーダーとしての資質や能力を伸ばすようにしたい。そのためには、これまで以上に様々な経験をさせなければならない。さらに、横須賀ミキや乙崎健斗のように、自分が初任者として採用した若手教師たちが一本立ちできるような指導助言も必要だ。

　第2部を通して、鈴木五郎校長は人材育成の姿勢を強く打ち出すようになってきた。3年目になって、ようやく、校長としての大きな使命を自覚するようになってきたのである。相変わらず、困ったときにはおやじさん頼みであるが、少しずつ校長としての風格も出てきた。

鈴木五郎は、校内体制の確立だけでなく、PTAや同窓会、地域との連携、校長会の仕事、A市の体育部長としての役割など、学校外での活動も次第に充実しつつある。校長3年目が終われば、そろそろA市校長会の中堅世代として、ますますA市全体の学校教育の充実のための行動が求められる。

　本書の第1部と第2部は『週間教育資料』（教育公論社）の「向山行雄のドキュメント『学校経営』」として連載したものである。第1部「学校は今日も『有事』だ」は2019年1月21日〜2020年3月16日まで。第2部「学校は『有事』の連続」は2020年4月6日〜2021年3月15日までの連載である。
　第1部は新型コロナ感染前の時期、第2部は感染拡大時期にあたる。第2部では、本来ならコロナ感染期の学校を描くことも考えたのだが、「学校有事」の内容がコロナ感染対策シフトになって、学校が本来持つ〈有事性〉を扱いにくくなるので、あえて取り上げなかった。

　学校は、いつの時代も様々な課題に向き合い、それを乗り超えてきた。
　先の大戦での集団疎開、勤務評定闘争、国旗・国歌問題、学校週5日制、教員免許更新制　学力低下論、東日本大震災などの自然災害、小学校の英語開始、特別支援教育、働き方改革、地域に開かれた教育課程、GIGAスクールなどの時代からの要請。また、いじめ、不登校、体罰、児童虐待、校内暴力、読解力の低下、学力格差、保護者の無理難題要求、管理職志望者の減少、地域連携、国私立中志向の激化、若手教員の増加、教師の授業力の向上、服務規律の徹底、産休育休代替講師の不足、教員採用選考倍率低下などの課題。
　本来、〈有事〉とは、たまに発生する事案である。しかし、現代の学校は、〈有事〉が次から次へと押し寄せてくる。そういう状況で、「チーム鈴木五郎」は奮闘努力している。その姿勢に心からエールを送る。

第3部

変化する社会と
学校の苦悩

第1章　大川小学校津波訴訟と学校教育
——最高裁の求める学校の防災教育

1　衝撃の最高裁判決

(1)　最高裁判決の重み

　公立学校は、国が政治を行なう行政機構の一つである。学校の運営、日々の教育活動は、国が定めた法規に基づいて行なわれる。教員の任命権者や設置者の定める規則や規定なども、国の定めの範囲内で作られる。

　もし、公教育を担う学校設置者や学校の活動に齟齬があれば、保護者や地域住民が批判する。その声が強くなれば係争事案に発展する。いじめや教職員の不祥事など、学校をめぐる裁判は後を絶たない。

　公教育をめぐる係争事案は、下級審の段階で決着するものも少なくない。しかし、ときには、被告と原告の言い分に相応の主張があり、最高裁までもつれ込む事案もある。例えば、旭川で起きた学力テストの反対運動をめぐる訴訟は最高裁まで持ち込まれた。1976年、最高裁は学力テストの背景にある学習指導要領を合憲と判断し、「教育の自由」をめぐる長年の論争に終止符が打たれた。

　国旗・国歌など、学習指導要領に関わる係争事件でも、1976年の最高裁判決の判例が根拠となっている。公教育をつかさどる行政府は、司法判断に基づき教育政策を立案し、教育委員会や学校は、その政策の具現化を担う使命と責任がある。

　司法のトップの最高裁判決は、我が国の国家統治のありように格段の重みを持つ。

(2)　最高裁判決の実際

　東日本大震災で起きた宮城県石巻市立大川小学校津波事故に関わる訴訟。主な争点は、津波到達が予見できたか、新北上大橋付近への避難行動は適切か、裏山への避難はできたかという内容。

　2016年10月26日、仙台地方裁判所は当該教職員の避難行動の問題点を指摘。2018年4月26日、仙台高等裁判所は学校設置者や学校の震災前の対策や体制が不備と指摘。被告側が上告し、訴訟は最高裁の場へと舞台を移した。

　2019年10月10日、最高裁は、仙台高裁判決を認容した判断を示し、大川小学校津波訴訟判決は決着した。最高裁判決文書は、A4判163ページに及ぶ。概して、学校や設置者に厳しい内容となっている。

　以下に3点だけ取り上げる。

その1：「当該学校の設置者から提供される情報等についても、独自の立場からこれを批判的に検討することが要請される場合もあるのであって、本件ハザードマップについては、これが児童生徒の安全に直接かかわるものであるから、独自の立場からその信頼性等について検討することが要請されていたというべきである」（53ページ）

　この内容は、石巻市が専門家を集めて作成したハザードマップを学校が「独自の立場から」検討しなさいというものである。大川小学校は津波の際の避難場所に指定されていた。それは、これまでの分析で津波は来ないという想定に基づいていた。学校の教職員に、ハザードマップを検討する専門的な識見、詳細に検討する時間があるだろうか。

その2：「避難行動の調整に当たって必要なことは、歴史・被災履歴や地形に係る地域住民の知見のうち、合理的な根拠を有するものとそうでないものとを選別する視点である」（58ページ）

　地域住民は、その土地に長く暮らす。長老であれば、これまでにも数々の自然災害にも遭遇してきたであろう。天候や地形、あるいは古来からの伝承などで、危機を回避する「生活の知恵」も形成される。大川小学校のある地区は、海岸から4kmあり、どちらかと言えば「山のなかの集落」と考えられていた。

　判決は、地域住民の知見を合理的なものかどうか学校が判断しろという。大川小学校の教職員も、ほとんどが転入4年未満の者だった。地域に長く住む区長らの「ここに津波は来ない」という意見を合理的かどうか、判断できるものか疑問である。

その3：「釜谷地区（大川小学校の所在地）には津波は来ないという釜谷地区の住民の認識が根拠を欠くものであることを伝え、説得し、その認識を改めさせた上で、在籍児童の避難行動と釜谷地区住民の避難行動が整合的なものとなるよう調整を図るべき義務があったと言うべきである」（58ページ）

　「津波は来ない」という住民の認識は、大震災の後だから言える。避難場所に

指定されている大川小学校は、いわば石巻市の「おすみつき」である。それを、赴任してまだそう長くない教職員らが「根拠がないと説得」できるか。「その認識を改めさせる」ことができるか、至難の業であると考える。

　文科省は、最高裁判決を受けて、2019年12月5日に、「自然災害に対する学校防災体制の強化及び実践的な防災教育の推進について（依頼）」の通知を出した。各学校が防災体制作りに取り組もうとする中で、新型コロナに見舞われた。

　今後の学校体制に大きな影響を及ぼす大川小学校津波訴訟判決をめぐる背景について、見ていきたい。

2　大川小学校訴訟をめぐる動き

(1) 仙台地方裁判所判決

　2016年10月26日、仙台地方裁判所（高宮健二裁判長）は、東日本大震災にともなう学校側の過失を認め、石巻市と宮城県に対して、総額約14億2658万円の支払いを命じる判決を出した。

　これは、児童・教職員84名が犠牲になった津波による事故で、23名の児童遺族が国家賠償法第一条第一項に基づき、学校設置者である石巻市及び教員の給与負担者である宮城県に対して起こした損害賠償請求訴訟についての判決である。

　本判決について、戸部（2017）は、「従来、在学関係に基づく信義則上の安全配慮義務や教育活動から生ずる危険から児童生徒を保護すべき注意義務が認められてきたが、本判決は、学校保健安全法等から児童の安全確保に係る注意義務を導出している。これは、学校保健法から学校保健安全法への改正（平成21年4月1日施行）により、同法26条以下に学校安全の章が創設され、教員の注意義務の根拠がより明確に実定化されたことによるものと考えられる」と指摘する。

　この判決を出した仙台地裁の高宮健二裁判長は、宮城県山元町の自動車学校の教習生等に関わる裁判でも、2015年1月に自動車学校に対して約19億円の賠償を命じる判決を出している。その判決内容から、大川小学校の裁判でも、学校側に対して厳しい指摘をするのではないかと予想されていた。

　大川小学校の裁判では、津波の到来を学校側が予見できたかどうかが争点となった。判決では「遅くとも津波が到達する7分前の午後3時30分ごろまでには、石巻市の広報車による告知で、津波の到来を予見できた。教職員は可能な限り、

津波を回避できる場所に児童を避難させる注意義務があった」と指摘した。

地元メディアの「河北新報」によれば判決要旨は次の通り。[2]

【事実経過】

大川小の教員らは地震直後、児童を校庭へ避難誘導し、保護者らが迎えに来た児童以外の下校を見合わせた。学校は海岸から約4キロ離れ、県の浸水予測では津波は及ばないとされていた。集まってきた地域住民の対応をしながら、ラジオ放送で情報を収集。午後3時半ごろまでに、従来と各段に規模の異なる大きな津波が三陸沿岸に到来し、大津波警報の対象範囲が拡大されたことを認識した。

石巻市の広報車は、遅くとも午後3時半ごろまでに津波が北上川河口付近の松林を越えたことを告げて高台への避難を拡声器で呼び掛け、学校前の県道を通過。教員らはこれを聞いていた。

教員らはこの直後ごろ、大川小から西に約150メートル離れた河川堤防近くの県道と国道の交差点付近に向け、校庭にいた70人余りの児童とともに移動を決め、同35分ごろまでに出発した。大川小には同37分ごろ津波が到来。教職員と児童は歩いている間に津波にのまれ、裏山に逃れた教員1人と児童4人が生き残った以外、全員が死亡した。

【注意義務】

広報車による避難呼び掛けを聞く前は、学校に津波が到来し、児童に具体的な危険が及ぶ事態を教員らが予見可能だったということは困難だ。この段階では県内に津波が襲来するという情報しか得ていない。裏山も土砂災害の危険はあった。

だが、広報車の呼び掛けを聞いた段階では、程なく津波が襲来すると予見、認識できた。地震は経験したことがない規模で、ラジオで伝えられた予想津波高は6～10メートル。大川小の標高は1～1.5メートルしかなく、教員らは遅くともこの時点で、可能な限り津波を回避できる場所に児童を避難させる注意義務を負った。

【結果回避義務】

移動先として目指した交差点付近は標高7メートル余りしかなく、津波到達時にさらに避難する場所がない。現実に大津波到来が予期される中、避難場所として不適当だった。

　一方、裏山は津波から逃れる十分な高さの標高10メートル付近に達する
まで、校庭から百数十メートル移動する必要があったが、原告らの実験では、
移動は徒歩で2分程度、小走りで1分程度だった。斜面の傾斜が20度を上回
る場所はあるが、児童はシイタケ栽培の学習などで登っていた。避難場所と
する支障は認められない。

　被災が回避できる可能性が高い裏山ではなく、交差点付近に移動しようと
した結果、児童らが死亡した。教員らには結果回避義務違反の過失がある。

　戸部は「総じて本判決は、想定外の危険に対する結果責任や抽象的な予見のレ
ベルでの結果回避責任を求めたものではなく、具体的な予見・回避可能性を問題
とする不法行為法のオーソドックスな考え方に立つものといえる」と述べる。[3]

　つまり、戸部によれば、高宮裁判長の下した判決は、今回の想定外の津波襲来
に対する責任を求めたものではないということになる。

(2)　地裁判決をめぐる報道の実際

　判決翌日の新聞各社は、1面トップで同判決を報道した。『内外教育』は、
2016年「10月の新聞」というページで、各社の記事を次のように紹介している。[4]

毎日新聞（27日）「**宮城・大川小判決　命を預かることの重さ**　学校保健安
　全法は、学校防災マニュアルの作成を各学校に義務付け、校長にはマニュ
　アルの周知や訓練の実施など必要な措置を講じるよう定める。だが、防災
　への力の入れ方は自治体や学校によってばらつきがあることが東日本大震
　災で浮き彫りになった」

読売新聞（27日）「**大川小津波判決　学校のミスを断じた高額賠償**　学校に
　いる間、児童は身の安全を教職員に委ねるほかない。だからこそ、教員は
　『児童の安全を確保すべき義務を負う』と判決が指摘したのは、もっとも
　である」

日本経済新聞（27日）「**避難への備え問い直した判決**　確かに、あの津波が
　千年に1度といわれる規模の大災害で、誰も経験したことのないような津
　波が襲ってくることまで予測するのは、難しかっただろう。だが、地震が
　起きた後、10メートルの津波警報が流れていた。判決も指摘したように、
　市の広報車が近くを回って避難を呼び掛けていた。それまでの経験や『想

　定』とかけ離れた事態であっても、現実に起きていることを踏まえ適切に
　判断すべきだったということである」
産経新聞（27日）「**大川小に過失判決　備え徹底への重い警鐘に**　地形の違
　いなどもあり、一概に比較することはできないが、震災時に大津波に襲われ
　た岩手県釜石市では学校にいた小中学生から１人の犠牲者も出さなかった」
朝日新聞（28日）「**大川小判決　この悲劇から学ぶもの**　一連の経緯をふり
　返って思うのは、市側の対応の不実さだ。遺族への説明はあいまいで二転
　三転した。かろうじて助かった教員や児童の聞きとりを録音せず、メモも
　廃棄した。判決で法的責任はないとされたが、不信を深めた」

　このように、新聞各社は仙台地裁の判決を評価し、大川小学校の責任を指弾した。
　テレビのニュース番組でも、同様に大川小学校の責任や石巻市の対応の不備を
指摘する姿勢が目立った。特に遺族側の持つ横断幕が、インパクトを与えた。
「学校・先生を断罪‼　歴史を刻み未来をひらく判決」「勝訴　子供の声が届い
た‼」「（子供の顔写真）先生の言うことを聞いていたのに‼（子供の顔写真）」
などの横断幕がテレビで繰り返し流された。

　子供を失った遺族の気持ちは痛いほどわかる。誰かを悪者にして、その嘆きを
ぶつけたくもなるであろう。しかし、必死で子供を守ろうとした教員も10名が
犠牲になったのである。子供を放って、我先にと逃げた教員は一人もいない。と
もに逃げ、ともに死んだのである。

　その教員に対して、「学校・先生を断罪」と斬り捨てる権限がたとえ遺族であ
ってもあるものだろうか。よしんばあったとしても、事前にその横断幕を用意し
テレビカメラに向ける原告側の行為は、許されるものであろうか。

　各新聞の報道の扱い、そして繰り返されるテレビニュースで、国民の多くは、
「学校が悪い」と一方的に思い込まされた。まさに、我が国の学校教育における
防災体制が不備だと俎上に上げられたのである。

　筆者は、マスコミを挙げての学校バッシングの状況に危機感を抱いた。そして、
冷静な分析をする必要があると考えた。

（3）石巻市の対応

　そもそも、大川小学校の悲劇は、筆者が全国連合小学校長会（以下全連小）会
長の役職中に発生した事故である。筆者は、東日本大震災当時の３月11日（金）、

東京都中央区立泰明小学校長として、教職員とともに学校に宿泊し事故の対応に当たった。そして、震災2日後の3月13日（日）から全連小会長として各種の仕事に着手した。

　同年4月28日、全連小会長として宮城県を訪問し、宮城県小学校長会から被害状況を聴取するとともに、被災地や避難先小学校などを視察した。この視察を基に、全連小としての震災復旧への対策計画や政府への要望などを取りまとめた。

　そして、全連小会長を退任した後、帝京大学教職大学院の教員として、同年7月27日に大学院生を引率して大川小児童への献花と現地視察を実施した。大川小学校の前には高い堤防がめぐらされ、北上川の水面を見ることはできない。したがって、河川に何らかの状況の変化があっても把握できない。

　大川小学校に隣接して急峻な裏山がある。判決にもあるように斜度20度の斜面は、すべりやすい。また、手入れされていないために下草がからまっている。筆者も大学院生も途中まで登ろうとした。しかし、途中でずり落ちそうになりとても登りにくい山だった。

　現地視察したU大学院生は次のようにレポートに述べる[5]。

　「報道では、なぜ山へ避難しなかったのかと当初言われたが、実際の傾斜を見れば登れる山ではなかった。また当時雪も舞っていたし、これだけの津波を予想できなかったのではないか」

　また、M大学院生は次のように述べる。

　「私たちは報道を見て理解するのであるが、誤解してしまうこともある。今回の報道でも、大川小の児童は『なぜ、裏山の崖を登らなかったのか』という報道があった。私たちは、その報道を見ることにより教師が判断を間違えてしまったと思いがちであるが、実際には登れない山であった」

　このように、裏山への避難についても、必ずしも仙台地裁が指摘するようには簡単ではない。したがって、下級審である仙台地裁の判決だけで結審するのは早急すぎるのではないかと危惧していた。

　石巻市は、10月28日に、仙台地裁判決を不服として仙台高裁に控訴する方針を固めた。

　10月29日の読売新聞は、亀山紘石巻市長の談話として「子供の命を守ろうとした教員らのことを考えると、やはり（判決は）受け入れられない。今後の学校

の防災教育にも影響を与える」と伝えた。

　また、宮城県の村井嘉浩知事は「県も代理人と詳細を詰めている。石巻市と足並みをそろえていくことになるだろう」と話した。

　さらに、石巻市議会は、10月30日に、控訴について協議する臨時市議会を開催した。亀山市長は、「教員らが入手できた情報は極めて限られていた。津波を具体的に予見できず、学校にいた児童と地域住民ら100人以上で裏山の斜面を登るのは事実上困難だった。今後の学校防災に重要な影響を与える事情も考慮した」と述べた。

　市議会は約6時間に及ぶ議論を重ね、16対10の賛成で控訴を決定した。わずか3名が、控訴賛成から控訴反対へ回っただけで同数となる僅差の決定であった。

　石巻市の控訴決定の報道は、各新聞社の扱いは極めて小さいものであった。一面トップで報道した仙台地裁の判決と比較してバランスを失していると言わざるを得ない。

　また、控訴に対する原告遺族の抗議を過大に扱うのは、報道の公正さの上で疑義を感じざるを得ない。

3　東日本大震災の被害概況

(1)　全国の被害の概要

　大川小訴訟の分析に当たって、先ず、東日本大震災の概況を記す。

　2011年3月11日（金）午後2時46分、三陸沖を震源とするマグニチュード（M）9.0の地震が発生した。

　2016年2月2日時点で、震災による死者・行方不明者は1万8455人（震災関連死を除く）、建築物の全壊・半壊は40万326戸。津波被害農地21467万ヘクタール。漁船被害28612隻。

　このうち、死者・行方不明、負傷者の都道府県別人数は北から次の通りである。北海道4、青森116、岩手6010、宮城1万4922、秋田11、山形31、福島1993、茨城737、栃木137、群馬43、埼玉45、千葉281、東京都124、神奈川142、新潟3、山梨2、長野1、静岡3、三重1、高知1。

　東京都では7名の死者を出した。そのうち2名は皇居に隣接する九段会館で発生した事故による。発災時刻、筆者は九段会館2階喫茶室にいた。戦前からの由

緒ある建築物で、天井のシャンデリアが大きくゆれ、建物全体が大きく振動した。同じ2階フロアが崩れ、2名の死者と多数の重軽傷者を出した。

　筆者は、九死に一生を得て、急ぎ泰明小学校に戻り、校長として震災の対応に当たった。

　2012年3月11日までの死者の年齢別人数は次の通りである。

0〜 9歳	496体	10〜19歳	419体
20〜29歳	515体	30〜39歳	847体
40〜49歳	1116体	50〜59歳	1883体
60〜69歳	2945体	70〜79歳	3759体
80歳以上	3831体	年齢不詳	392体

　死因の90.6％が津波による溺死である。

(2) 石巻市における被害の状況

　宮城県北部は、三陸海岸のリアス式海岸が続き、女川湾、雄勝湾、追波湾，志津川湾が入り組み、天然の良港となっている。

　石巻市もリアス式海岸の地にあり、宮城県第2の都市として発展している。石巻市は、もともと北上川流域の米を江戸へ運ぶ中継地として栄えた。2005年、石巻市、河南町、河北町（かほくちょう）、雄勝町（おがつちょう）、牡鹿（おしかちょう）、桃生町（ものうちょう）、北上町（きたかみまち）の1市6町が合併し16万人の市が誕生した。

　石巻市では、明治末期以降、北上川の川底を浚渫し防波堤を整備する工事が行なわれた。港湾機能が拡大し、水産加工、製缶、造船業も行なわれるようになり、1928年に仙台―石巻間に鉄道が開通した（現在の仙石線）。

　震災直前のデータ（2010年）では、5万7796世帯で幼稚園15園（1848名）、小学校43校（8959名）、中学校23校（4751名）、高等学校10校（4691名）の各校園・園児児童生徒数である。また、65歳以上の人口は4万3747名で全人口の27.2％を占める。

　東日本大震災は、特に東北地方に甚大な被害をもたらした。この地震により、岩手、宮城、福島の死者数は1万2539名である。その中で、最も死者数が多かったのが宮城県であり、8843名となっている。

　死者数の年齢別分布状況を見ると、岩手県では5〜9歳、10〜14歳の死者の全

体に占める割合が低い。

　それに対して、宮城県ではやや高い⁶⁾。

　3月11日の石巻市の震度は5強から6強。新北上川では、追波湾に押し寄せた津波が北上川を15km遡上した。河口から4km地点にある大川小学校にも甚大な被害をもたらした。

　石巻市では、死者3181名、行方不明者651名が遭難した。これは市内人口の2.4％を占め、東日本大震災における全市町村の中で最大の被害である。また、2万2357棟が全壊、1万1021棟が半壊した。津波による浸水は人口・所帯の約7割、事業所・従業者の9割近くを占め、農業では約21％の田畑が流出・冠水し、市内は壊滅的な被害を受けた。

(3)　大川小学校の被災状況

　大川小学校は、前述した通り河口から4kmの、釜谷という集落にある。海に向かってせり出す山と新北上川の間にある海抜1mの低地に200名ほどの住民が暮らす。大川小学校の学区域は広く、児童は新北上川右岸の尾崎、長面、間垣、針岡、谷地、横川、福地などの集落から通学する。

　大川小学校は、震災当時108名が在籍し、欠席、早退、下校済みの5名と、保護者による引取り済みの27名を除く、76名が学校に残っていた。

　被災者数は次の通りである。

学　年	死　亡	行方不明	生　存	不在等	計
1年	5	0	1	8	14
2年	15	2	0	3	20
3年	17	0	1	2	20
4年	12	1	0	5	18
5年	6	0	2	7	15
6年	15	1	0	5	21
計	70	4	4	30	108
教職員	10	0	1	2	13

　このように、学校に残っていた児童78名のうち70名が死亡し、4名が行方不明である。津波に巻き込まれながら助かったのは4名のみ。生存した児童は、1年生女子1名、3年生男子1名、5年生男子2名である。一方、教職員は11名のう

ち、男子教諭（教務主任）1名が生存し、10名が死亡した。なお、校長は年休を取り不在、もう1名の教員も不在で助かった。

　大川小学校の2階建ての校舎は、最上部まで浸水し、外階段は大きく曲げられた。2011年7月に、筆者が大学院生を引率し、現地視察した際には、2階天井が大きくめくりあがっている校舎を目撃し、津波の破壊力の大きさを実感した。

4　大川小学校事故検証報告書 I

(1)　事故検証委員会の発足

　大川小学校の事故をめぐって、震災後、遺族と学校関係者の間で、様々な議論があった。

　発災後1年半を経て、2012年8月19日に平野博文文科大臣が初めて大川小学校の慰霊に訪れた、そして、石巻市長、石巻市教委に対して、早急に第三者検証機関の発足を要望した。その後、2012年11月3日、文科省は遺族34家族、石巻市教委、宮城県教委、文科省が一堂に会する「四者円卓会議」を開催した。文科省の担当者は前川喜平官房長であった。この会議で第三者委員会設置の段取りや検証の方向性についての協議をした。円卓会議は委員の人選をして、2013年2月7日に「大川小学校事故検証委員会」が発足した。

　検証委員会は、検証委員6人と調査委員4人の合計10人で構成されている。検証委員会は、26回の会合開き、約1年後の2014年2月16日に報告書を取りまとめた。[7)]

　開催実績によれば、遺族との意見交換を3回、遺族からの聞き取りを3回実施している。また、2015年6月15日には、大川小学校裏山現地調査を実施している。

　この間に、108回の聞き取り調査を実施したが、その内訳人数（延べ人数）はつぎの通りである、

児童・教職員遺族　　　　　　　83人
生存児童・教職員　　　　　　　11人
保護者・地域住民等　　　　　　55人
市教委関係者・（元）教職員等　25人
その他、学識者・有識者等　　　22人

(2) 報告書に見る大川小学校の状況

　以下に、事故報告書にある大川小学校の概要を記載する。

　「大川小学校の校舎は1985年4月に使用を開始した。新校舎の全体計画は、既存屋内運動場を有効な動線で連結し、その効率的活用を基本とする」ものと記載されている[8]。

　また、「廊下及び渡り廊下を軸線とした動線計画により授業間の児童の移動をスムースにし、さらにゆとりある空間を多く取り入れる」としている。そして、当時の基準に沿って児童数から建設面積を算出し、敷地の有効利用や児童の動線等を勘案して校舎は2階建てとされた。

　「設計上、地震や火災等の災害時の避難については考慮されており、低学年の1～2年生は別棟にして窓からすぐに校庭に出られる構造となっているほか、体育館側と昇降口側の2方向に避難できるようになっている。しかし、設計時に洪水や津波は全く想定されていなかった。新校舎は、津波の来襲する川・海の方向に開いておらず、校庭側に開口部の多い校舎となっていたが、それは、既存校舎の側を校庭にする関係で、校庭側に向かって開くようにしただけで、洪水や津波を意識して設計されたわけではない」とある。

　筆者が、現地調査をしたときには、円形を基調とした洋風校舎の骨格はとどめているものの、渡り廊下などは倒壊していた。また、1階校舎はもちろん、2階校舎の天井まで大きく損傷していた。

　大川小学校の建つ位置は、海抜が1mから1.5mしかない。しかし、海岸から4km離れていることもあり、津波への備えは想定しにくかったのではないかと推察する。

　また、200mのところにある北上川は、堅牢な堤防が築堤されており、「洪水の被害も想定しにくかった」と記されている。もし、仮に、津波や洪水を想定して、この地に校舎を建設しようとしたら裏山部分を開削して、そこに道路を拓き、高台に建てなければならない。

　そのような校舎は、日常生活の利便性の上からも大きな支障をきたす。また。多額の建設費用がかかり、住民の賛同は得にくい。

(3) 学校近隣の山の状況

　仙台地裁判決では、離接する山への避難を選択すべきだったと指摘する。報告

191

書では、大川小学校の南側の山（裏山）について、各種聞き取りや現地調査の結果から次のようにまとめる。

報告書では、裏山を次の通り区分している[9]。

「斜面Ａ　消防団ポンプ小屋付近から登る斜面……登ることのできる道があったという証言もある一方で、道があることを震災後初めて知ったという住民もいた。委員会現地調査では、斜面森林内部に多数の倒木が見られた。

斜面Ｂ……2003年3月に崖崩れが発生したため、斜面崩壊対策工事が施された。震災前年、当時の3年児童が担任とともに斜面途中の平坦な場所まで登った。当時の担任は『少しすべって大変だった』と証言している。

斜面Ｃ……かつて授業の一環でシイタケ栽培をしてことがある。震災2年前には土地所有者に返還している。

いずれの斜面も100メートルほど入る付近までの平均斜度は20度、最大斜度は30度を超える」

筆者が大学院生たちと登ろうとした斜面Ｃのシイタケ栽培が行なわれていた付近は比較的なだらかで、報告書には「斜面10度程度である」と記載されている。それでも、かなり急であり、足場も悪いので「登れなかった」と感想を話す大学院生が多かった。

(4) 近年災害等における大川小学校の対応

2010年2月、チリ沖地震で宮城県沿岸に大津波警報が発表され、大川小学校に避難所が開設され住民10名程度が避難した。その後、2011年3月9日午前11時45分頃、三陸沖を中心とするマグニチュード7.3の地震が発生し、宮城県沿岸に津波注意報が発表された。大川小学校では、校庭に2次避難し、校庭で20分程度待機した。校舎内外の安全点検、川の状況変化確認後、児童を教室へ戻す。

報告書によれば、「昼食中に職員室の校長、教頭数名の教職員で、北上川の堤防を越えるような津波が来た際には校舎内に避難できないことや、斜面Ａから山へ避難する必要があることなど会話が交わされた。しかし、このことを教職員全員で確認し合うまでには至らなかったという証言がある[10]」。

これが、大震災発生2日前のことである。

これらのことから次の状況が推察される。前年の地震においては、大川小学校避難場所に指定され、実際に住民も避難してきているため、避難した住民や世話

をした教頭などには「大川小学校は、いざというときに避難をしてくる場所＝〈ある程度〉安全な場所」という意識があった。

　また、2日前の地震では、校庭に避難し、川の状況も確認したものの、変化がなかった。だから、今回の大震災においても、「まさかよりもしか」という危機管理意識が生まれづらかったのではないかと推察する。

5　大川小学校事故検証報告書Ⅱ

(1) 大川小学校教職員の防災研修

　報告書によれば、大川小学校教職員の学校防災関連の研修参加状況は次の通りである。[11]

「○2009年5月26日　宮城県平成21年度防災教育指導者養成研修会　1名参加

○2010年1月28日　石巻市学校安全対策研修会　1名参加（教頭）

○2010年5月26日　宮城県平成22年度防災教育指導者養成研修会　1名参加（安全主任）

○2010年8月4日　石巻市小中学校教頭・中堅教諭研修会　3名参加（教頭、教務主任、教諭）

○2010年8月10日　校長定例会「非常災害時の対応について」　1名参加（校長）

○2011年1月20日　石巻市学校安全対策研修会　1名参加（教頭）

○2011年2月15日　避難所開設に伴う調整会議　1名参加（教頭）」

　このように震災前の2年間で7回の防災関係の研修会を実施している。多大な教育課題が山積する中で、これだけの研修会を実施した関係機関、参加した教職員の努力は評価されていいだろう。

　震災当時、大川小学校に勤務していた13人の教職員の勤務年数は次の通りである。

「1年目4人　2年目5人　3年目1人　4年目2人　5年目0人　6年目1人　6年以上0人」

　このように勤務2年目未満の教職員が8名であり6割を占めている。つまり大部分の教職員は大川小学校付近の地域理解が十分でなかったと推察される。また、大川小学校での避難訓練想定は、地震災害、火災、不審者侵入が中心であり、津波の想定はほとんど行なわれていなかった。

　報告書では「津波被害については大多数の人が心配していなかった。その理由として海から遠いこと、過去の津波被害を聞いたことがない。教職員、地域や保護者とも、災害時における大川小学校の安全性については格段に危機感を抱いていたわけでなく、教職員はむしろ避難所となったときの状況について憂慮したと推察される」と述べる[12]。

　学校の教職員は数年を経て定期異動する。したがって、かつてのように同一校に長年勤務し、地域と深い関わりを持つ旧職員はほとんどいないのが近年の実態であろう。それは大川小学校も例外ではない。むしろ大川小学校は、勤務年限の短い教職員ばかりである。また、地震や火災、不審者への対応はしつつも、津波による被害は想定していなかった。

　石巻市公立小中学校64校の防災計画・災害対応マニュアル等で「津波」の記述があるのは大川小学校を含めて約半数である。また、津波の三次避難場所を記載しているのは大川小学校を含めて17校。大川小学校では、その場所を「近隣の空き地・公園等」と記載している[13]。

　こうして見てくると、震災前までの大川小学校の危機管理に瑕疵があったとは言えない。このような状況を踏まえて、大川小学校の教職員の当日の行動を検討する必要がある。

(2)　津波の来襲状況

　報告書によれば「震災当時の大川小学校の気温は1.9度からしだいに低下し、付近の河川監視カメラには若干の降雪が記録されているが、積もるほどの雪ではなかった[14]」。それでも、裏山の崖を登ろうとすれば、地面が濡れてすべり危険性があったであろう。

　報告書では、津波の来襲状況を次のように記載する[15]。

> 　北上川の河口付近へ到達した津波は、北上川の堤防の陸側を主として陸上を遡上した津波と、北上川の河道を遡上して新北上大橋直下の右岸から越流した津波の、大きく2つに分けられる。
>
> 　（中略）
>
> 　釜谷地区に来襲した津波の挙動は、次のようなものであったとみなせる。
>
> 　北上川の河口付近へ到達した津波のうち、河川を遡上した津波は、堤防を越える高さまで到達し、新北上大橋に樹木等が滞留した堰効果とあいまって、

堤防を越流して釜谷地区に来襲した。地域住民等の多くは、この越流を目撃して避難を開始しており、越流津波は人々に強い恐怖感・切迫感を抱かせるものであるとともに、堤防近くの家屋等を損壊させる程度の威力を持っていた。

河川を遡上した津波が堤防を越流した数分後、陸上を遡上した津波が釜谷地区の中心部付近に到達した。この津波の高さは数メートル、水量は膨大なもので、到達直前には突風をもたらし、大きな衝撃音とともに建ち並ぶ家屋を次々と破壊する威力を持っていた。大川小学校の校舎における津波痕跡は（平均海面から）約10mであり、屋根まで全てが水没したわけでないものの、校舎内で安全に避難できる場所はなかった。大川小学校にあった時計は、この津波の浸水により停止した。

大川小学校の児童・教職員をはじめ、同校付近で犠牲になった人々は、北上川の堤防を越流した津波と、その後に陸上を遡上して来襲した津波の両方に巻き込まれて被災した。

報告書によれば、大川小学校に残されていた時計は3個あり、それぞれ、15時38分53秒、15時37分46秒、15時36分40秒で停止している。前述した、新北上川大橋への津波到達時刻は15時26分（立ち上がり時刻）から15時32分（ピーク到達時刻）である。

筆者も大川小学校の現地調査の際に、新北上川大橋まで歩いてみた。大川小学校校舎から新北上川大橋まではやや上り道になり、徒歩5分程度の道のりであった。地震の際には、新北上川大橋で立ち上がった津波が、4分〜10分程度で大川小学校の時計を停止させるほどの大きな衝撃を与えたことがわかる。

(3) 釜谷地区の被害状況

大川小学校の所在する釜谷地区で被災した住民等について、聴き取り等から得られた情報から次のようにまとめている。なお、このデータは、一定の不確実性があるとしている。[16]

	住　民	在勤者	来訪者	合　計
死　者	175	2	4	181
生存者	34	6	11	51
計	209	8	15	232

　釜谷地区では、8割近くの人々が死亡したことがわかる。当日の大川小学校周辺において、生存した住民等は20％強にすぎなかった。それだけ、津波は突然、この地区に来襲したのである。

　つまり、大川小学校の児童たちだけが、「教師の誤った判断で」犠牲になったのではなく、釜谷地区全体が、津波に襲われて大きな被害を受けたということを確認しておく必要がある。

(4)　大川小学校付近での津波情報のようす

　前述したが、本裁判の争点は次の3点である。
①津波到達の予見可能性
　　○遺族側の主張……防災無線や石巻市の広報車、保護者からの情報で津波の襲来を認識できた
　　○市・県の主張……当時得られた情報からは想定を越える津波の襲来は予測できなかった
②震災時の避難行動
　　○遺族側の主張……津波の襲来直前に、新北上大橋付近に向かったのは重大な過失だ
　　○市・県の主張……区長を含む住民と協議し、新北上大橋付近に向かう判断をしたこと自体が過失とは言えない
③結果回避義務違反の有無
　　○遺族側の主張……裏山への避難等、被災を回避する手段は十分にあった
　　○市・県の主張……津波を予見してから襲来までの間に安全な場所へ移動することは困難だった

　この争点を検証するためには、津波の襲来について、教職員が事前にどのような情報を得ていたかを分析する必要がある。

　報告書によれば、「校庭への避難を終えた頃に、防災行政無線を通じて『大津波警報発令、海岸付近・河川堤防に近づかないように』」という情報を、教職員は聞くことができたものと推定される。ただし、この放送では、津波到達予想時刻（15時）や予想津波高（当初6m）の情報は含まれていない。

　しかし、迎えに来た複数の保護者や地域住民からは、当初の予想津波高（6m）等を伝える情報がもたらされていたと推定される。また、教職員は何らかの手段

でラジオからの災害情報を入手していた可能性がある。

　一方、大津波警報の予想津波高（6m）が10mに変更されたのは15時14分である。この情報が初めにラジオ放送されたのは15時21分（FM放送）か15時32分（AM放送）であり、教職員は、この時刻まではラジオ放送からは10mの津波の来襲は予見できなかった。

　大川小学校付近を通る消防車や河北総合支所の公用車が広報していたが、地域住民は広報内容を聴き取れなかったとしていることから、教職員にも広報内容は伝達されていなかったと推定される[17]」

(5) 教職員の津波に関する危機感

　報告書は、「少なくとも15時15分〜20分頃までは、地域住民・保護者はもとより、教職員においても、大川小学校付近まで津波危険が及ぶ可能性を具体的に想定し、切迫した避難の必要性を認識していた者は、多くはなかったものと推定される。それよりも、教職員の意識の中では、校舎内から児童の上着を持ち出したり焚き火の準備をするなどの寒さ対策、余震が継続する中でのガラス散乱や落下物などの建物危険、地域住民が避難してくる中での避難所対応などが、大きな課題となっていた可能性がある」と述べる[18]。

　ラジオ等や児童を受け取りに来た保護者等から様々な情報がもたらされた。それでも、大川小学校の教職員は、校庭からの避難を決断するまでの危機感を抱くほどにはならなかった。報告書ではその原因を次の4点にまとめている[19]。

　「〇いわゆる「正常性バイアス」により、危険に関する情報を得ながらも、あえてこれを軽視して大丈夫だと思い込もうとする傾向が生じ、明確な根拠に基づかない楽観的思考をするようになったこと。

　〇加えて、動揺する児童や一部保護者を落ち着かせようとするなど、教職員がその役割を果たそうとする中で、無意識のうちに、このような楽観的思考が強まったこと。

　〇また、地域住民が校庭・釜谷交流会館に避難していたことや、児童を引き取りに来た保護者が引き続き学校付近に残っていた（中には教職員の勧めに従って校庭にいた者も含まれていた可能性がある）ことが、この楽観的思考をさらに支える方向に働いたこと。

　〇大川小学校付近は、過去の津波来襲記録がなく、ハザードマップの予想浸水域外で津波災害時の避難所に指定されていること、教職員への防災研修

　　　は必ずしも津波災害が十分に強調されたものとなっていなかったことなど、
　　　各種事前対策が津波に関する危機意識を十分に高めるものとなっていなか
　　　ったこと」

　さらに「15時23分頃、支所職員が来校して体育館を避難所として利用できる
か否か確認したことも、危機感の高まりを抑制する方向に働いた可能性がある」
と指摘する。報告書に記載されている大川小学校の教職員の「危機感」の状況は、
非常に説得力のある内容だと考える。それは東日本大震災当日の筆者及び泰明小
学校の状況からも推察可能である。

　前述したように、東日本大震災の発災時、筆者は皇居近くの九段会館2階にい
た。大きな揺れを感じ、すぐに学校へ戻るために2階階段を駆け下り、たった1
台止まっていたタクシーに乗った。途中、気象庁隣の高層ビル建築現場から急ぎ
避難する作業員を見ながら、十数分で学校に到着した。指揮を執っていた副校長
から、現況の報告を得てから総指揮を引き継いだ。

　泰明小学校の児童の多くは恐怖におびえ、居合わせた保護者の中にも動揺する
者が見られた。教職員はこれをなだめるために落ち着いた対応をしていた。しか
し、教職員の中には不安を隠せない者もいた。

　教職員の大部分はこれらの対応に当たっていて、外部からの情報入手に携われ
るのは校長、副校長、事務主任だけだった。正門付近に旗を立て対策本部とした。
そして、事務主任にすぐにラジオを手元に持って来るように命じた。しかし、ラ
ジオから流れる情報は聞きにくく、ごった返している校庭で正確な情報を入手す
るのは困難だった。また、教職員に指示を与え、その報告を受けたり、保護者の
一部と対応したり、破損箇所を視認したりする中で、落ち着いて情報を確認でき
る状況ではなかった。さらに、銀座地区の防災無線が放送をしているのかどうか
も確認できなかった。

　そういう状況で、東京湾の津波警報や都内交通の概況、校庭下を通る東京メト
ロ丸ノ内線のようすなど限られた情報を確認することで精一杯であった。おそら
く、東北地方から関東地方で陣頭指揮に当たった多くの校長も同様の状況であっ
たろう。

　混乱した状況中でも、泰明小学校の校内には一種の「正常性バイアス」が働い
ており、不安な中にも妙な落ち着きも見られた。

　しばらくして、銀座地区の帰宅困難者が続々と校庭に流入してきた。ここで、

児童も教職員もただならぬ状況にあることを思い知らされる。つまり、学校の外側の混乱を、流入者たちの怯え緊張した表情から察知するのである。後刻わかったことだが、隣接するビルは、泰明小学校に倒れそうなほど揺れ、斜め前にある頑強な帝国ホテルの建物も大きな振幅をしていた。銀座地区の人々は、このような状況の中で、わずかな空き地である泰明小学校の校庭に流入してきたのである。

そのうちに、慌てて駆けつけてくる保護者も正門付近に滞留するようになる。我が子の無事を確認して安堵する保護者も見られる。鉄道や道路の状況、被災状況、震源地のようすなども断片的に伝わってくる。校舎内の安全点検を完了してから、教室への荷物取り、着替え、トイレ、水飲み、人員点呼など、引き取りの準備ができた段階で順次、保護者への引き渡しを開始した。

大川小学校への津波到達時刻は15時36分から38分頃である。泰明小学校の時間経過でいえば、総指揮を副校長から引き継いだ15時20分頃から十数分後に津波が到来したことになる。

当時の泰明小学校の教職員の危機意識は、報告書に記載されている大川小学校の教職員のものとほぼ同様である。危機管理については、これまで校長の最大使命と自負し、実践したという自覚のある筆者でさえも当時の津波に関する危機意識は大川小学校の教職員と大差は無い。

まして、大川小学校は、当日、校長が不在であり、教頭が代行していた。ただでさえ手薄な対策本部は、その機能を十全に果たすことができなかったのではないかと推察する。おそらく、泰明小学校でも筆者が不在だったら、一層の混乱を招いた可能性は否定できない。

(6) 大川小学校の避難行動の意思決定状況

当日の大川小学校の3次避難の意思決定について、報告書は次のように述べる。

「一部教職員が考慮していた山への避難については、地域住民を交えた教職員間の相談の中、比較的早い段階から提案されていたものの、その相談の過程で、後述のような危険性が指摘され、避難先としての安全性が十分に確保できないとの判断が下されたものと考えられる。この結果、その時点では津波に対する危機感を強く感じていなかったこともあいまって、山への避難は行わないという意思決定が成されたものと考えられる。ただし、こうした相談の具体的な内容については、関係者のほとんどが死亡していることから、その詳細を明らかにすることはできなかった[20]」

　また、山への避難を選択せずに、三角地帯へ避難した理由について次のように述べる。

　「○三角地帯は、学校近隣では比較的高い位置にある平坦な土地であり、そこまで津波が来る可能性は学校と比べれば低いと考えられたこと。

　　○山への避難などと比較して、その時点では大きな不安全要素がないと考えられたこと[21]」

　さらに、「堤防上から北上川を遡上する津波を見ようとしていた地域住民がいたことから、北上川の堤防に対する強い信頼感が、この選択に関与した可能性がある[22]」

　そして、大川小学校の教職員の組織的対応について、報告書は次のように述べる。

　「大川小学校の教職員集団が下した意思決定において、避難開始に関する意思決定の時期が遅かったこと、及びその時期の避難であるにもかかわらず避難先として同校より標高は高いものの河川堤防に近い三角地帯を選択したことが、最大の直接的な要因であると結論づけられる[23]」

　さらに、次のように加える。

　「『平成22年度教育計画』に記載されている『大川小学校の災害時初動体制』では、校長・教頭が本部として安否確認・避難誘導班、安全点検・消火班、保護者連絡班などを統括し、情報の収集や、児童・教職員への説明・指示を与えることと定められていた。（中略）震災当日の大川小学校においては、マニュアルに定められた本部としての対応は必ずしも十分に行われなかったものと考えられる。その要因として、当日は本部の役割を担う2名のうち校長が不在であったこと、電話回線の輻輳等により電話が利用できなかったことなど、マニュアルで想定されていない状況があったことが関与したものと考えられる。（中略）教頭をリーダーとして組織的かつ積極的な情報収集と、活発な議論に基づく柔軟かつ迅速な意思決定がなされていれば、もっと早い時点で三次避難が開始されていた可能性があることは否定できない[24]」

　報告書の指摘は、一見妥当性を帯びている。しかし、①教頭をリーダーとする、②組織的かつ積極的な情報収集、③活発な議論、④柔軟かつ迅速な意思決定とい

う行動が、いかに困難なものであるかを吟味しなければならない。

　通常の学校運営体制で校長が不在であれば、教頭がその職務を代行することは、よく見られる光景である。だからといって、非常時に「教頭がリーダーになる」ことは次元の違う問題である。おそらく、多くの学校の教師集団は、非常時における「教頭のリーダー性」については、疑問視するであろう。つまり、教頭という存在に対しては、職務上の上司であることを認めつつも、カリスマ性を伴う非常時の「リーダー性」については、暗黙のうちにも承認するという土壌になってはいないと考えられる。

　もちろん、校長であれば、非常時における「リーダー性」について、教職員も地域住民も、至極当然に承認するであろう。

　次に、少人数の教師集団で、児童を引率しながら「組織的に」情報収集するなど不可能に近い。教頭の指示に基づいて、学級担任外の教職員が、いくつかの行動をとる以外には無い。

　泰明小学校でも、筆者は、学級担任以外の教職員にはかなりの指示を出したが、それは決して「組織的」な行動ではなく、筆者の危機対応についての「まさかよりもしか」という考え方の具現化をしたものだった。筆者のそれまでの21年間の行政や校長体験から蓄積した危機対応力で、その日を乗り切ることができた。

　さらに「活発な議論」である。非常時に、議論などできようはずがない。また、できたとしても、議論などしていたら、児童や保護者に不安感を与えることにもなる。さらに「柔軟かつ迅速な意思決定」も難しい。それは、「教頭のリーダー性」の難しさと一体である。「柔軟で迅速な意思決定」は、強いリーダーのもとで、成員がそのリーダーを信頼するからこそ可能となる。

　繰り返すが、校長不在の中で、大川小学校の教師集団は、精一杯に「よかれ」と思って行動したのである。そこに、想定外の津波が来襲して、甚大な被害を生じてしまったのである。

　なお、報告の記述についても、批判の声もある。例えば、池上・加藤は、次のように述べる。

　「検証委員会は、1月19日の最終報告書案で、事故の原因を『避難の意思決定の時機が遅かったこと』と『避難先として河川堤防に近い三角地帯を選択したこと』と結論づけたが、そんなことは遺族なら誰でも知っていることだ。なぜ、避難が遅れたのかという問題の核心は、ほとんど踏み込んでいない」[25]

6　学校の防災計画

(1) 関係法規の規定

　学校安全を推進する基本的な法律である学校保健安全法は2014年6月に改正された。

　この法律は、元々1958年4月に制定されてから、十数回の改正を経て、今回の改正に至った。

　同法第27条で、「学校安全計画の策定等」について、次のように示している。「学校においては、児童生徒等の安全の確保を図るため、当該学校の施設及び設備の安全点検、児童生徒等に対する通学を含めた学校生活その他の日常生活における安全に関する指導、職員の研修その他学校における安全に関する事項について計画を策定し、これを実施しなければならない」

　なお、同法施行規則第28条において「法第27条の安全点検は、他の法令に基づくもののほか、毎学期1回以上、児童生徒等が通常使用する施設及び設備の異常の有無について系統的に行わなければならない。第27条2　学校においては、必要があるときは、臨時に、安全点検を行うものとする」と述べている。

　このように、同法は、各学校に①安全点検、②安全指導、③安全計画策定を義務づけている。各学校は、この法規に基づいて、教育課程を編成し実施、評価を、改善を行なっている。

　一方、消防法は、学校、病院、工場など多くの人間が生活する施設については、防火管理者を定め、消防計画の作成、避難訓練の実施、消防設備の点検の他に、防火管理上必要な業務を行なわなければならないと規定している。消防署では、学校を含め所轄の施設において、適切な防火管理が行なわれているか視察をする。特に、学校では避難経路となる廊下に置かれた物品（教材ケース、給食ロッカーなど）について指導を受けるケースがある。

　改正された、学校保健安全法においては第30条において、「地域の関係機関等との連携」について次のように規定している。「学校においては、児童生徒等の安全の確保を図るため、児童生徒等の保護者との連携を図るとともに、当該学校が所在する地域の実情に応じて、当該地域を管轄する警察署その他の関係機関、地域の安全を確保するための活動を行う団体その他の関係団体、当該地域の住民その他の関係者との連携を図るよう努めるものとする」

(2) 国による学校の防災体制の整備方針

　話は少しさかのぼる。

　国においては、1995年3月の阪神・淡路大震災後、同年6月に、「学校等の防災体制の充実に関する調査研究協力者会議」を発足させた。同会議は、1995年11月に第一次報告を提出した。

　同報告では、学校等の防災体制の現状として、次のように述べる。

　「学校は、市町村の地域防災計画において避難所として指定されているものが多いが、備蓄倉庫等特別の設備・機能を備えているものはほとんど無い。又、避難所運営の方法、職員の役割分担等についても、必ずしも十分な実践的検討、事前の準備がなされていないのが現状」

　また、阪神・淡路大震災で投げかけられた課題の一つとして「発災時刻（在校時、登下校時、休日等）の児童等の安全確保方策や防災教育の充実の検討が必要」としている。

　筆者の知人であるF元校長（元兵庫県小学校長会長）は、阪神・淡路大震災当時、神戸市のある小学校の教務主任であった。学校に多くの住民が押し寄せてきた。中には暴力団関係者もいて、避難場所の割り振りに苦労した。トイレが詰まり、便器にたまった大便を両手で必死に掻き出したという経験を、筆者に話してくれた。阪神・淡路大震災は、児童生徒が在宅している早朝に発災した。又、津波の被害も無かった。それでも、避難場所の運営を含めて、防災上の様々な課題が残った。

　1997年、東京都教育庁指導部指導企画課指導主事であった筆者は、震災後2年を経て神戸で開催された復興に関わるイベントの視察に派遣された。発災時の状況、避難所運営、復興計画などについての協議で多くのことを学んだ。それは、2011年東日本大震災のとき、全国連合小学校長会長として活動する際の基礎にもなった。

　さて、阪神・淡路大震災の協力者会議第一次報告では、「学校等の防災体制の充実方策」について、次のように述べる。

　「〇児童等の安全確保のための方策

　　学校は、災害時における児童等や教職員の安全確保に万全を期すということが第一の役割であり、学校防災計画や教職員のマニュアルの整備、危険

物管理の徹底が重要

○防災教育の充実

　学校は、日ごろから防災上必要な安全教育及び避難訓練等の徹底を図ることが重要

○災害時における学校等の役割に対応した学校施設等の整備

　児童等の安全の確保と地域住民の一時的な避難所としての役割に応じ、学校の防災機能の強化のため、学校施設について整備を積極的に図っていくことが重要

○災害時における情報連絡体制の充実

　災害時には学校が避難所となることが想定されることから、教育機能の回復等に必要な情報のほか、地域の被災状況、被災者の安否状況等にも対応できる、災害対策本部、教育委員会等との多チャンネルの情報ネットワークが必要

○災害時における教職員の役割、体制の整備

　災害時における教職員の第一義的役割は、児童等の安全確保、校長を中心とした学校教育活動の早期正常化に向けての取組であるが、学校が避難所となる場合、教職員は避難所運営について必要に応じ協力すべき立場となる」

　協力者会議はその後も審議を進め、1996年9月に第二次報告を提出した。この報告では、学校防災に関する計画作成指針、防災教育の充実のための指針児童等の安全確保等のための教職員の対応マニュアル作成指針を示している。

　この報告では、各学校での防災教育のねらいを次のように定めている。

「○災害時における危険を認識し、日常的な備えを行うとともに、状況に応じて的確な判断の下に、自らの安全を確保するための行動ができるようにする

　○災害発生時及び事後に、進んで他の人々や集団、地域の安全に役立つことができるようにする

　○自然災害の発生メカニズムを初めとして、地域の自然環境、災害や防災についての基礎的・基本的事項を理解できるようにする」

　そして、防災教育の重点として次の項目を挙げている。

「○防災教育を効果的に推進するために、各地域に共通する内容と地域の特性や実態に応じて指導する内容とに分けて重点を置くべき内容を検討することが必要

○各学校において、児童等の発達段階に応じて各教科等のそれぞれに応じた
　指導を行うとともに、それらの関連を図り、児童一人一人の災害に適切に
　対応する能力が確実に身に付けられるよう配慮することが必要」

　ここでは、「津波てんでんこ」のように、自らの判断で自らの生命を守る力の
育成を目指している。
　今、読み返しても、この報告書で提言する内容は正鵠を得ており、その後に発
生した自然災害等においても教訓となる内容であった。

(3)　各学校の防災教育の推進

　これらの指針を基に各学校で、防災教育が進められた。
　近年の全国の小学校での防災教育は、全国連合小学校長会の調査によれば、次
のような状況になっている。[26]

質問　あなたの学校では、防災教育に関わる指導において、どのような内容を実施していますか。				
	2013	2014	2015	2016
○より実践的な避難訓練	772	773	780	802
○防災マニュアルの見直し	796	783	732	710
○保護への引き渡し訓練	549	570	627	641
○自治体や消防等の関連機関と連携した取組	512	573	616	619
○教職員への連絡・指示や関係機関への通報等の訓練や研修	653	600	599	579
○外部人材を招いての授業や講演会	427	428	489	481
○保護者の防災意識の啓発	371	410	378	408
○地域との各種合同訓練	252	316	335	310
○児童による安全マップの作成・見直し	287	269	310	300
○6年間の見通した年間指導計画の作成・見直し	108	151	146	161
（複数選択　数字は％　772は77.2％の意味）				

　この調査は、全国連合小学校長会が、全国で約2万校の公立小学校から各県ご
とに4％を抽出して、7月から8月にかけて依頼するものである。毎年度、回答率
は100％に近く、全国47都道府県を対象にしているので、本調査結果は全国の動
向を把握する上で参考になる。
　本調査では、各学校で取り組んでいる内容を複数回答で記入させている。調査

結果を見るとどの項目も一定の回答数を得ており、各学校が防災教育にかなり熱意をもって実施している状況が窺われる。特に「防災マニュアルの見直し」や「より実践的な避難訓練」が上位に来ていることから、東日本大震災の教訓を生かそうとしている姿勢を見ることができる。

(4) 近年の学校安全の推進の議論

　2016年4月、馳浩文科大臣から、「第2次学校安全の推進に関する計画の策定について」の諮問が、中教審になされた。これは、2012年4月に、学校安全法に基づき策定された「学校安全の推進に関する計画」を、さらに更新するものである。

　中教審は、2017年2月3日、同計画の策定について答申した。そこでは、中核教員を中心とした組織的学校安全対策、全教職員の学校安全に関する研修の受講、全学校における教育活動全般を通した安全教育の実施、事故発生の場合の「学校事故対応指針」に基づく調査等、12の項目を施策目標としている。

　文科省としては、3月末までに閣議決定して、2017年度〜2021年度までの5年間を計画期間として推進した。

　同答申によれば、2013年度末において、学校安全計画は94.9％、危機管理マニュアルは95.5％が策定されており、全国の学校で着実に防災体制が整備されてきている。その反面、法令で義務づけられている学校安全計画が、約5％の学校において策定されていないという課題がある。一方、保護者との間で、引き取りなどについての手順やルールを決めているのは79.4％の学校にとどまっている。

　さらに、教員研修については、2014年度文科省調査で、初任者研修では校内の安全指導は約70％程度、校外の安全指導は約90％程度実施している。初任者の段階で、学校安全の研修はおおむね実施されているといえる。その反面、十年経験者研修では、学校内外の安全指導は約20％程度、危機管理は約40％程度の実施である。こうしてみると、安全に関わる教員研修の優位性は必ずしも高いとは言えない。

　第2次計画では、こうした課題を踏まえ、さらなる充実を図っていく予定である。その際、スマホをめぐるトラブル、気候変動による災害発生、テロなど外国での危機発生など、近年の課題についても扱う。

　これは、各学校のカリキュラム・マネジメントや教職員多忙への配慮という視点も踏まえている。

7　教育課程での安全指導

（1）学習指導要領の位置付け

　2016年3月発行の学習指導要領解説『総則』の、第1章第1の3「体育・健康に関する指導」において、「安全に関する指導及び心身の保持増進に関する指導については、体育科、家庭科及び特別活動の時間はもとより、各教科、道徳科、外国語活動及び総合的な学習の時間などにおいてもそれぞれの特質に応じて適切に行うように努めることとする。また、それらの指導を通して、家庭や地域社会との連携を図りながら、日常生活において適切な体育・健康に関する指導の実践を促し、生涯を通じて健康・安全で活力ある生活を送るための基礎が培われること」と示している。

　各学校においては、年間の教育課程において、非常変災発生を想定した避難訓練を実施している。年間の実施回数は、学校設置者の自治体がモデルを示すことが多い。

　東京都は、大規模災害の発生を想定し、原則として月1回程度（年間10回程度）の避難訓練を実施するように各学校に指導助言している。

　次年度教育課程の編成を前年度末に区市教育委員会に届出する。その際、学校の年間行事計画も添付する。仮に、年間10回の避難訓練日が記載されていなければ、教育委員会から年間10回の実施日を確保するように指摘がある。それだけ、東京都においては避難訓練を重視しているが、全国的には、年間3回程度の実施という自治体も散見される。

（2）泰明小学校の避難訓練

　筆者が校長を努めていた泰明小学校では、年間12回の避難訓練を実施している。これは東京都内の小学校でも回数の多いほうである。

　泰明小学校の立地する銀座地区は、繁華街の中にあり、各種の危機の発生するリスクも高いため、安全指導に重点を置いている。

　避難訓練計画では、事前指導と予告の回数を9回、予告なしの回数を3回設定している。また、年度当初から教室に慣れるに従って、避難方法や避難経路の難度を高くしていく。

　休み時間、清掃中、始業前の時間帯で3回の火災の訓練を実施する。このよう

なときには、放送をよく聴き、どこが出火場所であるかを確認してから行動しなければならない。また、休み時間の不審者侵入の訓練では、不審者がどこにいて、どの方向に移動しようとしているのかを聴いて、避難行動をしなければならない。不審者対応避難訓練では、放送で「教職員の皆さんにお知らせいたします。○○にお客様が見えました。児童管理をよろしくお願いします」と伝える。この場合、各学年の主任は校庭に集合、担任は教室に残留する。担任は教室内の児童を整列させたのち、2学級の児童を引率して体育館に誘導する。その際、不審者がいると想定される玄関側階段を使用しない。不審者に対応する教職員は、「さすまた」を持ち対応する。

　毎回の避難訓練の終了時には、校長か副校長が3分程度の講評を述べる。よくできたときには称賛し、真剣さに欠ける児童や学級があればそれをきつく叱る。この講評は、児童向けであるとともに、各教師や主事への指導助言も兼ねている。

8　学校事故と教職の専門性

(1)　子供を襲う危機

　筆者は、2003年「子供を取り巻く危機」を図表にまとめた。[27]

　全体を、自然災害の発生、地域、家庭、学校の4つのカテゴリーに分類し、想定される危機を列挙した。例えば、「自然災害」のカテゴリーでは火災の発生、大地震の発生、警戒宣言の発令、光化学スモッグ警報の発令、暴風雨の接近、熱中症を例示した。

　「学校」のカテゴリーでは、「施設・設備」「学校運営」「授業中」「教師との関係」「友人との関係」「休み時間や放課後」に分類した。「学校運営」の項目では、給食への異物混入、食中毒の発生、予防接種のミスを例示している。これは当時の社会背景を踏まえたものである。

　予防接種の事故は、学校で行なう予防接種の注射針を養護教諭が交換せずに、学校医が複数の児童に対して使用したという事案である。所管の学校での事案ではないが、若手の養護教諭が増加する状況を踏まえると、再発しかねない事故であった。

　このように、「子供を襲う危機」についても、それを想定するためには、その時代の社会的背景が影響する。また、筆者が教育委員会や校長職として見聞した

り対応したりした事案がベースになっている。

　負傷事故、いじめ、暴力行為、体罰、交通事故、などの、いわば〈普遍的〉な事故ばかりでなく、近い将来を想定した危機を予見した、筆者の〈覚え書き〉であった。

(2) 子供を襲う新たな危機

　2003年に「子供を襲う危機」をまとめてから十数年が過ぎた。この年月で、子供を取り巻く危機について、いくつか変更する必要がある。

　例えばこの十数年間で下記のような事案が発生したり顕在化したりした。

○自然災害……津波　火山噴火　ゲリラ豪雨　都市河川の氾濫　土砂災害　落雷　異常高温　線状降水帯　都市部での雪害

○地域……誘拐　テロ　外来生物　空き家増加　認知症患者増加　高齢者ドライバー事故　人口減少と学校統廃合（通学時間の拡大）「開かれた学校」と多様な住民の学校参加

○学校……スマホトラブル　SNSいじめ　「スクールカースト」　新たな感染症　教職員の過重労働　過重な部活動　給食アレルギー　障害者の権利保障　LGBTQ　放課後子供クラブでの事故　若手教職員増加による危機管理能力低下　外部指導員による体罰　非常勤教職員の服務管理　教科書増ページによる通学時の負担増加　スマホによる盗撮

○家庭……インターネット不正アクセス　離婚家庭増加　極端な貧困　「ママカースト」「モンスターペアレント」　テレビゲーム依存（親子）　スマホ依存（親子）　メールをめぐるトラブル

　「危機」を「想定できる」という教師の資質は、「危機を予見できる」という教職の専門性につながる。危機を想定できなければ、危機を予見し回避する行動はとれない。教師は常に、「子供を取り巻く危機」について、イマジネーションを働かせ想定をしておかなければならない。

　私たちは、まだ、東日本大震災の後遺症の中にある。復興工事の難しさ、居住地の選択、原子力発電の是非、余震の発災、被災者の心的外傷、農水産物をめぐる風評被害、東京電力の業務、復興のための課税……。

　あまたある東日本大震災の被害のなかでも、児童・教職員84名が犠牲になった大川小学校の事案は、格別に悲惨である。それだけに、国民にとってインパク

トのある事故として関心が高い。「なぜ、84名の者が犠牲にならなければなかっ
たのか」「『釜石の奇跡』のようには避難できなかったのか」「悪いのは誰か」国
民の間には率直な疑問が生じる。

　最高裁判決は、学校側の過失を認定した。それをメディアが、トップニュース
として伝えた。「やっぱり学校（教職員）が悪いのか」と胸をなで下ろす国民も
多かったであろう。

　この判決は、今後の日本の学教教育や教職の有り様についても、大きな影響を
与える。学校関係者は大きな十字架を負わされた。大川小学校津波事故が発生し
た際の全国連合小学校長会会長であった筆者にとって極めて重いものである。今
後も、大川小学校津波訴訟の真理とは何かを考えていかなければならない。

引用・参考文献
1)　戸部真澄「津波襲来時の公立小学校教員らの避難誘導行為について国家賠償
　　責任が認められた事例」『新・判例解説Watch』TKCローライブラリー／
　　2017.02.10　行政法No.173、pp.2-3
2)　河北新報は、東北6県を対象地域に販売。宮城県での世帯校独立は70％弱を
　　しめる。
3)　戸部、前掲、p.4
4)　「10月の新聞」『内外教育』2016年11月11日号、時事通信社、p.16
5)　向山行雄「変化する社会と教職の専門性についての一考察──東日本大震災
　　への対応を手がかりとして」『帝京大学教職大学院年報』第3号、帝京大学大学
　　院教職研究科、2012年、pp.67-68
6)　衛藤英達『統計と地図で見る東日本大震災被災市町村のすがた』日本統計協
　　会、2012年
7)　大川小学校事故検証委員会『大川小学校事故検証報告書』社会安全研究所、
　　2014年2月26日（以下『報告書』と略記）
　　https://www.e-riss.co.jp/oic/pg85.html
8)　『報告書』p.25
9)　『報告書』pp.26-29
10)　『報告書』p.33
11)　『報告書』pp.34-36
12)　『報告書』pp.39-40
13)　『報告書』p.49
14)　『報告書』pp.58-59
15)　『報告書』pp.63-65
16)　『報告書』p.68
17)　『報告書』pp.96-97
18)　『報告書』pp.98-99

19)　『報告書』p.99
20)　『報告書』p.100
21)　『報告書』p.102
22)　『報告書』p.102
23)　『報告書』pp.104-105
24)　『報告書』p.105
25)　池上正樹／加藤順子『石巻市立大川小学校「事故検証委員会」を検証する』
　　　ポプラ社、2014年、p.219
26)　全国連合小学校長会「研究紀要」2013年から2016年
27)　向山行雄『平成の校長学——学校バッシングとどう向きあうか』明治図書、
　　　2003年、pp.76-77

第2章　揺らぐ伝統的な学級担任制
——小学校における教科担任制の導入

1　小学校における教科担任制をめぐる動き

(1) 中教審への諮問

　2019年4月17日、柴山昌彦文部科学大臣は、中央教育審議会に対して「新しい時代の初等中等教育の在り方について」を諮問した。

　諮問事項は次の3点である。
○新時代に対応した義務教育の在り方
○新時代に対応した高等学校教育の在り方
○増加する外国人児童生徒等への教育の在り方

　諮問の理由について次のように述べる[1]。

　「今世紀は、新しい知識・情報・技術が社会のあらゆる領域での基盤となっている知識基盤社会と言われており、人工知能（AI）、ビッグデータ、Internet of Things（IoT）、ロボティクス等の先端技術が高度化してあらゆる産業や社会生活に取り入れられ、社会の在り方そのものが現在とは「非連続的」と言えるほど劇的に変わるとされるSociety5.0時代の到来が予想されています。

　このような急激な社会的な変化が進む中で、子供たちが変化を前向きに受け止め、豊かな創造性を備え持続可能な社会の創り手として、予測不可能な未来社会を自立的に生き、社会の形成に参画するための資質・能力を一層確実に育成することが求められており、それに対応し、学校教育も変化していかなければなりません」

　また、我が国の教師の置かれている現状を次のように述べる[2]。

　「我が国の質の高い学校教育は、高い意欲や能力を持った教師の努力により支えられている（中略）教師の長時間勤務の実態は深刻です。（中略）志高く能力のある人材が教師の道を選び、我が国の学校教育がさらに充実・発展するために

も、学校における働き方改革を進め、教職の魅力を高めることの必要性は待ったなしの状況です」

　こうした現状を踏まえ、前述したように3項目について諮問したものである。
　中教審での議論に当たっては、2018年6月15日閣議決定「第3期教育振興期本計画」2019年1月25日中教審答申「新しい時代の教育に向けた持続可能な学校指導、運営体制の構築のための学校における働き方改革に関する総合的な方策について」と2019年1月の第11次教育再生実行会議提言の中間報告を踏まえるよう求めている。

(2) 教科担任制の扱い

　その中で、特に「新時代に対応した義務教育の在り方」について以下の事項についての検討を諮問している。
〇義務教育、とりわけ小学校において、基礎的読解力などの基盤的な学力の確実な定着に向けた方策
〇義務教育9年間を見通した児童生徒の発達の段階に応じた学級担任制と教科担任制の在り方や、習熟度別指導の在り方など今後の指導体制の在り方
〇教科担任制の導入や先端技術の活用など多様な指導形態・方法を踏まえた、年間授業時数や標準的な授業時間等の在り方を含む教育課程の在り方
〇特定分野に特異な才能を持つ者や障害のある者を含む特別な配慮を要する児童生徒に対する指導及び支援の在り方など、児童生徒一人一人の能力、適性等に応じた指導の在り方

　ここで注目したいのは、「教科担任制」の導入という語である。「児童生徒の発達段階に応じた教科担任制」や「教科担任制の導入」という表現から、小学校における教科担任制を意図していることがわかる。
　前述した「働き方改革」についての中教審答申では、「第7章　学校における働き方改革の実現に向けた環境整備」の項目の中に次の内容が示されている。
〇小学校の英語専科を担当する教師の充実や、中学校の生徒指導を担当する教師の充実、通級による指導や日本語指導のための教員定数の義務標準法に基づく着実な改善をはじめとする学校指導体制の充実
〇多様なニーズのある児童生徒に応じた指導等の支援スタッフ、授業準備や学習

評価等の補助業務を担うサポートスタッフ、理科の観察実験補助員の配置促進

これらの項目は、学校に新たな人員を配置して、教員の業務の軽減を図ろうとするものである。

「働き方改革」の答申文では、第7章の後半に「今後更に検討を要する事項」として、「小学校の教科担任制の充実、年間授業時数や標準的な授業時間等の在り方を含む教育課程の在り方の見直し」が付加されている。

この答申を踏まえ、本諮問事項に「小学校における教科担任制」が加えられたのである。

(3) 中教審での主な意見

諮問早々の中教審では、教科担任制に関わる次のような意見が出された[3]。
議事録から、関連する意見を抽出する

〈新時代に対応した義務教育の在り方〉
○専門性・質の高い教育の実現には児童の発達段階を考える必要があり、そこに教科担任制の意義がある。
○教科担任制の導入により質の高い授業・教育が実現したと実感しているので、今回の議論には大変期待している。
○教科担任制について、学校における働き方改革の観点から、これまで専科指導の拡充を求めてきたが、教師の持ちコマ数の減少が期待される。
○教科担任制について、学校における働き方改革の観点では、成果として外国語と理科が挙げられる。定数の改善や加配について研究する必要があるのではないか。
○教科担任制は小学校の在り方を変える非常に大きな議論。現場の教師は文系出身に偏っており、教育の資質向上に非常に重要。これまでの導入例を見ると、小学校5〜6年生段階での導入は効果が高いという印象。
　※この他に先端技術の活用や読解力の育成等の意見がある。（※は向山）
〈これからの時代の応じた教師の在り方や教育環境の整備等〉
○新たな教職員配置と指導体制の在り方については、特に小学校段階での教科担任制の導入や、学校規模の分散が非常に大きいことに対応して学校や自治体をまたいだ新しい教職員の配置を行っていく制度の構築が必要。

○今の学校教育の仕組みが現代の子供たちの発達状況に合っているか考える
　時にきている。例えば、小学校の高学年段階で、もう少し専門性を持った
　方が直接教えられる仕組みを作ることは重要。
○免許制度については、これまで制度改正について議論されてきたものの、
　質の担保を考えるとなかなか進んでこなかったというのが現状。質の保証
　を伴う免許制度の弾力化の議論が必要。
○専門性の高い社会人を学校現場に参画させることで、教師の意識改革にも
　つながり、より質の高い教育が実現するのではないか。
○多様な背景を持つ人材の活用に関するこれまでの取組について、効果的で
　あったのか、課題があったのかを検証する必要がある。
※この他に特別支援教育やICT環境整備等の意見がある。

　この議事録を見る限り、小学校における教科担任制の導入については肯定的な意見が述べられている。筆者としては、我が国の小学校教育が学級担任制を根幹として多大な成果を上げてきたことや、小学校における教科担任制について課題を述べる意見も期待したかった。

　なお、中教審では、すでに2006年の審議経過報告の中で、教科担任制の検討について、次のように述べている。[4]

　「教育方法の面において、小学校高学年における教科担任制について検討することが必要である。その際、中学校の教員が小学校で指導に当たることについても、小中連携の充実という観点から積極的に検討する必要がある」

2　黎明期の小学校教科担任制

(1)　東京都大田区立入新井第一小学校の取組

　大田区立入新井第一小学校。JR京浜東北線大森駅から南へ徒歩6分。住宅地の中に広がる小学校である。

　入新井第一小学校は、1965年11月2日に教科担任制を開始した。1970年5月7日には、教科担任制についての全国研究発表会を開催している。

　その後1988年3月2日には教担制20周年を記念する会を開催している。これは、同校内に教科担任制を積極的に進めようとする意欲が減じてきたために、かつて

教科担任制を担ってきた教員が集結し、往時の実践を語るために計画された会である。筆者もOBの一人として参加した。

(2) 向山の入新井第一小学校への着任

筆者は大森第一小学校での初任者からの3年間の勤務を終えて、1977年に入新井第一小学校へ赴任した。大森第一小学校時代の上司であり、筆者の仲人でもある秋山繁五郎校長から「若いうちに研究熱心な入新井第一小学校に異動して、力をつけなさい」という勧めによるものである。

異動を承諾した福田和(かのう)校長は当時、全国小学校社会科研究会事務局長を務める、社会科教育界の重鎮。筆者は大田区社会科研究会を通じて若干の面識があった。

異動に当たっての面談、「5年担任になってもらう。教科担任制で、算数、社会、理科のうちどの教科を担当したいか？」と問う。横浜国立大学社会科出身の筆者は「社会科を希望します」と回答。

数日後の福田校長からの電話で「向山さんには、理科を担当してもらうことにした」との言葉。「君はやがて否応なしに社会科を担当することになるであろう。だから、若いうちに理科を担当して視野を広げることが大切だ」。

筆者は後年、管理職として教員人事を長年担当してきた。この時代の秋山校長や福田校長の即戦力として活用するより将来に向けたキャリアアップを図るという人材育成の姿勢に敬服する。

(3) 1977年当時の教科担任制

1977年に26歳で5年2組担任となった。同学年のチームは5年1組が40代前半男性のH教諭。5年3組が40代前半女性のO教諭。

当時の入新井第一小学校は学年チームで校務分掌を担当する。例えば4年は教務部、5年は研修部、6年は生活指導部を担当する。

5年チームはO教諭が学年主任、H教諭が研究主任、筆者は特別活動主任。

教科担任はH教諭が算数、O教諭が社会、筆者が理科を担当する。他に、専科として音楽は20代半ば女性のY教諭、図画工作は50代前半男性のS教諭、家庭は30代半ば女性のR教諭が担当する。

1977年当時の5学年の時間割は次ページの通りである[5]。

1977年当時、1週当たり算数は6コマ、社会、理科は1週当たり4コマ。筆者の

時	月1	月2	月3	火1	火2	火3	水1	水2	水3	木1	木2	木3	金1	金2	金3	土1	土2	土3	
1	算数	国語	社会	国語	算数	国語	国語	算数	国語	算数	理科	社会	算数	国語	社会	国語	理科	国語	
2	国語	国語	国語	音楽	算数	社会	算数	国語	国語	図工	家庭	理科	社会	国語	算数	社会	理科	音楽	
3	理科	社会	算数	算数	国語	国語	算数	国語	算数	図工	家庭	理科	家庭	音楽	図工	理科	図工	算数	
4	社会	算数	理科	体育	体育	体育	国語	理科	国語	道徳	道徳	道徳	家庭	算数	図工	国語	図工	理科	向山が担当
5	体育	体育	体育	理科	音楽	算数	特活	特活	特活	社会	算数	家庭	体育	体育	体育				
6	学級会	学級会	学級会	理科	社会	音楽				音楽	社会	家庭	国語	社会	算数				

担当は、3学級の理科を12コマ、他に担任学級（2組）の国語を7コマ、体育を3コマ、学級会・学級指導を1コマ、道徳を1コマ　特別活動（クラブ活動・委員会活動）1コマ、そして算数の練習問題を2コマ担当する。筆者の総持ちコマは27コマになる。自分の学級での持ちコマは19コマ、他学級での持ちコマは8コマになる。空き時間6コマになる。

　一方、児童にとってみると、週合計33コマのうち、学級担任の筆者の持ちコマは前述したように19コマ、他の教員による担当が特別活動を含めて14コマになる。つまり、1週間の総授業数の約半分を学級担任が指導し、残りの半分を他の教員が指導するという時間割編成になっている。

　教員の持ちコマ数で見ると、筆者と社会科担当のO教諭は担当教科の総持ちコマ数は12コマである。それに対して、1組のH教諭は、算数は1学級当たり6コマあり、合計18コマの担当になってしまう。そこで、2組と3組の算数2コマずつを学級担任が問題練習などの補充的な指導や発展的な指導を行ない、持ちコマの調整をする。

　それでも、算数担当のH教諭と学級担任の指導の進め方でずれが生じる。算数担当のH教諭はこのずれの調整にも気配りしなければならない。

　この時間割では、火曜日と木曜日は自学級での授業が2コマしかない。中学校

と比べて、小学校では全体や個別の連絡事項も多いし、子供同士のトラブルへの迅速な対応も必要だ。さらにノートの取り方、朗読の仕方などの学習方法、教材の保管の仕方、机やロッカーの整頓等の学習環境の助言等も適宜行なう必要がある。

　例えば、火曜日は朝の会の後、2コマの授業で担任する子供たちと離れ、20分休み後の3校時の国語の授業で再会する。その後、4校時は体育で教室を離れる。そして給食と掃除の時間を挟んで5校時6校時は、また担任する子供たちと離れる。火曜日の3校時の国語の授業は、必要な学級指導をすることも多くなった。それが、この日の国語の学習時間の減少につながる傾向があった。

　このように、小学校での教科担任制では、学級担任制に比べて機動力に欠ける面がある。

(4) 学年チームの意思疎通

　小学校における教科担任制を成功させる上で欠かせない配慮事項は、打ち合わせ時間の確保である。1970年代、東京の多くの学校では毎週金曜日の児童下校後の時間を「学年会」に充てていた。

　週末の安堵した気分もあり、コーヒーを飲みながら情報交換をする。ときには、教材研究や行事の準備について協議する。時間は午後3時40分頃から午後4時30分頃までが一般的であった。しかし、金曜日の放課後は学校行事の準備や各種イベント、出張業務等もあり、月の半分程度の学年会は開催できないという実情があった。これでは、教科担任制での学年運営に支障が生じる。そこで、午前中に学年会を開催できるようなしくみを整備することにした。

　1977年当時の第5学年の3名の教員は、入新井第一小学校での勤務経験が浅く、教科担任制はみな初めての経験であった。筆者の着任に当たって、担任する5年2組の4年生時代の担任で、長年、教科担任制に関わってきたN教諭から言われた申し送り事項は、「教科担任制の成功の秘訣は3名一緒の空き時間を確保できるかどうかにかかっている」という言葉であった。

　前ページの時間割表で、金曜日の3校時が3名とも空き時間になっている。すなわち、1組のH学級は家庭科のR教諭、2組の筆者の学級は音楽のY教諭、3組のO教諭の学級は図工のS教諭が授業を行なう。このように3名とも空き時間を確保するため、4月当初の全校の時間割調整は多大な時間を必要とした。

　前年度に一定の固定時間割表ができているとは言え、新たな要素が加わり、各学年とも時間割をはじめから作成しなければならない。もちろん、コンピュータ

のない時代である。筆者たち5年チームは、教室の黒板いっぱいに時間割案を板書した。時間割作成に当たっては、下記の事項に留意する必要がある。

○専科（音楽、図工、家庭）の固定時間割

○体育館、校庭の使用時間

○3学級同時の合同体育

○図書室の使用時間

○道徳のテレビ放映時間帯

○難聴（現きこえの学級）学級に通級する時間帯は国語を母学級でも指導

○6年の教科担任制の時間割

　これらの事項を踏まえながら、1コマでもいいから5年チーム3名の空き時間を生み出す。

　金曜日の3校時に5年が音楽、図工、家庭の授業にするためには、2時間続きの図工を、3、4校時、家庭科も3、4校時に設置する必要がある。すると、金曜日の3、4校時には、5年は体育館、校庭、図書室の割り当てや難聴学級の通級時間をはずす必要がある。5年の3名の空き時間確保を最優先にすると、その影響を他学年や五組（現特別支援学級）がかぶることになる。

　この時間割編成のために、何度も各学年や専科グループと打ち合わせを行ない、ようやく1コマの空き時間を確保することができた。第5学年会は、教室前の小空間に机を並べ、実質40分間で綿密な情報交換を行なった。

(5) 1979年度の4教科教担制

　2年間、前述したチームでの教科担任制を実施した後、筆者は再び5年担任を命じられた。4名のスタッフは次の通りである。

1組担任　27歳のN男性教諭　　　理科担当

2組担任　50代半ばのK男性教諭　算数担当

3組担任　50代半ばのY女性教諭　国語担当

4組担任　筆者（28歳の男性教諭）社会担当

　筆者の自学級での持ちコマは次の通りである。社会3コマ、体育3コマ、算数練習2コマ、書写1コマ、読書1コマ、道徳1コマ、学級会・学級指導1コマ、ゆとりの時間3コマ、合計15コマ。他学級では社会科を9コマ、特別活動を1コマ

の10コマ。受け持ちコマの総計は25コマである。

　1977年度の3教科教担制では、自学級での受け持ちが19コマであったのに対して、4科教担制では、さらに4コマ少ない15コマしかない。

　4教科教担制では、4名全員が空き時間になる時間は物理的に設定できない。なぜなら、専科は音楽、図工、家庭の3名しかおらず、どのように調整しても残りの1学級は5年担任が授業を受け持たなければならないからである。

　また、各教員の持ちコマ数の調整のために、算数はK教諭が週当たり4コマで教科書の内容を進め、残り2コマで学級担任が練習問題を受け持つ。さらに国語はY教諭が4コマで教科書の内容を進め、残り2コマで学級担任が書写と図書を受け持つ。

　この方法では、国語も算数も早い速度で学習を展開せざるを得なかった。

　自学級での持ちコマは週当たり15コマであり、1日平均して2.5コマ程度しか担任する児童への指導時間が確保できない。また、学年会も金曜日の放課後にしかできず、月に2回程度しか開くことができない。

　1979年度の5年生は、低学年時代から集団を作り、いたずらを繰り返していた。特に筆者が担任することになる4年4組の児童は体も腕力も図抜けていた。男子の数が女子よりも10名程度多く、体重も大田区内でトップクラスであった。ガキ大将のTを中心に7〜8名の男子グループが学校内外を闊歩し、4年生担任が掌握できない状態であった。

　井坂校長は、1978年度の卒業式の始まる直前、6年2組の筆者の教室に訪ねてきて、「来年の5年4組担任は向山さんしかいない。頼む」と依頼された。当時の筆者の手帳を見ると、新年度初日の4月2日（月）に井坂校長に学級のことで相談という記録がある。おそらく、28歳の筆者は相当の決意を持って新学期に臨んだであろうと推察される。

　この年度の教科担任制は4月23日（月）から開始している。新学期開始後、14日間を学級担任制で実施し、その期間で学級経営の基盤作りや学習方法などを実践したものである。

　この学級を教科担任制で、1日に2.5コマしかない持ちコマで指導するのは、相当な困難を伴った。しかし、児童の能力は高く、学習面でも運動面でも成績はよかった。例えば学級新聞コンクールでは東京都の最優秀賞を受賞した。

　1979年度の4教科教担制について、4名の5年担任は、相応の努力と工夫をしてきたが、メリットよりデメリットのほうが多いとの結論に到った。そこで、年

度末の教育課程編成会議で、筆者は次年度からは4教科教担制を2教科教担制に
改善すべきであるという意見を表明した。教育課程編成会議では、賛成反対の
様々な意見が出されたが、最終的には実践してきた第5学年の主張が受け入れら
れた。

　そこで1980年度の6年生では、1組と3組の社会をY教諭、理科をK教諭、2組
と4組の社会を筆者、理科をK教諭が担当する教科担任制をとることにした。

　このことにより、従来の体育や道徳などの他に国語、算数も学級担任が担当す
ることになった。自学級での指導時間が増えたことにより、児童の問題行動への
対応も迅速にできるようになった。

(6)　その後の教科担任制とキャリアアップ

　1980年度に6年生を卒業させて、1981年度は三たび、5年担任になった。この
年度も、社会と理科の2教科の教担制であった。

1組担任　　U男性教諭　　30歳　1組、2組の理科担当（1982年度U教諭、同僚と結
　　　　　　　　　　　　　　　婚のため他校へ異動、後任はF男性教諭26歳　前年度に続き6年担任）
2組担任　　Y女性教諭　　50代　1組、2組の社会担当
3組担任　　筆者　　　　 30歳　3組、4組の社会担当
4組担任　　M女性教諭　　49歳　3組、4組の理科担当

　1981年度は、筆者にとって、教科担任制5年目となった。教科担任制にも習熟
し、社会科を2学級で実践できるメリットを生かすようにした。

　筆者はこの年度、社会科の東京都教育研究員[6]となった。5年社会科を2学級で
同一教材を実践することができ、省察を深められた。このことが筆者の教職の専
門性を深める上で大きく役立った。

　入新井第一小学校への赴任に当たって、福田校長の「やがて向山さんは否応な
しに社会科を担当することになるだろう」という予言が的中した。筆者は、教科
担任制において社会科担当として実践する過程で、教科の専門性を深めることが
できた。

　ここまで述べた　筆者の入新井第一小学校時代の教科担任制の実践をまとめる
と次ページの表の通りになる。

　自己評価の高かった教科担任制もあるし、低かった年度もある。それは、教科

年　度	年　齢	学年学級数	教担方法	担当教科	自己評価
1977	27歳	5年3学級	3教科教担	理科	A
1978	28歳	6年3学級	3教科教担	理科	A
1979	29歳	5年4学級	4教科教担	社会	C
1980	30歳	6年4学級	2教科教担	社会	B
1981	31歳	5年4学級	2教科教担	社会	A
1982	32歳	6年4学級	2教科教担	社会	A
1983	33歳	4年4学級	学年合同の時間		A
1984	34歳	東京都教員研究生のため研究所派遣			
1985	35歳	5年4学級	2教科教担	社会	B

担任制度の基本的な設計の優劣でもある。私は、8年間の実践経験で、教科担任制度は「両刃の剣」であることを実感した。一方、小学校における教科担任制は、全科担当を基本とする小学校教師にとっても、担当教科の専門性を高める上で大きな効果があるとも言える。その長短を踏まえた、制度設計が大切である。

3　品川区教育委員会の主導する教科担任制

(1) 品川区教育委員会の「プラン21」策定

　1999年9月14日（火）午後2時から始まった品川区教育委員会定例会。品川区役所の大会議室は傍聴者とマスコミ関係者が多数詰めかけた。

　この日の教育委員会で品川区教育委員会は、通学区域の弾力化（学校選択制）を含む「プラン21」を協議した。当時、筆者は品川区教育委員会指導課長。「プラン21」の担当課長であった。教育委員会定例会でも、各委員からの多方面からの質問に筆者が答弁する。

　プラン21の主な項目は、学校選択制、小中一貫教育、学校公開などからなる。

　委員の質問の多くは、学校選択制導入によって課題が生じた場合にどう対応するかというものであった。その質問に対して制度面では学務課長、教育の内容については指導課長である筆者が答弁する。

　長時間の議論を経て、「プラン21」は原案通り、可決された。翌日の各メディアは大きく取り上げた。中でも朝日新聞は全国紙の1面トップに掲載した。一つの地方自治体の教育施策の決定を、全国紙が1面トップで報道する事案は滅多に

ない。それだけ、学校選択制の決定は、我が国の教育界にとって、大きな出来事であったという証左である。

通学区域の弾力化については、1987年の臨時教育審議会答申、1996年の国の行政改革委員会意見でも示されていた。

一方、東京都の都区制度改革が進められ、例えば23区の教育課程の受理は東京都から23区（特別区）に移管されることになった。このことにより、東京都の特別区はこれまで以上に地域の実態を踏まえた教育活動を展開することができるようになった。

筆者は、1995年1996年当時、東京都教育庁指導部指導主事として23区から提出された教育課程の受理と分析を担当していた。23区にあるどの学校も、東京都教育委員会の示した教育課程を踏まえた各区の編成方針に準拠しており、際だった特色といえるものは少なかった。加えて、2000年から始まる新学習指導要領では、総合的な学習の時間の創設や中学校の選択教科の拡大など、各学校が創意ある教育課程編成をするように求められていた。

このような状況の中で、品川区教育改革計画である「プラン21」を策定したのである。

(2) 学校選択制の導入

「プラン21」では通学区域の弾力化を掲げている。これは品川区の小学校を4つのブロックに区分し、ブロック内の8校から12校程度の学校の中から希望する小学校を選択する制度である（次年度から開始した中学校の学校選択制度は品川区内全域から選択可能）。

品川区の地政学的な特色。品川区は海沿いの東海道付近を中心に発展してきており、内陸部は江戸の近郊農村であった。

1923年の関東大震災を契機に、東京都心に居住する住民や商店等が品川区に流入してくる。品川区旗の台に転居してきた向山家もその一つである。

人口増加に伴い、東急大井町線、池上線、目蒲線が開通し、さらに人口増加が加速する。児童数の増加に伴い、小学校も多数建設される。その結果、狭いエリアに多数の小学校が密集する自治体となった。ちなみに、筆者の実家から10分程度で通学できる小学校は6校もある。

そして、駅の開業や人口増に伴い小学校を建設したため、次のような問題が生じた。

○学区域の外れに小学校がある
○隣の学区の小学校のほうがすぐ近くにある
○大きな幹線道路を横断しなければならない
○大きな公園横の薄暗い歩道を通らなければならない
○祖父母の出身小学校と別の小学校に就学しなければならない

　一方、品川区内の大井町から品川にかけて国鉄（現JR）の大きな車両基地があり、国鉄労組を中心等する労働組合の勢力の強い地域であった。その影響は教職員組合にも及び、改革を好まない学校風土が形成されていた。

　さらに、一部の保護者に学校選択行動が活発化する傾向が見られた。品川区から短時間で通える国私立小学校は多数存在し、当時でもほとんどの小学校で英語の早期教育が行なわれていた。また、教科担任制も実施されていた。加えて、品川区内の伝統校である例えば第三日野小学校は港区立白金小学校と、大井第一小学校は大田区立山王小学校と、第二延山小学校は大田区立赤松小学校と学区域が接しており、両区の伝統校を比較し、ときには品川区外の学校を希望するする保護者も散見された。

　こうした状況を踏まえ、適切な情報を区民に提示し、誰でもが公正に学校選択できるしくみを整備する必要があると考えたのである。

　学校選択制は自治体にとって、大きな賭けであった。しかし、意思決定する品川区教育委員会の幹部の品川区の学校教育に対する知見と経験が、施策を前に進めた。

　教育政策を決定する当時の教育委員会幹部は次の通りである。

教育長　　　：長年、品川区指導課長、指導主事として区内の教育状況に精通
学校教育部長：前職の区民部長として品川区内の全町会や地域情報に精通
生涯学習部長：品川区出身、筆者の小中高校の1期先輩　品川の社会教育に精通
庶務課長　　：品川区在住
学務課長　　：品川区在住
指導課長　　：筆者　品川区出身　品川区内の小中学校卒業

　そして助役（副区長）は前教育長であり、地方自治に精通している。
　このような幹部たちのシミュレーションでは、住民の学校選択行動は20％程度であり、前述したいわゆる伝統校で希望者が増加しても、十分に就学可能であ

ると判断した。実際に、筆者たちの想定の範囲内の動きであった。その点では、先ず順調な滑り出しをしたと言える。その状況を見届けて、筆者は公立小学校長として転出する。

(3)「プラン21」における教科担任制

　「プラン21」の特色ある施策の項目として小学校5、6年における教科担任制の導入がある。小中学校を9年間の一貫教育として捉えたときに、児童の心身の成長への対応や、教科専門の高度化への対応の面で、複数教師による協力教授組織を導入すべきであると判断したためであった。

　また、指導課長である私自身の経験や教育長が学校長時代の教科担任制実施の経験なども踏まえたものである。

　品川区における教科担任制度の実践を、後年発行された文献からの内容で紹介する。

　教科担任制を導入した宮下は次のように述べる。[7]

　「現任校への着任当時の状況

①職員会議は短時間で終わるが、決定事項が必ずしも実施されない。

②校内研究の進行が学年担任と専科の調整困難のためたびたび齟齬をきたす。

③学級王国で授業時数の管理が杜撰になる。担任の得意分野の時間が多すぎる傾向。

④発言力の強い者といつも泣かされて愚痴を言う者がいて、周りの者は気分が悪い。

　……学年団協働システムとは、3学級の担任と専科の一名で学年団を構成し、学年団の四人が学年児童の学習、生活指導や付帯するすべての事務を分担しあって行うものです。学年団会議は、年間44回、学年ミーティングは週2回を設定し、教務主任がその週の議題を週初めにイントラで配信します。

　……教科担任制は以下のようになっています。

　3年（3学級）、4年（3学級）……理科・社会・算数・音楽・図工・英語・少人数算数

　5年（3学級）……理科・社会・算数・音楽・図工・家庭・英語・少人数算数・ステップアップ算数

　6年（3学級）……理科・社会・国語・音楽・図工・家庭・英語・少人数算数・ステップアップ算数

　3年生以上は、この他に習熟度別算数の指導教諭が加わります。（中略）ステップアップ算数には中学の数学教師が、英語ではNOVAの外部講師に加えて中

225

学の英語教師が児童の授業を受け持っています。したがって、1週間のうち、3・4年生は七人〜八人、5・6年生は九人〜十人の教師に指導を受けることになります」

　この年度の6年2組のY学級の時間割を見る。学級担任の持ちコマは次の通りである。

月曜　　3校時社会　　　4校時算数　　　5校時国語
火曜　　3校時社会　　　4校時国語
水曜　　3校時市民科（学年合同）
木曜　　1校時算数　　　2校時市民科（学年合同）
金曜　　1校時社会　　　3校時市民科（学年合同）　　　5校時国語

　6年2組の時間割にY教諭の名が記されているのは8コマ。他に学年合同の市民科として3コマ、体育（「アリーナ」と授業場所が記されている）が2コマである。水曜日にY教諭が単独で自学級を指導する時間は1コマもない。木曜日もわずか1コマである。

　筆者の入新井第一小学校の教科担任制の経験を踏まえると、学級担任の持ちコマが少なく、生活指導や学習習慣等の指導に困難を生じるのではないかと危惧する。

　例えば、火曜日の5校時の図工の学習中にトラブルが起きたとする。このトラブルのために学級担任が、指導できるのは、火曜日の放課後の会か水曜日の朝読書の時間か水曜日3校時の学年合同市民科の時間しかない。

　これらのいずれかの時間も、長めの学級指導ができにくい。となると、木曜日1校時の算数の時間まで待たなければならない。

　小学校の学級担任のよさは、突発的な事案の発生に対して、迅速に対応できる機動力にある。しかし、この時間割では学級担任に相当の指導力が求められる。

　宮下は、校長として実践した教科担任制の成果として次のように述べる。[8]

「①成果としては、一人の教師が全科を教えることに比べて、教材研究や教材準備に費やす時間を多く持つことができ、確実に授業が改善されます。

②児童の学習規律や伸び、つまずきの実際について、自分の学級だけでなく学年全体の児童の実態を把握して指導計画を作成することができますし、いくつかの学力検査の結果を基に、学校としての対策をたてる際に自校の児童の実態を統計的客観的に摑むことができます。

③一人一人の児童を複数の目で見取ることで、多面的な児童理解が深まり、

生活指導面で情報交換を行い指導に役立てることで、きめ細かい指導が可能になります。

④教科担任制を行っていくことで、学年全体の児童に対して、「学習規律」「学習態度」「学習準備」等にバラツキをなくし、教科の進度も揃えることができます。

⑤児童にとっては、担任だけでなく学年団の教師全員を「自分が指導を受ける先生」と認識し、多くの教師との信頼関係が深まります。

⑥小学校の教科担任制が中学校の指導形態への抵抗感を取り除き、中学校との連続性が確実に確保されていきます。

⑦課題の一つは「協議・連絡・調整・研究のための時間の確保」です。フォーマルでは年間44回（1回2時間）、週2回のミーティングタイム（1回45分）を保障していますが、到底時間が足りません。会議の効率化に努め、長期休業中には集中的に学年団会議を設定していますが、根本的には教師の仕事のスリム化と社会的な教育の役割分担を考えることが大切になっています」

　宮下が述べるように、①～⑥までの成果は、入新井第一小学校での教科担任制の成果とも多くの面で共通する。⑦の課題も同様である。

　ここでは宮下は、課題について1項目しか挙げていない。教科担任制を牽引する立場として、課題を列挙するのは難しい。しかし、次の項目についてはどうであったか問いたいところである。

○3年生、4年生でも高学年と同様の成果があげられたか

○3年生、4年生では、一人の学級担任に拠り所を求めたかったのではないか

○「多くの教師と信頼関係が深まった」のはよいが、相対的に学級担任との「強い絆」は弱くならないか

○学級担任の持ちコマが少ないしくみで、生活指導上の事案に機動的に対応できたか

○学級担任の持ちコマが少ないために、一人一人の児童への系統的な学習規律等の指導が不十分にならないか

○学級担任制の2年と教科担任制の3年との〈段差〉は生じないか

○このようなしくみでの教員の多忙さはどうか

　そして、総合的にみて、3年からの教科担任制の開始と、学級担任の持ちコマの妥当性についての総括を求めたかった。総じて、この著書を読む限り、まだ、検討課題が多数残されていると思われる。

4　教科担任制の実践例

（1）太田千香子の勤務校の実践と成果

　筆者の教科担任制の実践は、前世紀のものである。今の時代にはそぐわないかも知れない。そこで、近年の教科担任制の先行実践を詳しく読み解く。太田は、勤務校での教科担任制の実践について、次のように報告する。[9]

「勤務校の実践での各教諭が指導を行った教科数を以下に示す。

　3年生A教諭……算数、理科、音楽、体育、英語の担当（国語、書写、社会、図工は他の教師）

　同　B教諭……算数、社会、音楽、図工、体育、英語の担当（国語、書写、理科は他の教師）

　5年生A教諭……国語、算数、音楽の担当（書写、社会、理科、図工、家庭、体育、英語は他の教師）

　同　B教諭……国語、書写、理科、音楽、英語（算数、理科、図工、家庭、体育は他の教師）

　同　C教諭……国語、音楽、体育（書写、算数、社会、理科、図工、家庭、英語は他の教師）

　……どの学級も音楽、体育、図工、家庭の教科は専門とする教師の授業とした。

　……5年B教諭は、専門の理科と、得意教科の書写、英語を合わせて週5単位時間、担任する学級のみ指導している国語、音楽、道徳、学級活動、総合の週約10単位時間の合計15単位時間分の教材研究を行うことになる。

　（担当する）教科領域の種類は13から8に減少している。教材研究を行う教科の種類や時数が少なくなるので、その分、授業の質を向上させることが期待できる」

　太田の勤務校での教科担任制は筆者が1977年度に実施した3教科の教科担任制と類似している。前述したように5年2組担任の筆者は3学級の理科を担当した。

　筆者の学級は、国語、書写、算数練習問題、体育、道徳、学級活動を担任であ

る筆者が受け持つ。残りの、算数、社会、音楽、図工、家庭をそれぞれの担当者が受け持つ。筆者は16コマ分の教材研究を行なった。

　3学級での教科担任制の類型として、40年後にもほぼ同様の受け持つコマ数で展開されていることに数十年前の入新井第一小学校の教科担任制の普遍妥当性を再認識する。

　太田は、教科担任制の成果として次のように述べる。[10]

　「5年生の理科でも教科担任のH教諭が5年生全学級に対して行った意識調査の結果から、2012年度全国学力学習状況調査（6年生）の結果（理科の「勉強が好き」82％、「勉強が分かる」86％）と比べて、理科は好きかの問いに97％を示し、「考察ができるか」の問いに90％を越えている。（中略）体育を専門とする初任者教師が学級担任をする学級でも理科が好きと答える子どもは、35名中33名であり、94％と非常に高い」

　太田の述べる成果が「教科担任制」によるものか、さらに他の因子が加わったものかは慎重な吟味が必要である。

　この事例の全国学力・学習状況調査の理科についての好結果は、指導する教師の力量が一定程度高いためであることは言えそうだ。なぜなら、指導力不足の教師での学級では、これだけの好結果を生み出すことは不可能であるからだ。

　では、理科を担当する教師の指導力量はどのように醸成されたものであるかを分析する必要がある。太田の記録によれば、理科担当教師は理科を専門としているとある。それならば、好成績は教科担任制というしくみによる成果なのか、担当教師のもともとの指導力による成果なのか判別しにくい。

　一方、体育を専門とする初任者の学級で35名中33名が「理科を好き」と回答した結果も、教科担任制による教材研究の深まりなのか、もともと担当する初任者教師への子供の高評価のためなのか、にわかには判然としない。

　総じて言えば、教科担任制の成果の分析としてはややエビデンスに欠けると言わざるを得ない。だが、一定の成果があったであろうことも窺える。

　太田の勤務校では、「子どもの姿を交流する場」として、次の会議を設定している。

　1つは、月2回の指導部会前の15分間の学年交流会である。3つの指導部会に所属する教職員が、部会開始前に各学年で交流会を開く。これは、「特に資料も無い自由に子どもの姿を交流している気軽な交流会」（太田）である。

　2つ目は、学年会である。ここでは、「目指す子どもの具体的な姿とそれに向けての方途を交流している。（中略）子ども理解を深めることだけでなく、学年の指導方針を共有することでもある」（太田）

　学年会の開催頻度の記述はないが、おそらく定期的に月に数回程度の予定をしていると考えられる。

　太田は、学校としての教科担任制の成果について次のように述べる。[11]

「1.　子どもの姿にみる成果
　　○各教科等への学習意欲・興味関心を含む学力の向上と基礎基本の定着がみ
　　　られる
　　○自己肯定感を育み、学習への安心感と安定をもたらす
　2.　子どもの姿の変容を生み出した教師の姿にみる成果
　　○複数回授業を行うことによる質の高い授業ができる
　　○学年全体の子どもの関わりを理解することができる」

　また、協働的教科担任制をさせている要因として次のように述べる。[12]

「要因として、大きく働いたのは学校文化ともいえる教師の協働意識の醸成と学校組織の2点である。

〈学校文化（教師の意識の醸成）〉
○チームで育てる
○学び方のモデルや目標の基盤の統一
○指導の方針、指導の重点の共通理解
○日常的な情報交流
○自己省察による授業改善と授業力向上
○他の教師や学級の子どもからの学び

〈学校組織〉
○教科担任推進組織……教科担任の時間割作成等の各学年の調整役
○学習指導基盤作り組織……全校で基盤となる学び方や重点を創り充実を図る
○教科担任チーム組織……学年職員3〜5名程度のチームを基盤として、一つ
　　　　　　　　　　　　　の学年または学年部をチームとする」

　太田は以上のように述べて、教師の協働意識と学校組織の重要性を指摘する。
　この指摘は、筆者の入新井第一小学校での教科担任制とも共通する。

　入新井第一小学校は前述したように、学年で校内分掌組織を分担する。したがって、学年会が分掌部会を兼ねる。そのため、特別に分掌部会の会議日を設定しない。

　また、PTAの広報部、保健部、成人部などの各部会も各学年が担当する。したがって、教師の行なうPTA関係の庶務も学年会で検討する。そのため、PTAのための特別な打ち合わせの会議を行なう必要はない。

　こうした組織の工夫により会議の回数や時間を減少させることができた。

　一方、教師の協働意識である。入新井第一小学校は、当時の大田区でもトップレベルの研究校だった。その上、各種教職員スポーツ、各種ポスターコンクール、学級新聞コンクールなどでも好成績を収めた。また、入新井第一小学校からは短期間のうちに13名の管理職を輩出した。その点でも、教師同士の切磋琢磨があったといえる。

　教師の協働意識といえば、教師同士の勤務を離れての活動も盛んだった。各種スポーツ大会のための練習、大菊栽培、陶芸教室、俳句教室、平塚沖でのキス釣大会など、得意分野の教師が「ミニ研修」の世話をした。

　職場旅行での隠し芸大会の他に、夏は炉端焼大会、春は手巻き鮨大会などコミュニケーションを図る機会が多かった。

　こうした公式、非公式の場でのコミュニケーションが入新井第一小学校の教科担任制を支えた。このような筆者の経験を踏まえると、太田の指摘する教師の協働性と学校組織の重要性について、至極、的を得ていると考えられる。

(2) 小学校教科担任制に関する先行研究

　小学校教科担任制についての先行的な書は少ない。その中で、前述したように2006年の中教審の審議経過報告で「小学校高学年における教科担任制について検討することが必要である」との指摘を受けて発行された書がある。[13]

　同書では、第3章に「小学校教科担任制で指導はどう変わるか」が掲載されている。経過審議報告直後に作成されたであろうプロットであるが、今日でも参考になる項目がある。プロットは次の通りである。

　1　教科担任制で子どもとの関係はどう変わるか
　2　個に応じた指導は教科担任制でどう変わるか
　3　基礎・基本の確実な定着は教科担任制でどう変わるか

> 4　「自ら学ぶ」態度形成は教科担任制でどう変わるか
> 5　少人数指導は教科担任制でどう変わるか
> 6　習熟度別指導は教科担任制でどう変わるか
> 7　ティームティーチングは教科担任制でどう変わるか
> 8　補充的学習は教科担任制でどう変わるか
> 9　発展的学習は教科担任制でどう変わるか
> 10　中学校へのスムーズな移行は実現できるか

　同様に第4章に「小学校教科担任制の進め方」を掲載している。プロットは次の通りである。

> 1　教科担任制における校長のリーダーシップ
> 2　教科担任制導入のプロセスや手順をどう進めるか
> 3　一部教科担任制か、全教科担任制か、学年での実施方策をどう進めるか
> 4　教科担任制とカリキュラムコーディネーターとの連携や調整をどう進めるか
> 5　専科や講師、中学校教員などを教科担任制にどう生かすか
> 6　教科担任制での学級担任の役割をどう考えるか
> 7　時間割編成は教科担任制によってどう変わるか
> 8　教師の授業時数は教科担任制によってどう変わるか
> 9　学級担任と教科担任との連携・協力をどう進めるか
> 10　学年などの日常の生徒指導をどう進めるか
> 11　学年会をどのように運営するか
> 12　教科担任制の評価・改善をどう行うか

　このように、小中連携や習熟度別授業、発展的学習や補充的学習など執筆された時点での最新の課題への対応が過不足無く紹介されている。

　同書を編集した髙階は、近年の教科担任制をめぐる動きについて次のように述べる。[14]

　「文科省がベネッセに委託実施した『義務教育に関する意識調査』（2005）をみると、小学校高学年を教科担任制にすることの是非について、『賛成＋まあ賛成』は、教員全体では51.8％と半数を超えていた。『まあ反対＋反対』は13.7％、他

は『どちらともいえない』である。特に賛成の校長は多く、68.3％であった。

　小学校教科担任制について、以前から望まれていたのは、次のようなメリットがあると考えられていたからである。

①高学年になると指導内容が高度になり、それに伴って授業が複雑になってくる。また、単に知識を教えればよいのではなく、実験・観察、見学・調査など、多様な学習活動の導入が必要で、全教科担任には大きな負担になっていた。その負担の軽減が大きな要因であった

②教科担任制を実施することで、その教科に専念でき、教材研究が深くなり、指導が充実する。教科固有の学び方を効果的に指導できるようになる

③学級担任制で気づかない個々の児童の問題傾向を教科担任が見いだす、学級崩壊を未然に防止するなど、複数の教員による学年・学級共同経営が可能になる

④いわゆる中1ギャップをなくすためにも、小学校から中学校へのスムーズな移行を進められる

⑤さらに今後、新たな指導形態・方法が導入されると予測できるが、教科専門性による高度な指導への対応が可能になる

　このようなメリットを踏まえるが、留意したいのは学級担任と学級の子供たちとの人間関係で、私どもが行った場合は、各学年の授業時数の半分以上を学級担任が受け持つものであった。1教科担任制ではなく、複数教科担任制である。

　教科担任制への移行は次のようなデメリットもみられるからである。

①子供との触れ合いが指導教科に限られるため、個々の子供理解が十分できにくい

②教科指導の範囲で個人に適応した指導は可能であるが、生活習慣や学習習慣などの全般的な指導が手薄になる

③全教科担任と違って、授業時間を延長したり、授業をやりくりすることが難しくなる。また、教科等横断の調整がしにくくなる」

　高階は、以上のように教科担任制のメリットとデメリットを簡潔にまとめている。

　このデメリットは、高学年よりも中学年で実施した場合や前述した入新井第一小学校の4教科教担制のように過度に学級担任の持ちコマを少なくした際に一層顕著になる。

（3）教科担任制についての向山の11の提言

　小学校における教科担任制を導入し、効果あるものにするためにはどうしたら

よいか。

　1点目は、我が国の小学校教育のよき伝統である全科担任制のよさを継承することである。働き方改革のための「手段」ばかりに目を奪われて、本来の小学校教育の全人的指導のよさが失われるようなことがあってはならない。

　2点目は、学校規模に応じた制度設計をすべきである。仮に、単学級で教科担任制を実施すれば、複数学年の学級を担当することになる。その分、教師が忙しくなる。これ以上、教育活動をタイトにしないことである。多忙になれば、無理をしても予定を完遂しようとする。そこに、落とし穴にはまるリスクが生じる。

　3点目は、担当者の打ち合わせの時間を時程表に明示することである。可能ならば、時間割を工夫して担当者が同一時間に空き時間をセットできるようにする。筆者の入新井第一小学校の3教科担任制の成果は、週に1コマ空き時間に学年会をセットできたことである。

　4点目は、チームを組む教員の専門性や年齢、男女などの長所と短所を見極めることである。教科担任制は「学級王国」との決別である。3名の教員の組合せの総合力が「1＋1＋1＝3」から「1＋1＋1＝5」になるようにコラボレーションの妙を創出できるようにする。少ない人数で組合せの種類は限定的であるが、最大限の人事構想プランを作るべきである。

　5点目は、指導力不足教員の後始末を教科担任制でカバーしようと思わないことである。中学校の教科担任制と異なり、未発達の児童を預かりながらの教科担任制である。一人の指導力不足の教員のために、学年全体が機能不全に陥るリスクがある。

　6点目は、教科担任制に向かない教員は、担当から外すべきである。協働性のない教員や自分だけの成果を上げたい教員は、なるべく教科担任制の学年から外すべきである。後年、その教員に変容が見られたらそのときに担当させればいい。はじめから杓子定規に全員に教科担任制を担当させようとすると、逆効果になる。

　7点目は、教員が「45分間」の〈時間感覚〉を身に付けることである。教科担任制は授業時間を延長できない。教師や子供の移動時間、授業準備も必要だ。必ず、片付けを含めて45分で終えるようにする。可能なら、1校時と2校時、3校時と4校時の業間も10分間を確保したい。それが無理なら、「45分間の時間感覚」を全校で遵守すべきだ。

　8点目は、週案簿の工夫である。教科担任制では、担当する学級の授業進度や内容の他に、業間や昼休み、放課後などにも個別指導や連絡、指導等をする必要

がある。市販の週案簿をより改善した使い勝手のよいものにすると効果的である。

　9点目は、学校のスリム化である。筆者は教科担任制で勤務が楽になるという言説には懐疑的である。教担制を長く経験してきて、勤務が楽になったという実感は抱けなかった。新たな教員配置があれば別だが、そうでない場合には幻想を抱くのは危険である。教科担任制の導入を図るのであれば、より学校のスリム化を図る必要がある。

　10点目は、教科担任制のマニュアル作成である。教科担任制が5年生6年生だけの実施であっても、学校全体で、実施方法のマニュアルを作成し、教職員全体で実施方法を確認する必要がある。特に、時間割作成に当たっては、各担当教科の持ちコマ、特別教室や体育館・校庭の使用割り当て、通級学級との調整、非常勤講師の勤務時間、特別な支援を要する子供の指導補助員、理科支援員等の勤務の時間調整なども関係してくる。

　11点目は、家庭との連携である。特に教科担任制の導入に当たっては、家庭の理解を得ることが大切である。学級担任は、自分の学級での指導時間が少なくなるので、各担当教員からの情報を総合して保護者との連携を図る必要がある。場合によっては、個人面談や教育相談の充実、家庭訪問の復活も必要である。

　我が国の小学校教育をめぐる環境は、大きく変貌した。よく伝統を維持しながらも、次世代に備えた小学校教育を構築しなければならない。ぜひ、これまでの我が国の小学校教育の成果や教科担任制の先行実践も分析し、課題についての解決策の提言も期待したい。

引用・参考文献
1)　文部科学大臣・柴山昌彦／中央教育審議会への諮問「新しい時代の初等中等教育の在り方について」2019年4月17日
2)　同上
3)　中央教育審議会・新しい時代の初等中等教育の在り方特別部会「中央教育審議会総会（平成31年4月17日）及び中央教育審議会初等中等教育分科会（令和元年5月8日）における主な意見」2019年6月27日
4)　中央教育審議会初等中等教育分科会教育課程部会「審議経過報告」2006年2月13日
5)　向山行雄『若い教師のための授業入門4　授業過程の構成技術』明治図書、1985年、pp.20-22
6)　東京都教育委員会が所管する事業。東京都の各地から次世代を担うミドルリーダーに1年間、各教科や領域の研究と実践を委嘱する。1年間で公的な研究部

会を10回程度、2泊3日の合宿、非公式の部会を50回程度実施する。研究成果は冊子にまとめ、全体での研究発表会、各地区での発表会を開催し、研究授業と研究内容を公開する。幼稚園、小学校、中学校、高等学校、特別支援学校の各学校種別に、教科・領域の部会を設置する。

　筆者が所属したのは小学校社会科部会で部員は33名。5年分科会は9名（28歳～37歳）。当時の東京都の多くの管理職は東京都教育研究員を経験している。後年、一時期本事業は休止されたが、学校等の強い要望で規模を縮小して復活している。

7)　若月秀夫編著『学校大改革　品川の挑戦──学校選択制・小中一貫教育などをどう実現したか』学事出版、2008年、pp.150-153

8)　若月、同書、pp.154-155

9)　太田千香子（教職開発実践専攻・授業開発コース）「小学校における教科担任制の開発実践──協働的な専門職性を生かした学習指導の展開と展望」岐阜大学教育学部教員研修計画委員会編『教師教育研究』第11号、2015年、p.178

10)　太田、同書、p.180

11)　太田、同書、pp.186-187

12)　太田、同書、pp.187-188

13)　髙階玲治編『小学校教科担任制の効果的な進め方』教育開発研究所、2006年

14)　髙階玲治「（新しい潮流にチャレンジ）小学校教科担任制の実施は早急に」『教育新聞』電子版、2019年6月24日。

https://www.kyobun.co.jp/commentary/c20190624_01/

第4部

〈真の教育〉を
深掘りする

―令和時代の学校づくり―

明石要一×向山行雄

海洋民族の石原兄弟、農耕民族の向山兄弟

明石　向山行雄先生のお兄様の洋一先生が「戦後のスターは石原裕次郎だ」と言っていらしたことがありました。戦後のスターということでは美空ひばり、石原裕次郎、長嶋茂雄、大鵬といった名前が挙がりそうですが、いずれもヒーローと言われるのは世間に刺激を与え、夢と希望を与える人たちです。

　石原裕次郎には慎太郎という兄がいますが、石原兄弟は「海洋民族」だと私は捉えています。ヨットが好き、海が好きで、先が見えない場面でともかくも何らかの手を打つ冒険野郎です。

　一方、向山ブラザーズは「農耕民族」だと捉えています。特に行雄先生は、私に言わせれば農耕民族の典型です。自分の行動や読んだ本を、手帳に非常に細かく、きれいに書きのこしていらっしゃいます。記録を残します。こういうのは農耕民族の良さであり特徴です。ほうれん草を植えたら、連作をあきらめ次の年はほうれん草を植えません。極めて計画的です。連作を避けるためには正確に記録を残す必要がある。海洋民族は、記録は残さない。でも記憶を残すんです。それが両者の違いです。

向山　なるほど、面白いですね。

明石　次に、明治維新を起こした3名のリーダーのことを考えてみたい。西郷隆盛、大久保利通、坂本龍馬。それぞれにいろんな評価がありますが、いずれもリーダーとして非常に面白い。その3名で考えると、お兄様の洋一先生は西郷隆盛と坂本龍馬なんです。行雄先生は大久保利通。

向山　あまり人気がないですね（笑）。

明石　大久保はテクノクラート（官僚）です。表にはあまり出ないけれども、彼がいなければ明治新政府はできなかった。伊藤博文などは、大久保が引いたレールの上を走れば良かった。

　洋一先生はカリスマ的な西郷隆盛タイプです。坂本龍馬にも「船中八策」（1867年に土佐藩船の夕顔丸で長崎から上京する船中で、坂本が藩士の後藤象二郎に示した新国家体制の要項）がありますが、西郷も坂本も自分で構想を立ち上げて天下国家を論じて、みんなで世界に向かっていこうと呼びかける。

　そういうラッパ吹きがいる一方で、現実的に組織を組み立ててそれを動かしていくテクノクラートの存在が必要です。そのテクノクラートの良さを、私は行雄先生に見てきました。

　　テクノクラートとしての行雄先生という点で、行雄先生が品川区の指導課長だったときになさった小中一貫校と通学区域の自由化に触れておきたい。

　　このときもラッパ吹きの若月秀夫教育長がいたけれども、通学区域の自由化は行雄先生という指導課長がいたから実現できた。いかに議会を説得するか。教育委員会だけではどうにもならない。当時の区長や教育長も良かったけれど、構想に中身がないとだめです。学区の自由化の話題は『朝日新聞』でもトップに出したし、日教組をはじめとしてみな猛反対した。教育学者は「地域を壊すのか」「学区を壊すのか」と。周囲からものすごい砲弾を浴びながら構想を組み立てていった行雄先生の教育行政の手腕。これは大久保利通に通じると思います。

　　海洋民族は夢と構想を持つがあまり図面を描かない。潮の流れを読みながらではあるけれど、ある意味では行き当たりばったりです。一方、農耕民族は緻密な図面を描く。お互いの良さがあるわけですが、農耕民族のエッセンスという視点から捉えると行雄先生の良さや力が見えてくる。

向山　なるほど。素晴らしいご指摘をいただきました。

　　今、お話を伺っていて思い出したんですが、大学1年の頃に、喫茶店なんかでノートにいろんなモノローグを書くのが好きだったんです。そのときに、石原兄弟というのはすごいということを書いたことがありました。石原慎太郎と石原裕次郎は当時、30歳くらいだったのかな。お兄さんがすごい作家、弟が映画の大スターで、兄弟がそれぞれ個性を持っている。

　　私と兄は7歳違いですが、私がまだ大学生で、兄がちょうど教師になって2年目くらい。自分たち兄弟も石原兄弟みたいになりたい、というようなことを書いたことがあるのを、今、思い出しました。我々はあんな立派な兄弟ではないけれど、教育界において親子や兄弟姉妹でなにがしかの働きをしてきたというのはあまり例がないかもしれません。

明石　ないですね。石原兄弟もそうですが、向山兄弟も、面白いのはタイプが違うところです。お二人とも教職ですが、兄の洋一先生は教育技術の法則化運動という全国的な教育運動を起こした張本人。弟の行雄先生は運動は起こさないけれども、小学校校長会の会長として当時全国2万余人の校長さんのいろんな意見を聞いてそれを束ね、中教審で学習指導要領の考え方などの提案を行なわれた。これは大変なことで、繰り返しますが辣腕のテクノクラートでないとできない。

「母」とお手本文化

明石　海洋民族と農耕民族の対比ということで言うと、海洋民族は母の影響よりも父の影響が強い。石原兄弟の父親は海運会社に勤めていて、父親の転勤で子供の頃に小樽に住んでいた。彼らには常にその父親のイメージがあって、それが彼らの人間像というか人間形成に深く関わっていると思うんです。

　一方で、向山ブラザーズはお父さんが早くに亡くなられたから、お母さんからかなり影響を受けている。「薩摩隼人」という言い方がありますが、薩摩隼人を育てたのは「薩摩おごじょ」という母です。侍としてしっかりしなさい、友達と一緒に遊びなさいとしつけています。それが薩摩の郷中教育という今で言う青少年団体につながり、当時の若者を育てていった。向山兄弟の農耕民族的な発想もまた、母的な力のファミリーのしつけでできたのではないか。教育社会学的には、そういう見方をします。

向山　母は茨城県の土浦というところの農村の出です。そういう血って、流れてくるんですかね。確かに農耕民族かもしれません。私も兄も計画はかなり綿密、緻密に練ります。

明石　もう一つ付け加えるなら、海洋民族には、お手本はない。海に出て、自分でお手本を作っていく。一方、農耕民族は先輩のお手本に学ぶ「お手本文化」です。江戸時代の寺子屋、明治5年の日本の近代教育制度の創始を経て、お手本を見て学んでいくというお手本文化が継承されてきたわけですが、これが日本の初等教育の良さです。

向山　期せずして、兄の最初の本は『斎藤喜博を追って——向山教室の授業実践記』（昌平社、1979年）というタイトルです。確かにお手本文化かもしれません。

明石　洋一先生は修正追試、構想追試と、同じ追試でも細かく分けていきますね。その緻密さは向山兄弟に共通するものだと思います。そして日本の教員文化の根底には、教える基礎・基本はお手本にあるというお手本文化があると思います。

向山　確かに、兄はよく「守破離」「まねぶ」といった話をしていました。あるいは、華道にしても茶道にしてもすごい先人がいて、そこに迫っていくんだという物言いをしていました。明石先生が言われるように、お手本というか何かすごいものがあって、そこに到達したあとに突き抜けていくんだ、と。

明石　海洋民族と農耕民族、テクノクラートとしての向山行雄先生という視点をお伝えさせていただいたうえで、対談後半の学校論をはじめとする様々な課題

に入っていけたら、と思います。

授業と日々の詳細な記録

明石　先ほどの綿密な記録ということで言うと、行雄先生は、詳細な授業記録を
はじめとして、手帳にも日々の記録を詳細にメモされています。本も沢山、読
まれる。そして読むだけではなくて痕跡を残す。それはいつ頃、身についたん
ですか。

向山　授業の記録を綿密に書き出したのは29歳からです。東京都の社会科の研
究会に入ったときに、記録を取っている人がいたんです。私はその頃は記録を
取るというような認識もなかったんですが、やっぱり記録を取ろうと思って、
自分なりに工夫をして記録を付けだしたのが29歳です。教師になってから29
歳までの6年間は記録を取っていない。その6年間は、本当にもったいないと
思います。それで、29歳から、今、私は72歳ですが、43年間は全部、授業記
録を取っています。1単位時間で見ると必ず取ります。取らなかったことはま
ずない。

　手帳ですが、私の手帳は色分けをしているんです。ピンクが自宅で机に向か
った時間。紫が飲み会。緑色がその日読み終わった本。黄色は歩数。オレンジ
が映画。水色がスポーツ。これを何十年もつけています。手帳をこれだけ綿密
に取り出したのは30歳かな。東京都の教育研究員になって、あちらこちらの
学校に行ったり、勉強会をやったり、飲んだりする。忙しいから何か書いてお
きたい、何か証を残したいと思って書くようになったんです。今でも四十数年
間の手帳をすべて取ってあって、やはり大切な記録になる。論文を書くときな
どの参考にもなります。

明石　やっぱり農耕民族ですね（笑）。私は29歳という年齢にとてもこだわって
いるんです。釈迦が王子を辞めて解脱するのが29歳。元総理大臣の愛知の海
部さんは29歳で代議士になる。行雄先生も29歳で一念発起してメモを始めた。

向山　私は28歳のときに初めて高校の同期会をやったんです。高校を卒業して
10年目。そのとき、私は結婚して3年目で子供が一人いたんですが、同期の一
人が、日曜日の午後4時から6時を勉強にあてていると言ったんです。彼はの
ちに一流会社の副社長になるんですが、彼は会社員なのに4時から6時まで勉
強しているのかと私はびっくりしました。当時の私の部屋の机の上はごちゃご

ちゃで勉強する習慣なんてなかった。でもそれを聞いて、自分は教師なのに勉強をしていない、これはしなきゃいけないと思って、それが手帳とか授業記録に結びついたんです。

　例えば私は今年、教育学部長を終わって特任教授になりましたが、ざっくり数えると1年間で120の会議とイベントに参加しなくて済むんです。こうして数値化してみると、そんなに大変だったのかということがわかる。読んだ本の冊数も、大学教師になったときはどれくらいか、教育委員会にいたときはどれくらいか、一発で見える。例えば平成22年、全国校長会長のときに読んだ本は年間107冊です。平成23年に帝京大学に行ったときは、年間に読んだ本が172冊。65冊、増えているわけです。こういうふうに数値化すると、やっぱりかなり見えるものがあるというか、エビデンスになります。

育てる美学

明石　対談に先立って、本書に収録されるすべての文章を読ませていただきました。第3部に収録された2本の論文も勿論いいのですが、第1部「学校は今日も『有事』だ」、第2部「学校は『有事』の連続」の、全53節からなる学校経営のドキュメント（以下、「ドキュメント」と略記）、これはいい。ストーリー仕立てになっていますが、そのなかで、落語で言えばマクラと同じように随所にお酒のつまみ、アテが出てくる。悔しいけれど、よくアテを知ってる（笑）。こういう教育書が今までにあったか。教師と味覚という話はのちほど改めて触れたいのですが、何が言いたいかというと、今の日本の教師で一番足りないのは、こういう雑学を含めた教養だということ。

向山　つまみといっても少しひねったもので、青柳のぬたとか、ヘシコとか、フグの炙ったやつとか。お酒は必ずぬる燗。

明石　今の70歳以上は大体、お酒はぬる燗なんです。本書を読んでいただく方には、ぜひ、そういう視点でも見てほしい。それが一点目です。

　二点目は、当時の校長さんの幅広さ、懐の深さ。これは本書第3部第2章の論文「小学校における教科担任制度の導入」で、実際の出来事が詳しく書かれています。教科担任制でどの教科を担当したいかと勤務校の校長先生から問われた若き行雄先生が、元は横浜国大の社会科出身だから「社会科を希望します」と答える。それに対してその校長先生は「理科を担当してもらうことにし

た」と。いずれ君は必ず社会科を担当することになるだろうから、若いうちに理科を担当して視野を広げなさい、と。こういうふうに若手を育てる校長さんがいた。全国の校長先生、教頭先生、教務主任たちには、こういう視点で若手を育てるんだということを学んでほしいと思います。

　今、触れた論文「小学校における教科担任制度の導入」を拝読してとても勉強になったのは、教科担任制を東京都が非常に早い時期から取り入れていたということです。今でも試行的に行なわれていますが、東京都では行雄先生の若いときから導入されていたのですね。

　面白いのは、教科担任制のメリットとデメリットについて述べられているところで、高学年は教員同士がうまくいくけれども中学年はちょっと……といった点。これからはもう、教科担任制になっていかざるを得なくなると思いますので、こういうことを文科省も中教審で本気で議論をしていく必要がある。

向山　大田区の入新井第一小学校という学校に、かつてT先生という非常に優れた校長がいらっしゃったんです。同校は1965年に教科担任制を開始していて、1970年には教科担任制についての全国研究発表会を開催しています。教科担任制はこの校長が生み出したものです。「協力教授組織」という言葉を使っていましたが教科担任制のことで、これからの時代を見据えたら、いろんな先生のいいところを引き出しながらやっていかないとやっていけないと考えておられた。T先生は、入新井第一小学校の校長を務められたあとに大田区の教育委員会の教育委員長になっています。その教育委員長の応援もあって入新井第一小学校は長く教科担任制をやってきました。

　私は大森第一小学校で初任者としての3年間の勤務を終えて1977年に入新井第一小学校に赴任したので、新卒4年目、26歳くらいから教科担任制になりました。そして、これは先ほど明石先生が触れてくださったエピソードですが、同校に赴任するときに、当時の福田校長という、全国社会科研究会事務局長をやっておられた社会科のすごい方から、「君には5年生担任で教科担任制をやってもらうけど、何をやりたい？」と尋ねられたんです。私は社会科をやってきていたので「社会科をやりたいです」とお返事をしたところ、「そうか。わかったよ」と。ところが1週間後に電話がかかってきて、「君には理科をやってもらう」と。

　もう一人、私と一緒に入新井第一小学校に行った男がいたんですが、彼もどの学年をやりたいかと聞かれて高学年を担任したいと言ったのですが、福田校

長は「君には低学年をやってもらう」と言われた。

　社会科を担当して週に十何時間もやれば社会科の実践家としてぐっと伸びると私が喜びそうなところを、あえて「君はいずれ否応無しに社会科をやるようになるだろう。だから若いうちに理科をやれ」と言われた。私は、理科はあまり得意ではなかったんですが、2年間、理科の教科担任制をやりました。

　私はその後、社会科の担当になるのですが、今になってみると、先ほど明石先生が言われた福田校長をはじめ当時の校長先生方の、不得意なところをあえて経験させてみる、という懐の深さを思います。

　適材適所という言葉がありますが、福田校長は適所に置いて適材を育てると言われていた。適材適所ではなく「適所適材」。逆なんです。適所に置いて適材を育てる。その話を伺って私の中で芽生えたものがありました。そこから学んだ多くのことが、その後、私自身が学校経営をするとか、いろんな校長会の役員をやるときに活きました。

明石　先ほどの石原兄弟と向山兄弟という比較で言えば、石原兄弟が「男の美学」なら向山ブラザーズは「育てる美学」。洋一先生が始められた法則化運動にはお弟子さんがいますから、その意味では「教える文化」かなと思ったけれども、洋一先生はやっぱり若手を育てている。行雄先生も今、おっしゃった適所適材で人を育てるという話にしても「ドキュメント」を拝読しても随所で感じられるのは「育てる」という視点と意識です。「教える」ではなく「育てる」。読者の方にはそういう視点でも本書を読んでほしいと思います。

ドキュメント学校経営

向山　いろんな学校に行くと、様々な悩みや困り事を抱えた校長さんたちに会うわけですが、その実際の経験をもとにして、鈴木五郎という、スポーツマンだけれどあまり勉強してこなかった、よくある新米校長を架空の主人公として描いてみたのが「ドキュメント」のストーリーです。

　登場人物も様々ですが、わがままな人も結構、出てきます。例えば音楽の先生にしても、和楽器を買って予算を要求するけれども定年間近で給料が安いから、これ以上、授業をするのは嫌だとか、ロックをやっていたのが新卒教員として茶髪で来たりとか、教頭さんもやや自己中心的で……。

　それぞれがみんな一生懸命に生きているんです。けれども、どうしても自分

の思いや思想と、誰かの思いや思想と対立する。これも「ドキュメント」で書きましたが、雪かきの日に、学校の裏の住民は北側で雪が溶けないから学校が早くやってくれと言う。学校は学校で、子供が入ってくる表側の雪かきで精一杯だと。どちらも正しくて、どうしても対立する部分が出てくる（第1部25節）。

そうした出来事の一番の典型は、全盲児童の入学のことです（第1部20節）。これは品川区で私が指導課長をしていたときに、全盲の女の子を小学校に入学させるかどうかという、私が実際に経験した出来事に基づいた話です。

私たちとしては、その子は盲学校、特別支援学校で白杖の使い方や点字の読み方とかを発達段階に合わせて学んでいかないと学力を獲得できないんじゃないか、手遅れになってしまうんじゃないかと考えていました。

学校がその子を預かった場合、当時の学校の体制で、いざというときにその子を本当に守れるかどうか。1年生、2年生くらいであれば教材は確かに用意できるけれど、3年、4年生になったときに、全盲児童に対して点字の教材を用意できるかどうか。学校の負担を考えた場合に、限られた予算でどこまでやれるか。私たちが用意できる教材には限界がある。私たちにはこれだけしかできないと、精一杯、保護者に伝えました。しかし相手は地元で育てたいんです、と強く言います。それはそれで一つの主張であり、保護者の方は私たちの説明に対して不満を持たれた。

それで3日後か1週間後に区役所に行ったら「差別者、向山行雄」というビラが役所中に配られていた。全学校にも「差別者、向山行雄指導課長」というビラが配られていた。東京都議会でも、ある会派の人から「品川の指導課長は差別している」と言われたし、品川区議会でも実際に攻められました。

ある人の人権と別の人の人権というのはやはりぶつかるんです。学校を取り巻く一つの社会の中で、日常的にいろんなことが起きる。図工の展覧会の展示一つとっても、ある図工の先生の指導や主張と、他の先生の作品の指導が違う（第2部43節）。そういったなかで、鈴木五郎という新米校長が悩みながら解決策を導く。そんなことを書いてみたかった。

明石 このストーリーのいいところは、校長さんが困り事があると、前の校長に頼るという相談の仕組みができていること。今は多分、教育委員会にすぐに電話をするでしょう。最後は確かに、バックでは教育委員会がサポートしてくれます。そういう公的なサポートも大事だけれども、その前にある、人的なネットワークの大切さ。この先輩校長が非常にいいアドバイスをしている。

向山　鈴木五郎は元上司である校長会長をやった西郷恭史郎のことを「おやじさん」と呼ぶんです。何かのときに「おやじさん、時間ありますか？」と言って、飲み屋でぬる燗を飲みながら相談をするわけです。鈴木五郎としては喫緊の課題が心配でしようがない。同窓会が分裂するとか、地元の議会の選挙でPTAが分裂するとか。すると西郷元校長は「五郎さんね、長い目でものを見なよ」と、ある意味、冷静というか客観的にアドバイスをする。西郷元校長は、ああしろこうしろと方法論を示すわけでもない。五郎校長の話を受け止めて「そうだよな、五郎さん」と言いながら、ちょっとささやくようにアドバイスをする。五郎はそれを聞いて、精一杯、自分なりに解決策を見出そうとする。

　かつて私にも「おやっさん」と慕う校長がいました。私はその方が90歳過ぎて亡くなるまで、盆暮れを含めて礼を尽くしました。そういうふうに尊敬する人を「おやっさん」と慕う文化が日本の伝統文化、学校教育の中にあったんだけれど、ややそれが崩れてきているんじゃないか。そういう警鐘もちょっと鳴らしたかった。

ベテランの女性教師「上席さん」

向山　おやじさんではないですが、明石先生と私が共通に馴染みのある千葉県だと、昔はベテランの女性の先生のことを「上席さん」と言いました。女性の一番ベテランの先生が、例えば学校にお花を生けたりしていて、場合によっては、校長さんが人事の相談もしたと聞きます。それが千葉のすごい文化だったのではないかと考えます。

明石　昔は校長、教頭が職員室で前にいて、それ以外は男の先生も女の先生も年齢順に並んでいました。でも、その小学校で一番年配の女性の先生が上の席に座る。それが上席さん。上席さんという校務分掌はないのでインフォーマルですが、学校の裏表をよく知っている存在です。

　上席さんがいいと校長は楽になる。逆に、例えば上席さんが職員会議では黙っていて、終わった後にみんなを呼んで公開研究会はやめておこうとかという話をして足を引っ張ると、校長や教頭が困るわけです。だから校長さんとしてはどういう上席さんがいるかによって学校経営が変わってくる。

向山　教育社会学的に見ると千葉県は面白いですね。上席さんという言葉は他の県にもあったんですか？

明石　名前が違いますが、大分県にもあるし、東北にもあります。「ひな壇」と言っています。東京にはないんです。千葉県だと、木更津から向こうの房総半島のほうには残っています。女性の顔役というか、職場の顔役です。

向山　学校ではスポーツでも学芸会でも20代、30代の若い男性教師がいつも華やかなほうを仕切っているようなところがありますが、実は裏方で支えてくれるベテランの女性の先生がいる。目立たないのですが、そういう女性の先生が、実は学校を支えている。

　　私が勤務していた入新井第一小学校は研究発表もよくやる学校で、スポーツも盛んで野球やバレーで優勝したりしていましたが、飲み文化もすごい学校でした。何がすごいかというと、もちろん、おやっさん、校長先生もすごいのですが、年配の女性ですごい方が何人かいらっしゃった。

　　こういうことがありました。台風がすごい日で、暴風で校庭の木が道路の交差点のほうに倒れかけていた。それで私を含めて男性教員7～8名で大嵐の中、シャベルで根っこを掘ってロープをかけて倒れないように支える作業を1時間くらいびしょ濡れになりながらやったんです。なんとか作業を終えて校内に引き上げてきたら、それこそ上席さん、50代半ばから後半くらいの二人の女性の先生方が駅前のスーパーで全員の下着を買ってきて用意してくださっていた。私たちはその下着に着替えて一杯やったんです（笑）、下着を買ってくるという発想がすごい。おそらく1977～78年頃だったと思いますが、女性の先生方のそういう文化って、学校を支えますよね。

　　「ドキュメント」の中でも、年配のしっかりした女性の青山淑子先生を書き込んでいます。私が49歳の新任校長のときの、私より二つ歳上の女性の教務主任の姿を投影させた人物です。その人が鈴木五郎校長に訴えるシーンがあるんです（第1部10節）。五郎は一生懸命、張り切ってしまうところがあって、そこを諫めるんです。「校長先生ね、みんながちょっと大変だって言ってますよ」と。まさに上席さんの役割です。今もきっとそういう方々がいらっしゃると思うんだけれど、そういう人がいる学校はいい学校ですね。

学校の裏方文化

明石　千葉県というのは裸祭りをはじめとして、秋のお祭りが非常に有名なんです。でも、今は郡部ではお祭りができない。なぜかというと、男たちが主人公

247

で、みんな法被を着て飲んで騒ぐでしょう。その裏方が消えた。女性たちが嫌がるんですね。祭りの段取りをする、食事の用意をする、子供に法被を着せる……。もう大変な手間暇がかかる。

「裏方文化」が地域で崩壊しているからお祭りも衰退している。同じように、学校社会でも、若い男性の先生方とか校長、教頭は表に出るけれども、裏方で支える仕組み、要するに縁の下の力持ちを担う方が少なくなってきた。だから地域社会も学校組織も上手く回っていかない。

向山 これも入新井第一小学校のときの話ですが、3月3日のお雛様のときに男連中でひなまつり会をやるんです。大体、手巻き寿司を作るんですね。給食を作ってくださる女性や主事さんにやっぱり迷惑をかけてしまうんですが、いっぱいお米を炊いてもらって、酢飯を作る。それで私が雛祭りの4〜5日前に若い先生方を連れて買い出しに行って40人前くらいの魚を届けてもらって、女性の先生たちを招いて手巻き寿司をやるんです。

7月20日の納会では、大体、私がいつも幹事長なんだけれど、大きなビア樽を用意して、私の行きつけの焼き鳥屋から焼き鳥を200本とか300本、届けてもらう。そして校庭の木の枝を切ってきて並べて品を置く。炭の七輪で焼き鳥を焼く。若い男連中が前掛けを締めて、女性の先生方を招いてもてなすわけです。次の日は学校中が焼鳥の匂いで大変で、子供たちが「なんか匂うな」とか言っていましたが（笑）、校長さんも教頭さんも、女性の先生たちも喜んでくれていました。

コロナ禍で学校は「行事学校」から「勉強学校」に変わった

明石 学校におけるそういうお祭り文化が衰退したのはなぜか、ということですね。コロナ禍の3年間は別として、学校で言うと遠足や修学旅行、自然体験などを含めて特別活動というのがあります。それも今、子供たちは体験していない。教員、とりわけ若い人がそもそも、そういうお祭り的な文化を体験していない。

向山 確かに今、職場でも飲み会嫌いというのがありますが、職員旅行、運動の後の一杯会、研究発表会の後の飲み会等々、楽しかった。あれは学校文化だと思います。

私が校長になってからですが、2000年代に各教育委員会が、研究発表会の後、

学校内で飲んではいけないと通達を出した。それは、どこかで不祥事が起きたという事情もあったんですが。私はそれに反抗したかったので、泰明小学校で校長をしていたときに、学校ではちょっと狭いということもあるので、帝国ホテルで懇親会をやりました。周りの学校の校長で嫉妬した人もいたようですけれども、向山だからしようがないと（笑）。良き時代だったなという気がします。時代が牧歌的だったというか。

明石 それは昔話ではなくて、本当のお祭りは無理でもお祭り的なエッセンスをどうやって継承するかという点は、これからの教育改革の中で考えていく必要があります。

「ドキュメント」にはそういうエッセンスがある。教科指導も大事だけれど、教師たちが明日も頑張っていくには、という視点がないと、やっぱり疲れます。先生方にお話をお聞きすると、楽しいというか、何か変化があってモチベーションを高めれば、勤務時間の延長なんて何ともない、と。その楽しいというのは、お祭り的な要素がどこかにあるんです。

向山 今、言われたお祭り的な要素という点では、私はこのコロナ禍の3年でいろんなことを学びましたが、その一つは日本の学校はもともと「行事学校」だったということです。運動会、展覧会、豆まき集会と、季節の折々の行事を入れながら学校生活に変化と秩序をもたらす。これは学習指導要領にも書いてあることです。そういうふうにして子供はいろんな社会体験をして、非認知的な能力も磨いてきた。コミュニケーション能力もそうだし感動するのもそうです。それがコロナで「勉強学校」になってしまった。

行事学校から勉強学校になってしまったことの持つ影響力は非常に大きい。過去最高の不登校の児童・生徒数とか、学校、特に小学校の校内暴力。中学校はそんなに変化していませんが、そういう不適応を起こしてきた。

また、これは直接的な影響かどうかはわかりませんが、子供の自殺数が300人～400人台だったのが、約500人に増えました。やはり、これまでやってきたことができなかった影響がいろんなところに出ているのではないかと思います。

青少年機構なんかも調査をかけていますが、明石先生がよく、夜明けの空を見た体験、虫を採った体験、そういった体験が子供を育てると言われています。この3年間、いろいろな制限がありましたが、逆に、これまで我々がやってきたことの良さを再発見したし、その再構築が求められていると思います。

学校週5日制と「子供の体験」の格差

明石 私が今、感じているのは、現代の幼児や小学生の「子供論」が足りないのではないかということです。子供の変化は非常に大きい。平成4年、ちょうど30年前に学校週5日制が出されました。そして生活科が出てきた。週5日制は、最初は月1回、平成7年からは月2回という形で段階的に実施されて、10年後の平成14年に完全実施になる。そのときに学校の行事文化を潰してしまった。勉強学校になってきたのは、実はそこからです。

　文科省は、土日は子供を家庭・地域に返すといったわけですが、残念ながら地域の青少年団体は元気がなく家庭はいろんな意味で大変になってきていた。それで子供たちの成長や育ちのサポートが消えてしまった。幼児教育だけはまだ年中行事が中心なので、幼児教育では家庭の格差が出ない。小学校に上がった途端、そういう行事が全部、学校で行なわれなくなり、家庭でもやらないから格差が非常に広がってくる。結果、非認知能力が育成できていない。

　また、例えば30年前は、子供たちは朝起きてから寝るまでに1日で2万歩、歩いていた。今は小学5年生で9000歩しか歩いていない。それだけ子供たちの行動半径が狭まっている。子供は社会の変化を敏感に反映しています。こうした様々な視点から現在の子供論を考えていく必要があると思います。

　それと、これは今の教育界に求めたいことですが、もっと論争をしてほしい。昭和36年に阿部進さんが『現代子ども気質』（新評論）でデビューして、羽仁進さんらとの「現代っ子論争」が注目を集めました。大学の先生も論戦に加わった。そして今から40年前に向山洋一先生が出てきて宇佐美寛先生と東大の先生たちとの「出口論争」という論争が生まれました。

　今、教育界で一番、困っている、あるいは不幸なのは、論争がないということではないかと思うんです。例えばチャットGPTの活用に積極的な人と認めないと言う人、両者の間で論争がなぜ起きないか。あるいはAIの活用で今の子供たちの良さが生きるんだという人と、いや、そうではないという人の論争があってもいい。課題はたくさんあるけれども、論点が焦点ボケしている。もっと論争があると教育界に元気が出てくるのかではないでしょうか。

向山 学校週5日制の開始は日本の教育において非常に大きな変化だったと思います。それまで、首都圏の子供にとっては、例えば6月に、朝、家を出て1泊して尾瀬ヶ原でミズバショウを見てくるなんていう文化や体験は学校の中には

なかった。5月の連休に新潟の祖父母のところに行って田植えを手伝ったとか、そういうのはありましたけれども。

　しかし学校週5日制になると、6月にミズバショウを見たという子供や、2月にオホーツクの流氷を見たというような子供が、もしかしたら出るかもしれない。親にそれだけのお金があって時間的なゆとりもある子は、そういう体験をすることもできる。

　一方、どこにも行けないでゲームだけして過ごしたという子供も出る。そういう体験の格差が非常に大きくなる時代にわれわれはいる。そういうつもりで学校教育を進める必要があるという文章を書いたことがあります。学校週5日制は、月1回だったのが2回になり、4回になり、案の定、土日の過ごし方の格差がものすごく出たわけです。

　学校週5日制の中で豊かな体験をして非認知的な能力もどんどん伸ばしていく子はやはりそこそこの学校に行くし、そこそこの大人になるかもしれない。一方で、そういうことができない子供たちもいて、その子たちは鬱々としてしまう。そうした子供にいろんな事情で上手く対応できない家庭がある。

学校バッシングの陥穽と死角

向山　今、不登校の児童・生徒が義務教育で24万人います。義務教育の学校は3万校ですから、小中学校を合わせて1校あたり8人という大変な数字なわけです。この主な理由は、50%がやっぱり本人の不安感とか無気力なんです。あとは家庭の問題が小学校で2割、中学校で1割。学校に起因するものは本当に少ないんです。ほとんどは本人や家庭の問題です。

　不登校には二つの対策があって、一つはやはり、学校が惹きつける努力をすること。もう一つは、家庭が追い出す力を持つこと。学校へ行きなさいと子供を追い出す力。この二つが解決策の両輪です。しかし例えばマスコミは一方的に学校の惹きつける力だけを批判するわけです。行政もそうかもしれない。

　しかし家庭が追い出す力をもっと考えていかないと、不登校の問題は解決しないと私は思います。アメリカの場合だと、子供を学校に行かせないとネグレクト、養育放棄で罰せられますから、親戚も含めて親も必死になります。日本はある意味、不登校について寛容なんです。

　あわせて、やはり学校の「聖性の低下」と教師の権威の失墜。そういうもの

が学校の吸引力を下げていると思います。学校は行かなきゃだめなんだと、親も地域社会も学校に子供を送り出すような風土が必要なはずなんですが、その学校を何十年にもわたってこぞって痛めつけてきて、そして今、結果として不登校が24万人になってなお学校を批判する動きがある。それはちょっとボタンがかけちがっているのではないか。

第3部第1章「大川小学校津波訴訟と学校教育」でも書きましたが、大川小学校の津波訴訟判決も、最高裁判所はともかくハザードマップを疑いなさいと言うわけです。学校は地域住民を説得して認識を変えさせて行動するべきだった、と。しかし、大川地区は海から4km離れていて、海よりは山と言われている地区で、広域避難場所にも指定されています。津波のときにも避難場所になっている。実際、津波が来た2日前の地震のときにも住民がそこに逃げてきている。津波が来た当日、学校には校長さんがいなくて教頭さんが指揮をとっていたのですが、そこには地区長さんもいて「ここは津波が来ないんだ」と言う。昔からそこに何十年も住んでいる古老が津波は来ないんだと言っていたわけです。

しかも逃げるといっても裏山で、そこはかつては地すべりがあったりしたところです。当日はみぞれ模様で雪も降っていて、滑るかもしれない。逃げるとしたら、そこにいた70名の子供と地域の高齢者たち何十人かも一緒に登らないといけない。子供は滑っても登れるかもしれませんが、お年寄りなんかはとても無理です。そういう中で、結果としては、住民を説得して橋の6mの高さのところに避難をするべきだった、あるいは本来業務として子供だけ連れていくべきだったと最高裁の判決は言うわけです。お年寄りは捨てるみたいな言い方です。

例えばそういうこと一つ取っても、学校バッシングというか、そこまで学校に過大な要求をするんですか、と。そういう過大な要求の積み重ねがボディーブローのように効いてくる中で学校の聖性が低下し、その結果がいろんなところに現れてきてしまっている。私はそういう現状を非常に嘆いていますし、変えていかなければいけないと強く思っています。

教員採用選考の倍率が下がっているというのも、そうした背景があると思います。ショックなのは秋田県が2倍を切ったということ。秋田は学力日本一です。しかも就職先がそんなに多くはないわけです。そういうところで採用選考倍率が2倍を切ったというのは危機的だと感じます。教員採用選考のこの低倍率、あるいは教育学部の人気の低迷。これは、この間の、学校へのあまりにも

過酷な要求の結果だと思います。

　医療的ケア児の問題などもあります。彼らの人権を守ることは勿論、大切です。しかし同時に、子供を預かる学校の負担や、様々な教育活動のときに具体的にどうしていくかという視点が必要です。例えば私の娘は公立小学校の教員で、クラスで重度の障害のある子供を預かったことがあります。6年生の担任でしたが、避難訓練のときに娘がその子を背負って、かつ、三十数名を引率して校舎の3階から校庭まで避難するわけです。

　医療的ケア児や、あるいは日本語のしゃべれない子供たちへの対応なども含めてノーマライゼーションというのは素晴らしい。ただ、現実的にそういうものをかぶっているのは一般教員です。そこにさらに、どんどん過大な要求が来る。こうした現状は理解されるべきです。

飢えと貧しさと

明石　子供論ということでは「ひもじさ」「飢え」という体験についても話をしておきたいと思います。これは編集部から提案されたテーマでもあります。

　1977年に、黒人奴隷の問題を描いて大反響を巻き起こした『ルーツ』というアメリカのテレビドラマがありました。西アフリカで生まれた黒人少年クンタ・キンテを始祖とする親子三代の物語ですが、クンタ・キンテが半年間、独りぼっちで、飢えながら山に閉じこもる。

　日本でも、生活科が導入される前の三十数年ほど前、無人島で小学校5〜6年生の子供たち20数名で1週間、生活するという実践が提案されたことがありました。あるいは、日中に水を飲まないで20km踏破する。幼稚園の年長の子供たちで1週間キャンプをする。普通に考えると、とんでもないことをやっているわけですが、一方では山村留学というのがあって、1年間、例えば信州の山に入って、そこのセンターに宿泊しながら通学する。テレビはなく携帯電話は持たない。そういう生活を体験させる。そういうのが今ではなかなか広まっていかない。イスラム教徒はラマダンのときは飲み食いをしません。彼らはあれを経験しているからたくましい。

　こうした社会的実験は容易にはできませんが、豊かな社会だからこそ、例えば研究指定校でそうした取り組みをやってみてもいいのではないかと思うのですが、おそらく若いお父さん、お母さんは反対するでしょう。

向山　1983年だったと思いますが、私は校内宿泊行事というのを計画しました。当初の計画は、7月20日から21日、夏休みになる日に、4年生の子供にダンボールと角材を与えて、校庭に穴を掘ってダンボール小屋を作って、飯盒で飯を炊いて、翌朝、飯を食べて帰すというサバイバル体験の計画でした。

　前年の2月にいろいろと考えて、教育課程編成会議で提案したんです。そのときに一番反対しそうなしつけの厳しい年配の先生のところに、先生が賛成してくれれば通るからと根回しに行きましたら、「向山さん、4年生というと家庭科をやらないから包丁を使うのは危ないんじゃないか」と。結局、修正案として、全員で体育館で寝て、飯は薪で炊いてカレーライスはPTAが作るということになりました。形を変えて実現したわけです。

　今から40年前ですが、そろそろ飽食の時代になるということに私自身が気づいて、わずか1泊でも自分たちの力で4年生なりに生きる、生き抜くという体験をさせたいと考えたんです。その行事はそのあと20年間、続きました。

明石　体育館で泊まるというのが大事ですね。今度、いつ大震災が来るかわからない。そのときに体育館で、一人で、背中が痛いんだけれども寝袋で寝る。そういう体験を意図的にしておかないといけない。まさにサバイバル体験です。

向山　一番、抵抗があったのはやっぱり教育委員会です。計画して校長と私で持っていったのですが、相手は指導主事が二人で、1時間か2時間、話をしたのですが最初は許可してくれませんでした。衛生上の問題があるとかね。

明石　食中毒なんかが起きたらどうするんだと。

向山　そういうことです。それで再案を作って、今度は私一人で行って、結果的にOKしてもらいました。ちょうど災害に備えての校内宿泊体験というようなことが始まる時期だったということもあります。

　また、校長になった泰明小学校では、小学校3年生から6年生まで、6年間で6回の宿泊行事を設定しました。3年で1回、4年で1回、5年で2回、6年で2回。5年のときは千葉県館山の海に行って、民宿でクーラーもあまりないような、床もザラザラしたようなものすごい中で寝るわけです。食事もそんなに贅沢なものが出るわけではない。泰明小は金持ちの子供が多いんです。そんな泰明小の子に、ややひもじい思いをさせて育てていく。ある意味で飢えの体験です。

　5月には5年生を毎年、高尾山に連れていくのですが、高尾山に行ったときに、くみ取り式トイレの前で「臭い臭い」と騒ぐ子がいたから「臭いものを臭いと言うのは下品なんだ。臭いものを臭いなんて言っちゃいけない」と教える。

7月号の学校だよりでも、保護者には、私はそういうことを注意しましたと伝えました。「この夏は、くみ取り式のトイレでも平気で用を足せるような品格のある子供を作らなければいけません」と。

　泰明小の子供たちは、休みになるとハワイに行ったりする子も結構、多い。でも、豪華なホテルに行くよりも、ときにはそういう、物もあまりないような体験をさせることが大事だと私は保護者に伝えました。一貫して、私はそう思っています。

明石　昔から、最高の教育は貧乏だとも言われます。子供の成長スタイルに合わせて、飢えるという体験のカリキュラムを意図的に作っていく必要があります。それは幼児教育とも連携していかないとだめだと思いますね。

向山　私が小学校1年に入る直前に父が死んだんです。うちは印刷屋で、我が家のちり紙は印刷し損じた薄紙でした。その薄紙をちり紙代わりに持って学校へ行く。小学校1年生時代、毎週、衛生検査というのがあって、そこで私はハンカチとちり紙というか、印刷し損じた薄紙を出すわけです。爪とハンカチは検査で丸なんだけれど、友達が「向山、これ、ちり紙じゃねえじゃねえか。普通の紙じゃねえか」と言う。で、バツを付けられる。1年生のときも2年生になったときもずっとバツで、その結果が成績になるわけです。私はそれがつらかった。

　あるとき、20円か30円を貯めて、意を決して近くの雑貨屋にちり紙を買いに行ったんです。それを丁寧に5枚ずつくらいに畳んで引き出しの中に入れるところに、夕方頃だったかな、ちょうど母親が通りかかったんですね。そのとき、お袋は何も言わなかったですけれども、それからわが家でも普通のちり紙が入るようになった。

　「紙じゃねえか」って言われた悔しさ、貧しさ、でもお金を貯めてちり紙を買ったという体験。それは幼い頃の非常に強い原体験として今も私のなかにあります。兄も小学校の低学年のときに、雨が降るといつもお金持ちの子供が他の子から「傘を貸してくれ」と言われるんだけれど、自分は一度も言われたことがない、うちには貸す傘がなかったんだと書いていたことがありました（向山洋一『向山の教師修業十年』学芸みらい社）。

　明石先生からもっと子供論をというお話がありましたが、確かに私たち教師はもっと子供の姿に敏感にならなければいけないと思います。学習塾や進学教室に行って、大学に入って、そのままあまり苦労しないで先生になって……というので鈍感な人がいます、たまにね。経験が足りていない。それではだめですね。

255

教師は味に敏感であるべし

明石 ところで、「ドキュメント」を読むと行雄先生は大変な食通です。教師修行の中で、私は食というのは大事だと思っているんです。教育学者で慶應義塾大学の教授で村井実先生という方がいらっしゃいましたが、私は大学院時代に飲み会の席で、「村井先生、教員の資質で何が一番大事ですか」と質問したんです。そうしたら「食べ物の味に敏感であることだ」と。なぜですかと尋ねたら、「兄弟姉妹でDNAは一緒、家庭環境は一緒でも、お兄ちゃんは肉が好きで、妹は魚が好き。ファミリーでも味覚は違う。40人のクラスで、みんな違うのは当たり前だけれども、味覚という視点で見ると違いがわかる」と言われた。それ以来、私は教師にはいろんな資質が要るけれど、味覚に敏感であるというのは40人のお子さん、一人ひとりを大事にすることだと思っているんです。それで、行雄先生がいつ食通になられたのかをお聞きしたいんです。

向山 私は小学生時代は偏食が激しかったのですが、それが治ったのは中学3年のときです。うちの工場の人と三浦半島にキャンプに行ったんです。バーベキューをやったんですが、キャベツ、ピーマン、ニンジン、肉。あとは、大人たちはビールなんです。飯を炊かない。嫌いなピーマンもニンジンも食べないと他に食うものがない。それで食べてみたら美味かった（笑）。そういう偶発的なところから、もっと食べてみようというので偏食が治ってきたというのが一つです。

　もう一つは、成人してお酒を飲むようになると、アルバイトで稼いだお金でいろんな居酒屋に行って、美味しいものやいろんなものを食べたりしたんです。ちょっと変わったものでは、当時、カエルの焼いたやつとか、焼き鳥屋ではスズメとか。くさやなんかも結構ありました。ナマコもそうですが、そういうちょっと変わったものでも食べてやろうというチャレンジをしました。また、私は若い頃から一人旅が好きで全国いろんなところを旅するようになったんです。その旅先で出会った美味しいものを食べた、ということもあります。

「ビール瓶の旅」はどのようにして生まれたか

明石 それと、ぜひ、この話を伺いたいと思っていたんですが、行雄先生の社会科の実践で「ビールびんの旅」というのがあります。非常に鮮烈で今でも記憶

に残っているのですが、何がきっかけであの教材を思いつかれたんですか。

向山　あれは私が33歳、大森の入新井第一小学校のときですが、大森にアサヒビール大森工場というのがあったんです。それで5年の工業単元を十何時間やろうと思って、アサヒビール大森工場を教材化しようと思ったんです。取材に行って、原材料をどこから持ってくるか、どういうふうに流通させるか、工場のシステムはどうなっているか、等々、いろいろ教材化しました。

　けれども、どうもしっくりとこなかった。これまでの実践と比べてもありきたりであまり変わらないというか、もっと子供を引き付けるような「はてな」が生じない。大森にあって交通も便利で輸送もあるし、ビール産業だから消費者に近いとかというのは当たり前ですから。

　私は当時、団地の3階に住んでいて、いろんなビールを飲んでベランダに並べていたんです。それで、日曜日だったと思いますが、並んでいるビール瓶をぼんやりと見ていたときに、アサヒビールとキリンビールの瓶の形の違いがあることに初めて気が付いたんです。アサヒビールの瓶は肩が張っている。キリンビールはなで肩になっている。改めて見てみるとアサヒ、サッポロ、サントリーは張っていて、キリンだけ違う。それに気が付いたときに「えっ？」と思ってアサヒビールを買ってきたら、そこでさらに気付いたのは、瓶にはアサヒという刻印があるのに、サッポロのラベルが貼ってあったんです。

　それでよくよくいろんな瓶を見てみると、瓶の刻印はアサヒだけれどラベルはサッポロだったりサントリーだったり、ラベルと刻印が違っている。普通、アサヒという刻印があったらラベルもアサヒでしょう。そこにサッポロのラベルが貼ってある。これが大いなる「はてな」で、「これは！」とひらめいたんです。

　結局、当時のビールはキリンが約70%のシェアで、残り3社で30%のシェア。シェアが30%の会社の1社だけでは空き瓶の回収作業ができないから、その3社が共同で、空き瓶1本10円で回収していた。それに各社が自社のラベルを貼るから、刻印がアサヒでもサッポロやサントリーのラベルが貼ってある瓶が平気で使われていたんです。それで新しいビールはアサヒとせず「BEER」という刻印だけになった。今でもBEERとなっていますが、そういうふうに切り替わったのが1983年、今から40年前です。ちょうど時代が変わるときだったんですね。

　それで、リサイクル、回収という視点でビール瓶が旅してくるという実践に

なっていった。最初の1問目から14時間目の一番最後まで全授業記録を起こして冊子にして、自分なりの社会科実践をまとめたんです。まさに足を使って行なった教材開発であり実践でした。

地域に開かれ、地域を育てる学校へ

明石　今のお話を伺っていて思ったことがあります。靴の上履きと外履きがありますが、かつて社会部の新聞記者と刑事は上履きが減らなかった。外履きが減ったんです。刑事は現場に行って聞き込みをする。社会部の記者もそうで、現場に行って、全部、直に話を聞いた。今の社会部の記者は電話かメールで取材して、それをデスクがチェックする。大川小学校の裁判にしても、記者はもっと現場に行って実際に地形を見て、裏を取ってほしい。悪者探しをするのではなく、マスコミ関係者がもっと学校に入り込んで、つぶさに見ていただきたい。校門の外から眺めるだけで中身を知らないから困る。外履きをもっと減らしてもらいたい。

　逆に言うと教員もそうなんです。教員と看護師さんは上履きが減るんです。1年に2足、3足と履きつぶすけれど、外履きは減らない。教員にお願いしたいのは、もっと地域のことを知ってほしいということです。みんな車で通っていきますから。

向山　教師が地域を知らないというのは、家庭訪問がほとんどの学校で中止になったことや、朝早く学校に行って、夕方、暗くなって帰るから、という日々の事情があります。

　私が行っている墨田区の学校で、先日、地域のフィールドワークをやったんです。私が講師でしたので先に地域を何回か見ておいて、そのあと、先生たち20人を連れてフィールドワークをしました。駅前に、例えば無人の餃子の販売所が2軒もできたとか、道の横の小さなお地蔵さんみたいなのが何であるかとか、ある公園でなぜここに台のような土地があるか、それをこちら側から見たときの設計がどうなっているとか、そんなことをフィールドワークしながら1時間ちょっと回ったんです。

　普段、見ているようで見ることができていないものをよく見て価値づけをしていくと、みな、すごく面白がるんです。これは教材に使えるとか、なんでだろうとか、「はてな」を思うわけです。そして、自分たちの授業で使えるもの

があったらやっていこうじゃないかという話になり、その学校に行って最初の、6年生の総合的な学習の時間で高齢化の問題を扱ったんです。

　その町には大きな団地があって、調べてみると団塊の世代が多く、一人所帯が多いことがわかった。そうすると10年後にはどれくらいの人たちが歩けなくなるかとか、そういうことを私はデータを見ながら話しました。そうすると、総合的な学習の、地域を考える問題が具体化するんです。10年後はもっと交通事故が増えるかもしれない。もしかしたらもっと沢山のベンチを置いて休むことができるような町づくりが必要かもしれない、といった具合に。

　今度の学習指導要領で「地域に開かれた教育課程」と言っていますけれども、もっともっと地域理解をしないと学校教育は良くなりませんね。

明石　部活を地域に戻すという話がありますが、なかなかうまくいかないだろうと思います。要するに財政の問題なんです。こども家庭庁が発足して幼児のほうにはお金をつぎ込むけれども、文科省の義務教育とか高等教育にはお金を入れないから非常に難しい。

向山　部活の地域移行というのも、中学校区は、全国平均で住民が1万3000人いるわけです。小学校区は平均6500人。そういうなかで、まずどれだけ人材が確保できるか。やっぱりギャラを払わないとやってもらえないし、あるいは保険もかけてもらわなければいけない。当然、一定の資質を担保しなければ、体罰をするかもしれないし非常に危険な指導を行なうかもしれない。地域間格差が非常に出てきてしまう場合もあります。

　明石先生がおっしゃったような財政的な裏付けが必要です。地域住民は1万3000人だけれど、自分のところにいなければ、どこか別の地域から交通費を払って、ギャラも払って来てもらうという仕組みを全国の1万の中学校区で保障しないと、やはり移行は難しい。教師の負担軽減につながりますからやってほしいけれども、なかなかハードルは高いと思います。

明石　昭和32年に東井義雄さんの『村を育てる学力』（明治図書出版）という本が出ました。住民が少数の地域の、小規模校での実践ですが、地域を育てる学力を今一度、考えていく必要があると思います。例えば千葉県の人口は約630万。54の市町村があり、そのうちの9つが1万人以下の町村です。先ほど、小学校区で6500人くらい、中学校区で1万3000人くらいというお話がありましたが、例えば雛人形で有名な千葉の勝浦は魚の町で、そこでは今年生まれた方が44名。小学校は5校ありますが、5年後には統廃合になる。隣の御宿は約

6600人で、生まれた子供が9人。

　何が言いたいかというと、学校バッシングというか学校悪者論に抗していくには、今一度、地域を育てるセンターとしての教育機能を持つ学校という明るいミッションを出していく必要があるのではないか、ということ。学校を統廃合せよというのを逆手に取って、もっと学校を豊かにして地域を育てるセンターにする。学校こそが子供を育てるし、地域を育てるわけですから。

　校長先生たちには、そういうミッションを受けてたってほしい。そしてパッション、情熱を持ってほしい。ビジョンを描いてほしい。ビジョンが教育課程を作るのですから。

向山　本書では地域のことをよくわかっていなかった鈴木五郎校長に、6年生のクラス担任が、ある女の子が1月から学校に来ていないと訴えてくるシーンがあるんです（第1部24節）。それを聞いたベテランの先生が「何ていう子？」と尋ねる。その子の名前を聞いたそのベテランの先生が、「ああ、あの子の妹さんですね。お兄ちゃんもそうだった」と。よくよく聞いてみると、駅前の進学教室に二人とも通っていて、その塾は進学実績を上げるために1月から学校を欠席するよう子供に指導していることがわかった。五郎はそこからどういう塾があるか地域めぐりをしてリサーチをかける。彼はそういうふうにしながら、彼なりに一生懸命、足を使って地域理解を深めていこうとする。

明石　私は千葉大にいるとき、学生たちに言ったんです。教員になったら、自分の学区をよく知りなさい、と。家庭訪問はできないけれども、先ず車でずっと学区を回ってください。次は、自転車に乗って学区を回ってください。次は徒歩で行きなさい、と。車の目線で見たときに、あの信号は見えにくいから危ないとか、どこから子供が飛び出してくるか、といったことがわかる。自転車の場合は、あそこで事故に遭いそうだとか。歩くと、子供の目線で見えていることがわかってくる。そういうふうにして、歩く目線と、自転車の目の高さと、車からの目線。その三つを体験すると地域が見えてくる。それをふまえて地域の危険地帯というかマップを作ってみる。

向山　それは本当に大事ですね。

明石　そういうふうに地域を知り、地域を育てる学校のあり方を私は期待したい。そうするとマスコミにしてもそういう学校があるのかと思うかもしれない。そういう努力を重ねていかないと、学校に対する厳しい批判に応えていけないのではないかと思っています。

対談後記　今、校長に求められるもの

明石要一（千葉大学名誉教授）

〈子供の変化に敏感になる〉

　担任を外れると子供が見えなくなる、という。子供の変化に敏感になってほしい。子供の小さな変化をとらえてほしい。

　一例を示す。「だるまさんが転んだ」ができない子供が出現している。鬼が「だるまさんが転んだ」と言って、足を止める動作ができないのである。足がすぐに動いていてしまう。幼児だけでなく、小学生でも足を止められないのである。「だるまさんが転んだ」は運動能力の基礎基本を身に付けていないとうまく遊べない。鬼の声を聴いて瞬時に足を動かし、振り向いた瞬間に足を止める。相手の声に反応しながら体のバランスをとる。この遊びは、これまでは「味噌っかす」の幼児期に鍛えられ、小学生に上がると上手に遊べた。今や小学生でうまく遊べない子供が出現している。

　なぜそうなったのか。一昔前のような遊び仲間と遊び時間と遊び空間を持てなくなった。遊び時間を例にとると、次のように減少していく。昭和56年（1981）：2時間11分、平成3年（2001）：1時間47分、そして平成28年（2016）：1時間12分で、35年間で1時間も遊び時間が減っている（シチズン時計調べ／「外あそび推進の会」https://kodomo-sotoasobi.com/about/）。アンテナを高くして子供の変化に敏感になる必要がある。

〈ミッションとビジョンとパッションを峻別する〉

　ミッションは使命観、ビジョンは計画と展望、パッションは情熱である。リーダーにはこの三つが求められる。

　今から六十数年前、東井義雄氏が『村を育てる学力』（明治図書出版、1957年）という本を出している。兵庫県の小規模校での実践であるが、高校進学者が増えていく時代であった。進学に力点を置くと結果として村を捨てる学力を育てることになる、と指摘する。学歴に関心を持つと都市部に出かけてしまう。結果として村はすたれていく、というのである。これから求められる学校教育のミッションは、「地域を育てる教育」となる。少子化に対応するには教育の力で地域を活性化しなければならない。

　ビジョンはミッションを具体化することである。教育課程を編成する。そのときに参考になるのが「地域に開かれた教育課程」である。学校が単独で教育を担う時代は去ってしまっている。学校を開き、地域の交流を密にしなければならない。

　パッションは教育に対する熱意である。教師は、子供の未来を豊かにする、地域を元気にする、誰一人取り残さない教育を行ないたい、という志を持つ。しかし、この気持ちをコンスタントに維持するのが難しい。個人的には、このパッションをどう維持するかが教師に課された問題、とみる。校内の研究会でこの三つの順位付けを試みると、教師たちの興味関心を知ることができる。年齢によって順位が異なってくる。ぜひ試してみてほしい。

〈決断力と判断力を区別する〉

　決断力と判断力の決定的な違いは何か。責任がないのが判断力で、責任を伴うのが決断力である。校長と教頭を例にとり説明する。教頭は学内、学外の情報に精通している。勤務する学校で問題が生じたら、教頭はなぜ問題が生まれたかを考え、それに対する解決策を手持ちの情報を駆使して予測する。そこで、解決策としてA案、B案を作成し、校長のところに持っていき説明する。ここまでのプロセスは判断力である。校長は、教頭から示された解決案の説明を受け、複数の中から最終的に一つの案を選択する。これは誰にも相談できない。自分一人で決めるのである。承認の印を押すとき手が震えることがある。責任が生じているからである。この決裁が決断である。

　官僚は判断力に優れている。官僚が作った複数の政策の中から、政治家は良いプランを選択する。政治家は責任を伴う決断力が求められる。校長も政治家も結果責任を取らなければならない。校長が「小粒」になったと言われるのは、決断をするのではなく判断をしてしまうからではなかろうか。

　校長はアンテナを高くし、変化に富む子供の姿をリアルに捉えてほしい。そして誰一人取り残さないという認識のもと、ミッションとして「地域を育てる教育」の旗を掲げ、地域を愛し、世界に羽ばたく子供を育成してほしい。

　最後に、校長は孤独である。あとには誰もいない。しかし、貴重な教育の責任者である。子供の未来に責任を持つ決断力を育ててほしい。それが、死語になりつつある教師冥利に尽きる道につながるだろう。

　いい職場は、「元気で、明るく、楽しい」雰囲気が生まれている、という。

　それを目指して前に進みましょう。

明石要一（あかし・よういち）／プロフィール

千葉大学名誉教授、千葉敬愛短期大学名誉教授。
専門は教育社会学（青少年教育）。
1948年1月17日生まれ。大分県で唯一の村、姫島村
（人口1900人）出身。奈良教育大学卒業後、東京教育
大学大学院修士課程修了、同博士課程単位取得満期
退学。千葉大学教育学部助手、講師、助教授を経て、
1993年同教授、2013年定年退職。2014年より千葉敬
愛短期大学学長就任、2023年3月退職。
文部科学省中央教育審議会委員、同生涯学習分科会
会長、千葉県地域訓練協議会委員、千葉県地域ジョ
ブカード運営本部委員等を務めるほか、『子どもの規
範意識を育てる』（明治図書）、『ガリ勉じゃなかった
人はなぜ高学歴・高収入で異性にモテるのか』（講談
社＋α新書）、『生き方が見えてくるナガシマ学』（オ
ークラ出版）、『教えられること 教えられないこと』
（さくら社）等、著書多数。

エピローグ

　3年余続いたコロナ禍から、私たちは、学校の持つ役割を改めて学んだ。中期にわたる学校休業期間、居場所を失った子供たちは漂流を余儀なくされた。預け先を閉じられた保護者は、仕事のできぬもどかしさに途方に暮れた。

　朝、子供たちが家を出て夕方に帰宅するしくみ。保護者は安心して、仕事や用事に従事できる環境。そのために、学校は子供を預かり、所要の教育をほどこして、昼食まで提供する。こんなに素晴らしい公教育の運営、人々はこぞって、「当たり前の毎日」がいかに貴重だったかを再確認した。

　臨時休業から再開後の学校は、多種の感染症予防策に追われた。その影響で、運動会や修学旅行なども中止・縮減された。各種の学校行事や、日常の体験活動も制限された。隣席と距離を取り、一人で読み書きする活動が多くなった。

　そもそも、日本の学校は四季折々に応じた活動を取り入れてきた。春の遠足、夏のプール開き、秋の運動会、冬の席書会……。明治の学制発布以来、日々の生活に変化を与え、学校生活に秩序をもたらす学校行事が多分に配置されている。日本の学校は「行事学校」なのである。しかしコロナ禍で、ひたすら黙動する「勉強学校」になった。

　「行事学校」から「勉強学校」への転換は、子供に大きなストレスをもたらした。学校生活への満足度を引き下げた。子供どうしの交流や、喜怒哀楽の体験の機会を奪った。保護者や地域住民の学校理解のチャンスを減らした。

　その影響は、学校の問題行動の増加につながった。学校応援団の弱体化を招いた。3年間のコロナ禍で減少した我が国の教育財産、これを元に戻すためには「全治3年」程度かかる。子供の問題行動を改善するのに、原因となった年限と同じ程度にリハビリ期間も必要なのと同様だ。

学校は、多くの人間が集い生活する場だ。様々な個性もぶつかる。ある人の正義と別の人の正義が対立する。力量のある人もいるし、そうでない人もいる。健康に恵まれている人、そうでない人。幸福な人、そうでない人。協力的な人、そうでない人。包容力のある人、そうでない人。

　いろいろな人が、少しでも己の生きやすいようにと願うから、おのずからトラブルが発生する。それは、古今東西、どの集団内でも起こり得ることである。

　人間を長くやってくると、こうした人間の愚かさや哀しさも、ある程度は受け入れられるようになる。本書の前半では、どこの学校や地域にでもいそうな人間たちが登場する。

　本書前半のドキュメントは、『週刊教育資料』で2019年1月から2021年3月まで、「向山行雄のドキュメント『学校経営』」として連載したものである。コロナ禍前の学校の〈有事〉を記述している。若手教員の指導、地域との連携、学校行事の円滑な運営、管理職の育成等、ここで扱った事案は、コロナ禍後の現在においても、日々、学校で発生しうるものである。

　連載から、2〜3年が経過したが、学校の抱える〈有事〉はいつも存在している。むしろ、連載で取り上げた事柄は、いずれも喫緊の課題として学校を苦しめている。

　また、「大川小学校津波訴訟」「小学校における教科担任制の導入」についても今日的なテーマである。今後の検討の、参考になればと考える。

　終わりに本書をまとめるに当たり、千葉大学名誉教授・明石要一先生、学芸みらい社の小島直人社長、樋口雅子氏を始め、関係諸氏にお世話になった。感謝したい。

　　2023年7月　　　　　　　　　　　　　　　向山　行雄

[著者プロフィール]

向山行雄（むこうやま・ゆきお）

敬愛大学教育学部特任教授、全国連合小学校長会顧問。
1950年、東京生まれ。
1973年、横浜国立大学卒業。
東京都公立小学校教員、文京区教育委員会指導主事、東京都教育委員会指導主事、品川区教育委員会指導課長、葛飾区立清和小学校長、中央区立阪本小学校長、同泰明小学校長兼幼稚園長。
全国連合小学校長会会長、東京都公立小学校長会会長、東京都小学校社会科研究会副会長、帝京大学大学院教職研究科教授、敬愛大学教育学部長などを歴任。

【単著】
『授業過程の構成技術』（明治図書、1985年）、『子どもの力を育てる授業構成の手順』（同、1989年）、『ティーム・ティーチング 成功のマニュアル：二人三脚のスタンスのとり方』（同、1995年）、『平成の校長学：学校バッシングとどう向きあうか』（同、2003年）、『ミドル教師：ニューリーダーとしての自己啓発ノート』（同、2007年）、『平成の学校づくり：日本の学校のチカラ』（第一公報社、2013年）、『平成の学校歳時記：続 日本の学校のチカラ』（同、2016年）。

【編著】
『ミドル教師のための「学校運営」Ｑ＆Ａ事典』（明治図書、2008年）、『ちょっとした工夫でもっと読まれる学校だより』（教育開発研究所、2011年）、『ちょっとした工夫でもっと輝く学級だより』（同、2012年）、『心を揺さぶる校長講話』（同、2014年）、『ちょっとした工夫でもっと伝わる「学校要覧・行事案内」』（同、2015年）、『校長になるための教頭の習慣術33』（同、2015年）、『2020年対応 小学校時間割編成がわかる本：移行期間から完全実施までの実践プラン』（同、2018年）。

【共著】
『教頭の仕事術：効率的に職務を進める知恵とコツ』（教育開発研究所、2012年）、『新・社会科授業研究の進め方ハンドブック』（明治図書、2014年）、『アクティブ・ラーニングでつくる新しい社会科授業：ニュー学習活動・全単元一覧』（学芸みらい社、2016年）、『すぐ役立つ校長実務ハンドブック：必須136項目を実務・事例・法令から解説』（教育開発研究所、2016年）、『校長式辞12カ月：学校の節目・行事を引き締める、心の琴線に触れる名式辞集』（同、2016年）、『校長１年目のあなたに伝えたいこと：困難に打ち克つ思考法』（同、2021年）、『教頭・副校長１年目のあなたに伝えたいこと：困難を乗り越える思考法と知識』（同、2022年）。

──等、多数。

報道されない「学校有事」
〈真の教育〉を求める現場の奮闘記

2023年8月5日　初版発行

著　者　向山行雄
発行者　小島直人
発行所　株式会社 学芸みらい社
　　　　〒162-0833 東京都新宿区箪笥町31番 箪笥町SKビル3F
　　　　電話番号 03-5227-1266
　　　　HP：https://www.gakugeimirai.jp/
　　　　E-mail：info@gakugeimirai.jp
印刷所・製本所　藤原印刷株式会社
ブックデザイン　吉久隆志・古川美佐（エディプレッション）
本文デザイン　星島正明

アクティブ・ラーニングでつくる 新しい社会科授業
〜ニュー学習活動・全単元一覧〜

北俊夫・向山行雄 著

A5判並製172頁　定価：本体2,000円＋税　978-4-908637-08-7

文科省教科調査官、全国校長会会長を務めた 社会科授業のトップ2名の著者による《アクティブ・ラーニング型社会科授業》の決定版ガイド！

本書ではⅠ章で社会科におけるアクティブ・ラーニングの基本的な考え方を述べた。そのうえで、Ⅱ〜Ⅴ章では、各学年の全小単元にわたって、アクティブ・ラーニングのさまざまな学習活動の類型のなかから、先行実践にも学びつつ、ぜひ取り入れたい学習活動のアイデアを選択して、その具体的な手立てや留意事項などを解説した。各学年において全単元にわたって(具体的には小単元ごとに)アクティブな学習活動のアイデアを紹介しているところに本書の特色がある。──北俊夫「まえがき」より

アクティブ・ラーニング型社会科を展開するためには、子どもたちの課題発見力を育てる必要がある。また、子どもたちの主体的な学習に耐える教材を準備しなければならない。……子どもたちが、社会人として生きるこれからの社会は、国内外ともに急激な変化が予想される。これまでになく、社会科教育の役割は大きくなる。本書がいくらかでも社会科教師としていい授業をしたいと願う方々のお役にたてれば幸いである。──向山行雄「あとがき」より